वीर कुँवर सिंह
की प्रेमकथा

AF897451

वीर कुँवर सिंह
की प्रेमकथा

मुरली मनोहर श्रीवास्तव

प्रभात
प्रकाशन

प्रकाशक
प्रभात प्रकाशन प्रा. लि.
4/19 आसफ अली रोड, नई दिल्ली-110002
फोन : 011-23289777 • हेल्पलाइन नं. : 7827007777
इ-मेल : prabhatbooks@gmail.com ❖ वेब ठिकाना : www.prabhatbooks.com

संस्करण
प्रथम, 2024

सर्वाधिकार
सुरक्षित

पेपरबैक मूल्य
तीन सौ रुपए

मुद्रक
आर-टेक ऑफसेट प्रिंटर्स, दिल्ली

VEER KUNWAR SINGH KI PREMKATHA
by Shri Murli Manohar Srivastava

Published by **PRABHAT PRAKASHAN PVT. LTD.**
4/19 Asaf Ali Road, New Delhi-110002

ISBN 978-93-5521-620-5

₹ 300.00 (PB)

"अस्सी वर्षों की हड्डी में जागा जोश पुराना था
सब कहते हैं कुँवर सिंह भी बड़ा वीर मरदाना था।"

भूमिका

"बाबू साहेब हो···तेगवा बहादुर···जैसी लोकपरंपरा के अमर गीतों के साथ अगर बिहार, उत्तर प्रदेश और छत्तीसगढ़ का पूरा भोजपुरी भाषी क्षेत्र किसी को याद करता है तो उस वीर योद्धा का नाम है, रणबाँकुरा बाबू वीर कुँवर सिंह। अपने जीवनकाल में जिन्होंने आजादी की पहली गाथा लिखने की अभूतपूर्व कोशिश कर अंग्रेजों के दाँत खट्टे कर दिए थे। बिहार के भोजपुर (आरा) जिले के 'जगदीशपुर' रियासत के इस वृद्ध योद्धा ने जाति-धर्म से परे होकर, देश की जनता से प्यार करने की बदौलत अपने छोटे से सैन्य बल पर ही गुरिल्ला युद्ध की कला और अद्भुत जनसमर्थन के बल पर, अपनी रियासत को ही दाँव पर लगाकर दिल्ली से लंदन तक के अंग्रेज शासकों को आजादी के संग्राम का संदेश दे दिया था। उन्होंने कभी भी अपनी रियासत और अपने लोगों को लेकर चिंता नहीं जताई, बल्कि देश की आजादी के लिए उम्र के आखिरी पड़ाव पर अपनी रियासत की कुछ सैनिक टुकड़ियों के साथ अंग्रेजों से लोहा लेने के लिए निकल पड़े थे। नौ माह तक अंग्रेजों से एक लंबी लड़ाई लड़ने-वाले इस योद्धा के पास न तो कोई खास हथियारों का जखीरा था, न ही कोई माकूल संसाधन, थी तो बस पुरजोर हिम्मत और गुलामी से छुटकारा पाने की उत्कट इच्छा शक्ति। आज के दिन सारी उम्र लोग जहाँ सिर्फ अपने बारे में ही सोचते हैं, वहीं बुढ़ापे में अपना सबकुछ न्योछावर कर देश की आजादी के लिए निकल पड़े थे बाबू साहब। देश तो 1857 में ही आजाद हो जाता, लेकिन दुर्भाग्य उस जमाने में सभी रियासतों का असंगठित होना और कई रियासतों में बँटे शासकों का एकमत न होना था। स्वार्थ की राजनीति का फायदा उठाते हुए अंग्रेजों ने 'फूट डालो, राज करो' की नीति का जमकर फायदा उठाया; नतीजा देश अपने आँगन में ही देश पराए के हाथों हारता रहा।

1857 का गदर, जिसका मूल केंद्र बना बिहार का जगदीशपुर और जिला केंद्र आरा। जिस उम्र में लोग घरों में आराम करते हैं, उस उम्र में बाबू साहब ने अंग्रेजों के खिलाफ अपनी तलवार को उठा लिया और बिहार से नेतृत्व करते हुए देश में अंग्रेजों के खिलाफ हो रही बगावत का हिस्सा बने। उन्होंने युद्ध में कभी पीछे मुड़कर नहीं देखा और झाँसी की रानी, तात्या टोपे सहित कई प्रांतों में राज रियासतों के सहयोग में खड़े होकर उनका साथ निभाया, परंतु होनी को कुछ और ही मंजूर था।

इस गदर से हमारे परिवार के पूर्वज भी काफी करीब से जुड़े हुए थे। जिस समय बाबू वीर कुँवर सिंहजी अंग्रेजी सेना से दो-दो हाथ कर रहे थे, उस वक्त सोन नदी के किनारे बसे हमारे गाँव 'बहियारा' में हमारे घर के पास के जंगलों में बंकर बनाकर बाबू साहब आरा से लगभग 11 किलोमीटर बंकर के मार्ग को उपयोग में लाकर सोन पार पटना जिले के क्रांतिकारियों से संपर्क करते थे। जब अंग्रेज सोन नदी के मार्ग से आते थे, उस समय अंग्रेजों पर सोन नदी के बीच तरेगना टापू पर बने हमारे लकड़ी के टाल से ही बाबू साहब और उनकी सेना अंग्रेजों पर टूट पड़ती थी। इतना ही नहीं, हमारे घर पर भी बाबू कुँवर सिंहजी का अकसर ठहरना होता था। साथ ही उनका और उनकी सेना का जितने दिन इस इलाके में ठहरना होता था, हमारे घर में सभी के खाने-पीने की व्यवस्था हुआ करती थी। हम लोगों ने इस युद्ध को देखा तो नहीं, पर अपने दादा-परदादाजी से इन किस्से-कहानियों को सुना है, जो आज भी याद हैं। आज हमें इस बात पर गर्व है कि हमारे परिवार ने भी किसी-न-किसी रूप में 1857 के गदर में देश की सेवा में अहम भूमिका निभाई थी। अंग्रेजों ने गुस्से में हमारे लकड़ी की चाल को ही जला दिया था!

वीर कुँवर सिंह के जीवन से अनेक संदर्भ जानने-समझने और सीखने की जरूरत है। अगर उनका लक्ष्य निर्धारित नहीं होता तो शायद आज उनकी कृतियाँ इस कदर संग्रहित नहीं होतीं। इसीलिए कहा जाता है कि जिस व्यक्ति का कोई लक्ष्य नहीं होता, उस व्यक्ति का जीवन हमेशा हाशिए पर रह जाता है। अगर बाबू साहब युद्ध के प्रति एकाग्रचित्त नहीं होते, तो आज इस गदर के महानायक नहीं कहे जाते।

बाबू वीर कुँवर सिंह के जीवन के संदर्भ में एक बात और है कि जिस प्रकार शरीर के हर अंग की अपनी भूमिका होती है, ठीक उसी प्रकार समाज के हर व्यक्ति की भूमिका अहम होती है। इस अहमियत को बाबू साहब ने समझा और जिनकी जहाँ आवश्यकता महसूस हुई, उनका वहाँ उपयोग किया। यही वजह रही की नौ माह तक पंद्रह युद्ध लड़कर अपनी कृति को उन्होंने स्थापित किया। समाज के आखिरी पायदान पर खड़ी एक नर्तकी धरमन बीबी ने कुँवर साहब के साथ युद्ध

में महती भूमिका निभाई। बाबू साहब धरमन बाई और उनकी बहन करमन बाई के रहने के कोठे को क्रांतिकारियों के संरक्षण हेतु उपयोगिता को सही तरीके से नहीं समझे होते तो शायद इस गदर की कहानी उन पर केंदित नहीं होती। बिहार में तो और भी कई रियासतें थीं, मगर बाबू कुँवर सिंह और 1857 के गदर की चर्चाएँ एक सिक्के के दो पहलू की तरह हुआ करती हैं। मैं आज भी अपने गाँव बहियारा जाता हूँ तो मुझे वो भूमि एक अलग तरीके की ताकत से भर देती है। मानो आज भी उस भूमि में नेतृत्व करने की वही क्षमता है, जो बाबू कुँवर सिंहजी में हुआ करती थी।

अगर हम यहाँ धरमन बीबी के बारे में बात नहीं करें तो उस चरित्र के साथ बेईमानी होगी। जी हाँ, हम बात कर रहे हैं आरा की मशहूर नर्तकी धरमन बीबी की। धरमन बीबी अपने नृत्य और गायन के माध्यम से हमेशा अपने श्रोताओं को देशप्रेम के लिए प्रेरित करती रहती थीं। कहा जाता है कि धरमन बीबी ने ही कुँवर सिंह को अंग्रेजी हुकूमत के खिलाफ ऐसे प्रेरित किया कि बाबू साहब की भुजाएँ फड़क उठीं और उन्होंने अंग्रेजों से युद्ध करने की ठान ली। इतना ही नहीं धरमन इस कदर जुड़ गईं कि बाबू साहब के युद्ध में रणनीतिकार की भूमिका अदा करती रहीं। काल्पी में तो बाबू साहब के इकलौते पोते वीरभंजन सिंहजी जब बाँदा में वीरगति को प्राप्त हुए, तब तक धरमन बीबी भी साथ ही थीं।

बाबू साहब जैसा दानी और आपसी मिल्लत वाले लोग आज के जमाने में विरले ही मिलेंगे। 23 अप्रैल, 1858 को जब वह युद्ध के मैदान से लौट रहे थे तो गंगा पार करते हुए अपनी तलवार निकालकर अंग्रेजों द्वारा जख्मी हुए अपने हाथ को तनिक भी देर किए बिना अपने शरीर से अलग कर गंगा मइया को सुपुर्द कर दिया। इतना ही नहीं, इस वीर योद्धा ने अपने कटे हुए हाथ के बूते ही अंग्रेजों से अपनी रियासत पर फिर से फतह कर लिया। एक तरफ जीत की खुशी थी, तो दूसरी तरफ 26 अप्रैल, 1858 को बाबू साहब अपनी जिंदगी की जंग अपने ही आँगने में हार गए। बाबू साहब की वीरगाथा को केंद्रित करते हुए 23 अप्रैल को विजयोत्सव के रूप में मनाया जाने लगा। ऐसे योद्धा की कहानी आज के समाज के लिए, खासकर युवा पीढ़ी के लिए जानना काफी जरूरी है, क्योंकि आज जहाँ नफरत के बीज बोए जा रहे हैं, उस दौर में बाबू साहब की कहानी किसी प्रेरक गाथा से कम नहीं है।

'वीर कुँवर सिंह की प्रेमकथा' पुस्तक लिखकर मुरली मनोहर श्रीवास्तव ने बहुत ही अच्छा काम किया है; यह पुस्तक आनेवाली पीढ़ी तथा शोध करनेवालों लोगों के लिए काफी सार्थक साबित होगी, क्योंकि श्री मुरलीजी ने जिस प्रकार सारे तथ्यों को इकट्ठा करने में मेहनत की है, वो इस पुस्तक में देखने को मिल रही

है। इस पुस्तक की काफी दिनों से प्रतीक्षा थी, जबकि श्री मुरली ने बाबू साहब के जीवन पर 'कुँवर सिंह की प्रेमकथा' नाटक की भी रचना की है, जिसमें संवाद के साथ-साथ स्वरचित गीतों को भी प्रस्तुत कर नवप्रयोग किया है। इस नाटक का पहला मंचन वर्ष 2018 में पटना में किया गया था। पुस्तक रचना करते हुए, कई चीजें उपलब्ध होती हैं कई चीजें जाने-अनजाने तरीके से छूट जाती हैं पर लेखक ने अपनी पूरी कोशिश की है। वैसे वीर कुँवर सिंह की चर्चाएँ हमारे यहाँ लोकगायन में होना आम है। मुरली मनोहर श्रीवास्तवजी की लेखनी हमेशा शोधपरक होती है, जो प्रशंसनीय है।

आज भी आरा शहर का धरमन टोला और करमन टोला उन दोनों नर्तकी बहनों की स्मृति के साक्षी के रूप में खड़ा है, जिन्होंने वृद्ध योद्धा बाबू साहब के प्रेम में अपना सर्वस्व न्योछावर कर दिया! आप सभी इस पुस्तक को पढ़ें और बाबू साहब के जीवन के अनछुए पहलुओं को जानें!

मुरलीजी को उत्कृष्ट शोधपरक पुस्तक के लिए बधाई!

—डॉ. आर.के. सिन्हा

वरिष्ठ संपादक, स्तंभकार और

पूर्व सांसद, राज्य सभा

(समूह अध्यक्ष, SIS ग्रुप)

141 नार्थ एवेन्यू, नई दिल्ली-110001

अपनी बात

इतिहास की रचना हमेशा तथ्यों पर आधारित होती है, इसमें सबकुछ हकीकत नहीं होती, बल्कि तथ्यों को आधार मानकर ऐतिहासिक घटनाक्रम की रचना की जाती है। अलग-अलग शैली में कोई भी लेखक गढ़ने की भरपूर कोशिश करता है। भारतीय इतिहास की चर्चा जब होती है तो 1857 गदर प्रसिद्ध घटनाओं के रूप में अंकित है। इस दौरान क्या हुआ, कैसे हुआ, क्यों हुआ जैसे विभिन्न मुद्दों पर हमेशा विवाद रहा है। इसे प्रथम स्वतंत्रता संग्राम, विद्रोह, गदर, महासंग्राम, विप्लव, सिपाही विद्रोह, सैन्य क्रांति आदि नामों से जाना जाता है। 1857 का दौर शोषक बनाम शोषित कहा जा सकता है।

कई जगह तो इसकी सफलता पर संदेह किया गया है; इसमें क्या कमी है? इससे मुझे कुछ नहीं लेना, बल्कि इससे जरूर लेना है कि जितनी जानकारी हो, इकट्ठा कर पाठकों तक प्रस्तुत किया जा सके। अगर हम विवाद में पड़ें तो इसका कोई निदान नहीं है, क्योंकि इतिहास सिर्फ इतिहासकारों की पुस्तकों को पढ़कर रचना कर देने मात्र से नहीं होता, यद्यपि छोटी-छोटी जानकारियों को भी जनसामान्य तथा लोकोक्ति के माध्यम से संकलित कर रचना किए जाने को ही मैं सर्वोपरि मानता हूँ।

1857 के उस भारतीय कालचक्र का असर दुनिया भर की लोकतांत्रिक शक्तियों पर विशेष रूप से पड़ा, जिसकी वजह से देश के अंदर और देश के बाहर स्वतंत्रता की आवाज बुलंद होने लगी थी। भारत गुलामी की जंजीरों में जकड़ा हुआ था, इसकी आग में सभी जल रहे थे। यह पहला मौका प्रतीत होता है, जहाँ हिंदू और मुसलमान कंधे से कंधा मिलाकर अंग्रेजी हुकूमत के खिलाफ अपनी आवाज को बुलंद कर रहे थे।

27 अप्रैल, 1857 को दानापुर के सिपाहियों, भोजपुरी जवानों और अन्य साथियों के साथ आरा नगर पर बाबू वीर कुँवर सिंह ने कब्जा जमा लिया। अंग्रेजों की लाख कोशिशों के बाद भी भोजपुर लंबे समय तक स्वतंत्र रहा। जब अंग्रेजी फौज ने आरा पर हमला करने की कोशिश की तो बीबीगंज और बिहिया के जंगलों में घमासान लड़ाई हुई। बहादुर स्वतंत्रता सेनानी जगदीशपुर की ओर बढ़ गए। आरा पर फिर से कब्जा जमाने के बाद अंग्रेजों ने जगदीशपुर पर आक्रमण कर दिया। बाबू कुँवर सिंह और अमर सिंह को जन्मभूमि छोड़नी पड़ी। अमर सिंह अंग्रेजों से छापामार लड़ाई लड़ते रहे और बाबू कुँवर सिंह रामगढ़ के बहादुर सिपाहियों के साथ बांदा, रीवाँ, आजमगढ़, बनारस, बलिया, गाजीपुर एवं गोरखपुर में विप्लव के नगाड़े बजाते रहे। ब्रिटिश इतिहासकार होम्स ने उनके बारे में लिखा है—'उस बूढ़े राजपूत ने ब्रिटिश सत्ता के विरुद्ध अद्‌भुत वीरता और आन-बान के साथ लड़ाई लड़ी। यह गनीमत थी कि युद्ध के समय कुँवर सिंह की उम्र अस्सी के करीब थी। अगर वह जवान होते तो शायद अंग्रेजों को 1857 में ही भारत छोड़ना पड़ता।' समय के साथ भारतीय इतिहास में इन क्षेत्रों की नर्तकियों की जो भूमिका है, उसे भी दरकिनार नहीं किया जा सकता है, परंतु बाबू साहब के विपल्व को इतिहास के पन्नों में बहुत कम शब्दों में समेटने की कोशिश की गई है, जो इतिहास की कहीं-न-कहीं ग्रसित मानिसकता को दरशाता है। अंग्रेजी सल्तनत के खिलाफ आवाज बुलंद करने वालों के इतिहास को पूरी तरह से गौण कर दिया गया है। बाबू साहब भले ही पढ़े-लिखे कम थे, मगर उनकी कार्यशैली पर कोई उँगली नहीं उठा सकता है। जाति और धर्म से परे रहने वाले वेसे प्रणेता थे। बाबू साहब की धरमन जैसी ईमानदार और देशभक्त नर्तकी ने उनकी उदास पड़ी जिंदगी को रंगीन तो किया ही, देश की आजादी में दोनों बहन धरमन और करमन ने बाबू साहब के साथ मिलकर अपनी जान को न्योछावर करके अपने लहू से आजादी की इबारत लिखने में कामयाब रहीं।

अक्सर इतिहास पढ़ते वक्त बाबू साहब को गिनती के शब्दों में समेट दिया गया, पढ़ने को मिलता था। उसके ऊपर से नर्तकी धरमन बीबी के साथ जुड़ जाने के बाद से जैसे लगता था कि उनकी कोई अहमियत ही नहीं थी! लेकिन हम लोगों ने उसी संदर्भ को उजागर किया, जो बाबू साहब और धरमन ने देश को आजादी दिलाने के लिए किया। किसी से प्रेम करना कोई गुनाह नहीं है; उससे भी ज्यादा मायने रखता है, अपने रिश्ते को सरेआम करना, वो भी बिना किसी से छुपाए। यहाँ तो लोग पर्दे की आड़ में बहुत कुछ कर गुजरते हैं, जबकि सामने आने से शरमाते हैं। बाबू साहब और धरमन ने कभी ऐसा नहीं किया। अपने पवित्र प्रेम को जिंदगी

के आखिरी प्रहर तक गुलामी से देश को निजात दिलाने के लिए सबकुछ न्योछावर कर दिया।

बाबू साहब पर जब लिखने की इच्छा हुई तो इन पर बहुत तहकीकात करनी पड़ी, खोज करनी पड़ी। बहुत कुछ तथ्य मिले, लेकिन उसमें कई समस्याएँ आईं। बावजूद इसके, उनके गाँव तथा उनकी लोक परंपरा के गीतों और लोक कहानियों ने इस पुस्तक को पूरा करने में काफी सहयोग किया। इसके अलावा, गाँव के बुजुर्ग लोगों तथा दादी-नानी की कहानियों ने बहुत मदद की। वैसे किसी भी इतिहास को तथ्यों पर आधारित ही लिखा जाता है, क्योंकि किसी भी घटना के समय कोई मौका-ए-वारदात पर मौजूद नहीं रहता है। बाबू साहब के साथ धरमन के लगाव पर बहुत हवा उड़ाई गई, फिर भी इससे दोनों के रिश्तों पर कोई आँच नहीं आई। एक-दूसरे के साथ इस कदर जुड़े कि अपने को जीवंतता की श्रेणी में खड़ा कर इतिहास रच गए। इंसान ज्यों-ज्यों आगे की तरफ बढ़ता जाता है, जाति-धर्म और ऊँच-नीच जैसी बातों से वह काफी ऊपर उठ जाता है, वैसे ही लोग एक दिन इतिहास की कड़ी बन जाते हैं।

क्रांति एक दिन का परिणाम नहीं होता, इसे सभी जानते हैं। इसकी लगातार सुलगती चिनगारी एक दिन विस्फोटक हो जाती है। 1857 के गदर का स्वरूप क्या था ? इस बारे में इतिहासकारों में काफी मतभेद है। इतिहासकार के. मालसेन, ट्रेविलियन, लॉरेंस , होम्ज ने इस गदर को केवल सैनिक विद्रोह की संज्ञा दी है, जो सेना तक सीमित था तथा जिसे जनसाधारण का समर्थन प्राप्त नहीं हुआ था, जबकि मुंशी जीवन लाल और मुईनुद्दीन, दुर्गादास, बंद्योपाध्याय, सर सैय्यद अहमद खाँ भी कुछ ऐसी ही अवधारणा रखते हैं।

इतिहासकार एल.आई.आर.रीज ने इस युद्ध के बारे में कहा है कि ईसाइयों के विरुद्ध यह एक धार्मिक युद्ध था, क्योंकि ईसाई धर्म-प्रचार कर रहे थे, जिसे हिंदू और मुसलमानों ने अपने धर्म के खिलाफ इसे कुठाराघात माना। इसका परिणाम युद्ध हुआ। इसके अलावा, रीज ने इसे श्वेत और अश्वेत लोगों के बीच वर्चस्व की लड़ाई भी करार दिया; लेकिन उनका यह तथ्य सही नहीं लगता है, भारतीयों ने गोरे सैनिकों की हर प्रकार से सहायता की।

अंग्रेज इतिहासकार टी.आर. होम्स ने इसे बर्बरता तथा सभ्यता के बीच युद्ध बताया है; परंतु यह भी सत्य है कि दोनों पक्ष ज्यादतियों के लिए दोषी थे। भारतीय दिल्ली, लखनऊ और कानपुर में यूरोपीय स्त्रियों और बालकों की हत्या करने के लिए दोषी पाए गए, उसी प्रतिशोध का नतीजा रहा कि अंग्रेजों ने भी भारतीयों पर

इतना जुल्म ढाया कि सुनकर रोंगटे खड़े हो जाएँ। अंग्रेजों को भारतीयों से भी अधिक बर्बर और जघन्य बताया गया, जबकि इतिहासकार सर जेम्स आउट्रम और डब्ल्यू. टेलर ने इस विद्रोह को हिंदू–मुसलिम षड्यंत्र का परिणाम बताया।

बेंजामिन डिजरेली इसे एक 'राष्ट्रीय विद्रोह' के रूप में देखते हैं और उन्होंने इसको राष्ट्रीय विद्रोह कहा। वहीं इतिहासकार अशोक मेहता ने भी 1857 के गदर के स्वरूप को राष्ट्रीय बताया है। वीर सावरकर ने इस विद्रोह को 'सुनियोजित स्वतंत्रता संग्राम' की संज्ञा दी।

आधुनिक इतिहासकार डॉ. आर.सी. मजूमदार तथा डॉ. एस.एन. सेन की मानें तो 1857 का विद्रोह सचेत योजना का परिणाम नहीं था और न ही इसके पीछे कोई कुशल सिद्धहस्त व्यक्ति था; लेकिन यह सत्य है कि भारतीय राष्ट्रीय स्वतंत्रता भ्रूणावस्था में थी। आर.सी.मजूमदार का मत है कि वे तत्त्व, जो अंग्रेजों के खिलाफ लड़े, केवल सैनिक ही थे, ये राजनैतिक और धार्मिक कारणों से अथवा केवल आर्थिक लाभ से प्रेरित हुए थे। इनमें ऐसा कुछ नहीं था, जिससे लगे कि वे देशप्रेम से प्रेरित थे, जबकि डॉ. सेन का विश्वास है कि विद्रोह सैनिक विप्लव के रूप में प्रारंभ हुआ और वही राजनैतिक रूप धारण कर लिया, यही आगे चलकर शीघ्र ही स्वतंत्रता संग्राम के रूप में परिवर्तित हो गया।

1857 का विद्रोह मार्क्सवादियों के दृष्टिकोण से सैनिक तथा कृषकों का प्रजातांत्रिक गठजोड़ था, जो विदेशी तथा सामंतशाही दासता से मुक्ति प्राप्त करना चाहता था। इसकी असफलता का मुख्य कारण सामंतवादी विश्वासघात माना जाता है। 1857 के विद्रोह का आधार साम्राज्यवाद के विरुद्ध था। सैनिकों तथा असैनिकों ने साम्राज्यीय तत्त्वों को उखाड़ फेंकने की पूरी कोशिश की थी।

अंग्रेजों ने 1857 के विद्रोह का दमन कर दिया। इस क्रांति का कुछ प्रभाव भी पड़ा। ब्रिटिश संसद् ने 1858 में एक कानून पारित कर भारत में ईस्ट इंडिया कंपनी के शासन का अंत कर दिया। भारत का शासन क्राउन के हाथ में चला गया। अब इंग्लैंड सरकार सीधे भारतीय मामलों के लिए उत्तरदायी हो गई। सेना का पुनर्गठन कर अंग्रेज सैनिकों की संख्या बढ़ा दी गई, उच्च पदों पर भारतीयों की नियुक्ति रोक दी गई, तोपखाने की कमान भी अंग्रेजों के हाथ में दे दी गई, ईस्ट इंडिया कंपनी की सेना सरकार को हस्तांतरित कर दी गई।

सरकार की नीति में भारतीय रियासतों के प्रति परिवर्तन कर दिया गया। महारानी विक्टोरिया के 1858 की घोषणा के अनुसार क्षेत्रों की सीमा विस्तार नीति समाप्त कर दी गई। इससे ब्रिटिश सरकार कोई भी रियासत को अपने राज्य में

सम्मिलित नहीं कर सकेगी, वहीं भारतीय राजाओं को दत्तक (गोद) लेने तथा उत्तराधिकारी बनाने का अधिकार दे दिया गया। इसके बाद सामंतवादी और चाटुकार किस्म के लोग अंग्रेजों के कृपा पात्र बन गए, जो देश प्रेम को ताक पर रख अपने व्यक्तिगत स्वार्थपूर्ति के लिए कुछ भी करने को आमादा हो गए।

1857 के विद्रोह ने एक युग का अंत कर दिया और यहीं से एक नए युग का बीजारोपण हुआ। प्रादेशिक विस्तार के स्थान पर आर्थिक शोषण का युग आरंभ हो गया। अंग्रेजों के लिए सामंतवादी युग का भय हमेशा-हमेशा के लिए समाप्त हो गया और अंग्रेजी साम्राज्य के लिए चुनौती प्रगतिशील भारत में आई, जो 19 वीं शताब्दी के उदारवादी अंग्रेजों और जॉव स्टूअर्ट मिल के दर्शन से प्रभावित था।

1857 का विद्रोह भारतीयों के द्वारा अपनी स्वतंत्रता के लिए किया गया प्रयास था। प्रारंभिक दौर में तो यह युद्ध सफल रहा, परंतु बाद के दौर में अंग्रेजों की दमनकारी नीति ने विद्रोह को असफल साबित कर दिया। इस असफलता के लिए कई कारण उत्तरदायी थे। स्वतंत्रता संग्राम में पुरुषों ने जितना योगदान दिया, उतना ही महिलाओं ने भी उनका सहयोग किया। इतिहास भी इसका गवाह है, चाहे वो झाँसी की रानी हो या फिर बेगम हजरत महल; इन्हीं वीरांगनाओं में शामिल हैं धरमन बाई (आरा, बिहार)। पेशे से तवायफ धरमन बाई को महान् स्वतंत्रता सेनानी वीर कुँवर सिंह से अकूत प्रेम था। अपने प्रेम की खातिर इस वीरांगना ने अपनी शहादत दे दी थी। इस पुस्तक की रचना तथ्यों को केंद्रित करते हुए, जाति-धर्म से परे, जगदीशपुर रियासत के राजा बाबू वीर कुँवर सिंह की कृतियों पर आधारित है, जो अपनी प्रजा का हमेशा ख्याल रखते थे। वीर कुँवर सिंह और उनको युद्ध के लिए प्रेरित करने वाली नर्तकी धरमन बीबी के देशप्रेम तथा सांसारिक जीवन को प्रस्तुत करने की पूरी कोशिश की गई है। इसका मकसद सिर्फ इतिहास पढ़ लेने मात्र से नहीं है, बल्कि हिंदू-मुसलिम एकता पर केंद्रित है, जो समाज के लिए किसी नजीर से कम नहीं है।

इस पुस्तक की रचना विभिन्न पत्र-पत्रिकाओं, अखबारों के अलावा स्थानीय लोगों से सुनी गई कहानी एवं लोक साहित्य के साथ-साथ अन्य जाने-अनजाने सहयोग से तैयार की गई है। इस पुस्तक का मूल उद्देश्य है, गुजरे कल में गंगा-जमुनी तहजीब, आपसी मिल्लत की जो झलक दिखती थी, बस, उसे आगे भी कायम रखी जाए। पुस्तक की गंभीरता से सहेजने में रजनीश कुमार का सहयोग अतुलनीय रहा। संत जॉन प्री सेकेंड्री स्कूल के निदेशक रमेश सिंह, बड़े भाई मनोज कुमार श्रीवास्तव, शैलेंद्र राजू, रविशंकर श्रीवास्तव, घनश्याम श्रीवास्तव, 'कुँवर

वाहिनी' के प्रदेश अध्यक्ष धीरज कुमार सिंह उर्फ लवजी, रणजीत कुमार के अलावा प्रत्यक्ष और अप्रत्यक्ष रूप से सहयोग करने वाले लोगों के प्रति आभार। पुस्तक लेखन एवं अन्य सामाजिक कार्य में मेरे साथ मेरी अर्द्धांगिनी प्रो. नीतू सिन्हा और पुत्री काव्या मनोहर की भूमिका सहयोगात्मक बनी रहती है।

—मुरली मनोहर श्रीवास्तव

अनुक्रम

1

बेपहनाह मोहब्बत

ये क्या किया बाबू साहब आपने···

निभा पाएँगे···

अरे, मेरे हाथ तो आज तक पटना के कलक्टर तक नहीं पकड़ पाए···

आपने तो···

सबकुछ बदलकर ही रख दिया!···

आप इसके मायने समझते हैं?···

ये क्या कर दिया आपने···!

इतना कहते-कहते उस जमाने की मशहूर नर्तकी धरमन बीबी की आँखों से अश्क छलक आए···धरमन बीबी, उन्हें कुछ समझा पाती या फिर आगे कुछ कह पाती, इसी दरम्यान बाबू साहब ने पास में रखे अबीर से भरी थाली से एक मुट्ठी अबीर उठाया और धरमन की माँग को सजा दिया।···

इस सुनहरे पल को पूरी शिद्दत से जीने वाले, आम लोगों के साथ उस माहौल को दिल से जीने वाले हर दिल अजीज बाबू साहब, जाति-धर्म के भेद से परे रहने वाले जो ठहरे, नाच-गाने के शौकीन बाबू कुँवर सिंह सबका बराबर ख्याल रखते हैं।

पल भर में ही उसकी दुनिया बदल गई, वो भी अवाक् रह गई। जिसने कभी इस वक्त के बारे में सोचा भी नहीं था, किसी तरह नृत्य कर अपनी जिंदगी गुजारने वाली, मामूली सी नर्तकी की माँग को एक जमींदार सजाएगा? इसके बारे में तो सोचना, कल्पना करना बेमानी लगता है; लेकिन ऐसा ही हुआ, सबकुछ बदल गया। जिंदगी के मायने बदल गए, धरमन के जिंदगीनुमा ठहरे पानी में किसी ने प्यार से कंकड़ का एक टुकड़ा फेंककर उसकी जवानी में हिलोरें पैदा कर दीं।

आँखों में दोनों तरफ एक अजीब सी बात नजर आने लगी, कल तक की नर्तकी आज रणबाँकुरे वीर कुँवर सिंह की खास हो गई। वीर कुँवर सिंह भी इस वक्त को कभी नहीं भूल सकते। भूलने वाली बात भी कैसे हो सकती है ? सभी के जिंदगी में कुछ पल यादगार होते हैं। वैसे भी बाबू साहब जुबान के पक्के जो ठहरे ! ये किसे पता था कि आज की मोहब्बत कल के लिए इतिहास बन जाएगी ! जो होना है, वो तो होकर ही रहेगा, होनी को भला कौन टाल सकता है ?

उस समय जो लोग भी वहाँ मौजूद थे, वो अवाक् रह गए।···कि ये क्या हो रहा है ? आखिर ठाकुर साहब ने ऐसा क्यों किया ? भले ही किसी की जुबान से शब्द न निकलते हों, मगर सबकी निगाहें कुछ-न-कुछ बयाँ कर रही थीं। राजा बहादुर के साथ सब लोग उस पल को जी रहे थे। शायद लोग यही सोच रहे थे कि इस नर्तकी को बाबू साहब की एक आवाज काफी थी, फिर ऐसा क्यों किया। आखिर इसमें है क्या ? बस, एक नर्तकी ही तो है, जाने क्या इन्हें दिखता है ! इस नर्तकी में कहते तो हम इसे उठवा ले जाते, और फिर एक नर्तकी की औकात ही क्या ? हमारे ही रियासत में रहने वाली को राजा बहादुर की एक आवाज तामील बजानी पड़ती ! कुछ ऐसे ही सवालों की लकीरें वहाँ मौजूद लोगों के चेहरे पर नजर आ रही थीं, इसी बीच···जो कल तक महज एक नर्तकी धरमन थी, लेकिन अब वो बाबू साहब की धरमन बीबी बन चुकी थी, तो रियासत के लोगों की रानी··· !

धरमन बीबी (रुँधते गले से बोलीं)—"बाबू साहब, आपने तो···" कहते-कहते आँखों में आँसू पनाह लेने की बजाए··धार में बदल गई··कुछ देर के लिए माहौल गमगीन हो गया, कुँवर सिंह सब देखते रहे, सुनते रहे, लेकिन कुछ बोल नहीं रहे थे।

"ये क्या किया बाबू साहब आपने, निभा पाएँगे··· ?"

इस आवाज के साथ निकले शब्द को सुनकर सभी निस्तब्ध रह गए। धरमन की बातों में इतने भाव थे कि कोई पलभर के लिए ठहर-सा जा रहा था, धरमन को देखता ही रह जाता था, कोई कुछ भी बोल नहीं पा रहा था।

बाबू साहब भी धरमन के सवाल का कोई जवाब नहीं दे पा रहे थे, बल्कि एकटक से धरमन को देखते व सुनते रहे।

"अरे, मेरे हाथ तो आज तक पटना के कलक्टर तक नहीं पकड़ पाए···" (बार-बार ये वाक्या बाबू साहब के जेहन में गुँज रहा था।)

आपने तो सबकुछ बदलकर ही रख दिया, ये सवाल किसी के लिए कशमश पैदा कर देगा। इस तरह बाबू साहब की बंद जुबाँ और धरमन की चलती जुबाँ,

एक अजीब पारिवारिक आत्मीयता का अहसास करा रहे थे, सबके लिए वो दृश्य न भूलने वाला था, आखिर अब क्या होगा?

धरमन का सवाल बार-बार बाबू साहब के जेहन में गूँज रहा था।

जो इंसान एक की नहीं सुनने वाला, आज मूक क्यों हैं?···

जरूर कोई बात है, आज पहली बार बाबू साहब ने किसी पराई लड़की के हाथ को पकड़ा है; लेकिन सबसे बड़ी बात तो ये, कि बाबू साहब एक नए तेवर में दिख रहे थे, उनके चेहरे से तेज झलक रहा था, मानों शेर आज जाग उठा है! अपनी सारी बंदिशों को तोड़ देना चाहता है, अब उसे दुनिया की कोई ताकत नहीं रोक सकती। गोरी सरकार के आतंक से देश का हर तबका तबाह था, मगर कोई सामने आने को तैयार नहीं था। बाबू साहब के जीवन में आई नर्तकी धरमन ने उनके अंदर एक अजीब जज्बा पैदा कर दिया था; पर ये किसी को पता कैसे चलता, क्योंकि वो तो बाबू साहब के मन में···अपने मुल्क को मुक्त कराकर ही मानेंगे।

कहते हैं, नारी शक्ति सबसे बड़ी शक्ति होती है। आखिर उस गीत ने क्या इनके अंदर जज्बा पैदा किया कि जो कभी लड़ने-भिड़ने से दूर, नृत्य-गायन में, मदिरा-पान में समय गुजारते थे, वो एकाएक अपने मुल्क और जमींदारी के प्रति इतना सचेत कैसे हो गए? वैसे अंग्रेजी हुकूमत के जबरदस्ती, बेतहाशा टैक्स माँगने से क्षुब्ध रहा करते थे। बस, जरूरत थी उनके अंदर के बाबू साहब को जगाने की! हुआ भी कुछ ऐसा ही, उन्हें देखकर ऐसा प्रतीत हो रहा था।

धरमन के सवाल का अब तक बाबू साहब जवाब नहीं दे पाए थे, इसी बीच फिर एक सवाल धरमन ने पूछ डाला।

धरमन—आखिर क्या देखा आपने, जो मेरी सूनी पड़ी माँग को बड़े प्यार से सजा दिया बाबू साहब आपने?

बाबू साहब, चुपचाप खड़े रहे···

बाबू साहब कुछ बोलते, उससे पहले ही···

धरमन—बोलते क्यूँ नहीं, बाबू साहब···

क्या आप इस रिश्ते को निभा पाएँगे?

एक बार सोचा होता आपने, कहाँ आप और कहाँ मैं!

अरे, हम तो आपकी दासी बनने लायक भी नहीं। आपने तो मेरी दुनिया हीं बदल डाली। कभी कल्पना भी नहीं की थी कि मेरी माँग को कोई सजाएगा!

मुझे भी कोई अपना नाम देगा।

मुझ जैसी नर्तकी का तो कोई वजूद ही नहीं था। अंग्रेज ऑफिसर मेरे नृत्य को

देखने कहाँ आते हैं, वो तो सिर्फ मेरे बदन को नोचने की कोशिश में लगे रहते हैं। इतना ही नहीं, मेरा नाच देखने वाले लोग भी मुझे नोच खाने की फिराक में रहते हैं।

धरमन—मुझे तो अपने घर वालों का भी अता-पता नहीं। कौन थे, कहाँ गए, मैं कहाँ की रहने वाली हूँ?

अरे! मैं तो जब थोड़ी बड़ी हुई तो मेरे पाँव में घुँघरु बाँध दिए गए।

घुँघरु बाँधने वाली का क्या नाम था, ये भी मुझे मालूम नहीं, उन्हें तो सिर्फ मौसी कहकर बुलाती रही।

मौसी के जवानी के दिन जब गुजर गए तो उन्होंने हमारे पैर में हीं घुँघरु बाँधकर महफिल में परोस दिया। पहले तो मैं भी बहुत शरमाई, बाद में मेरी थिरकने की आदत सी हो गई।

नन्हीं सी एक लड़की जब नाचने के लिए समूह के सामने आई तो सबकी मुँह से आवाज आई 'वाह! मौसी वाह! कहाँ छुपाकर रखा था इस नाजुक सी कली को, इसकी रग-रग में कला जैसे रची-बसी है।'

'अरे, तूने तो दीवाना बना दिया,' इस वाक्या को सुन मौसी तो बहुत खुश हुई। उन्हें लगा कि अब मेरे बुढ़ापे के दिन बहुत अच्छे ढंग से कट जाएँगे। मासूम सी नन्हीं को दर्शकों ने देखते-देखते अपनी आँखों से इस कदर तराशा कि वही नन्हीं आगे चलकर धरमन बाई हो गई।···

धरमन की आँखों से आँसू के धार रुकने का नाम नहीं ले रही थी, शाम भी ढल चुकी थी, बाबू साहब ने कुछ बोला नहीं, मगर उनकी भी आँखें नम थीं। चलते-चलते उन्होंने अपनी कमर से एक कटार निकाली और धरमन को सौंपते हुए कहा—"इसकी धार को कभी कुंद मत पड़ने देना। इसे हिफाजत से रखना।" इसके बाद बिना कुछ बोले घोड़े पर सवार होकर जगदीशपुर के लिए रवाना हो गए।

धरमन को उसकी मुँहबोली मौसी के अलावा बस, इतना ही पता था, उसके साथ सिर्फ उसकी एक छोटी बहन करमन है। दोनों एक साथ रहती थीं। एक-दूसरे के दर्द को सुनतीं और आपस में बाँटती थीं। धरमन के ऊपर एक बहन की जिम्मेदारी रहती थी। अपनी बहन को इस दुनिया में धरमन नहीं लाना चाहती थी। वो उसे हमेशा अलग करने की सीख देती थी, चाहती थी कि उसकी अलग गृहस्थी हो। वह करमन में ही अपनी जिंदगी को जीना चाहती थी। हर समय अपनी बहन के साथ इस कदर जुड़ी हुई रहती थी कि उसे तनिक भी कोई दिक्कत न हो।

एक दिन करमन बहुत उदास थी, उसने अपनी बड़ी दीदी से पूछा—आखिर हमारे घर वाले कौन हैं? कहीं तो होंगे हमारे रिश्तेदार भी···दीदी हमें कोई पूछता क्यों

नहीं ? हमने किसी का क्या बिगाड़ा था, जो इस तरह जीवन जीने को विवश होना पड़ रहा है ? इतना कहकर वह रोने लगी।

रात के बारह बजे जब सभी सो रहे थे, उस वक्त इस तरह की बातों को पूछते हुए करमन का रोना सचमुच धरमन के दिल को भी दहला गया। वह भी रोकर अपने दिल को सुकून पहुँचा सकती थी, परंतु उसने ऐसा नहीं किया; क्योंकि उसे पता था कि मेरे ऊपर भले ही कोई नहीं था, मगर करमन के ऊपर मैं हूँ। उसकी दुनिया कभी सूनी कैसे हो सकती है ?

करमन को चुप करवाते हुए धरमन ने कहा—अरे, पगली तू रो रही है, मेरी बहन ऐसा कैसे कर सकती है, मेरी बहना तो बहादुर है, अकेली कहाँ है, मैं जो तुम्हारें साथ हूँ !

करमन—मुझे झूठी तसल्ली दिलाने की कोशिश मत करो दीदी, मैंने जो सवाल पूछा है उसका जवाब दो।

धरमन—नहीं रे, तुम्हें तुम्हारे प्रश्न से विचलित नहीं कर रही हूँ, मैं तो बस, इतना कह सकती हूँ कि जिसका कोई नहीं, उसका तो खुदा है और हाँ, मौसी है, मैं हूँ। खुद को निरुत्तर होता देख धरमन भी खुद को रोक नहीं पाई और उसकी आँखें भी छलक पड़ीं। इस नजारे को देख करमन चुप हो गई, बोली—दीदी, मैंने तो सिर्फ पूछा है, खुदा के लिए आप चुप हो जाओ, आज के बाद फिर कभी मैं आपसे कुछ सवाल नहीं करूँगी। करमन उठकर अपनी बड़ी बहन की आँखों को पोंछने लगी।

जैसे हीं दोनों बहन करीब आई, एक-दूसरे से लिपट गई, फिर जी भरकर रोईं।

दोनों का रोने के बाद दिल हल्का हो गया। उस देर रात को फिर धरमन अपनी बहन को बोली—क्या बताउँ बहन, हम जिंदा हैं तो बस, उस ऊपर वाले की मेहरबानी है। अब तुम्हीं बताओ, कैसे दोष दूँ उस माता-पिता को, जिसे होश सँभालने के साथ कभी देखा ही नहीं ? जाने कौन सी परिस्थिति रही होगी, किस हाल में उन लोगों का दिन कटा होगा। कैसे हम यहाँ तक पहुँचे, याद ही नहीं। फिर भी हम औरों से बेहतर हैं कि हमें मौसी मिली और इसने नाचने-गाने की जो तालीम दी, उसकी बदौलत हमारा समाज है, हम भूखे नहीं मर सकते, जीने का सहारा तो मौसी ने दिया हीं है।

हमारे लिए तो मौसी ही सबकुछ हैं।

अब देखो ना, वह नहीं होतीं तो हमारा क्या होता··· ?

बात करते-करते सुबह हो गई।

मौसी ने देखा, दोनों बहनें जगी हुई हैं, आपस में बात कर रही हैं।

उसने पूछा—अरे, तुम लोग कब से जगी हो?

दोनों—बहुत देर से

मौसी—तबीयत खराब हो जाएगी, समझती क्यों नहीं।

करमन धीरे-धीरे जब जवान हुई तो उसकी मदमस्त जवानी की खुशबू भी चारों ओर फैल गई। बहन से कोई खास छोटी नहीं थी। अपनी बहन से इतना प्यार करती थी कि उसकी एक आवाज पर मर मिटती थी, सो उसने भी अपनी दीदी धरमन का नर्तकी बनकर साथ निभाने की ठान ली और नृत्य करने लगी।

धरमन—हमारी सुनने वाला यहाँ कोई नहीं है?

तवायफ क्या हो गए, लगता है, मैं किसी की माँ, किसी की बहन, किसी की बेटी हो ही नहीं सकती। यहाँ तो लोग सिर्फ बाजारु वस्तु समझ इस्तेमाल करना चाहते हैं, इसमें मेरा क्या कसूर, जो मैं एक तवायफ बन गई? किसने मुझे पाला, किसने मुझे पैदा किया! कुछ भी मालूम नहीं। हाँ, बस इतना पता है कि जिस दिन जवानी इतराने लगी, संगमरमर की तरह चमचमाते बदन को सभी हाथ लगाना चाहते हैं, उसके खूबसूरत पराग को सभी करीब पाना चाहते हैं।

आखिर मैं क्या हूँ, मेरे अंदर किसी ने झाँककर आज तक क्यूँ नहीं देखा? हमारी भी कुछ उम्मीदें हैं, हमें कोई अच्छा लगता है भी या नहीं! मैं भी किसी की होकर जीना चहती हूँ। हमें भी किसी के कंधे की जरूरत है, जहाँ अपने दर्द को बाँट सकूँ, आँखों से छलकते आँसू को कोई पोंछने वाला हो! रात के अँधेरे की कौन बात करे, दिन के उजाले में भी डर लगता है। इतनी बड़ी दुनिया में भी कोई हमारा नहीं है। आखिर किस गलती की सजा भुगत रहे हैं? मेरा तो सिर्फ यही कसूर है कि मैं एक तवायफ हूँ!

मैंने कभी किसी का कुछ बिगाड़ा नहीं, कभी किसी को अपने यहाँ नहीं बुलाती, खुद ही लोग चले आते हैं, अगर मेरे जैसी धरमन समाज में न रहे तो कईयों की घर-गृहस्थी तो दूर, किसी भी घर की इज्जत नहीं बची रह सकेगी। हमने तो अपने अंदर अपने दर्द को पीने की आदत सी बना ली है, खुद दिल रोता है, फिर भी दुनिया को हँसाने से बाज नहीं आती···और बोलते-बोलते धरमन रो पड़ी।

धरमन ने सवाल सच ही तो पूछा था, किसी के पास इसका जवाब नहीं। अगर ये न होतीं तो शायद कितने घरों की इज्जत सरेआम लूट जाती, कोई सुरक्षित नहीं रहता! कभी किसी ने इन बिंदुओं पर सोचने की हिमाकत नहीं की। जो सोचते हैं, उसे पागल करार दे दिया जाता है। लोग ऊपर से ये भी कहते हैं कि समाज का मैं ठेकेदार थोड़े ही हूँ! धरमन ने ठीक ही कहा कि मैं कहाँ से

आई, किसे अपनी माँ-बाप बताऊँ कुछ समझ नहीं आता। कहीं ऐसा तो नहीं कि आसमान से आई हूँ, किसी की पैदाइश तो हूँ ही फिर तवायफ से इतनी घृणा क्यों? ये तो किसी के भी साथ हो सकता है। कभी बच्चे आप से खो जाएँ, कभी किसी दुर्घटना में आप से बिछड़ जाएँ, किसी विपत्ति और आफत में आपको अपने से दूर करना पड़े उनका पेट पालने के लिए, तो जाहिर सी बात है कि उस समय समाज के भेड़ियों की हाथ लग सकती है, जाने-अनजाने यहाँ तक भी पहुँच जाती हैं। फिर क्या अपनों को ही अपने बिस्तर पर पाकर क्यों चौंक जाते हैं? शायद धरमन और करमन के साथ भी ऐसा ही हुआ हो, यह एक गंभीर सवाल है। इसे महसूस करने की जरूरत है और इन पहलुओं पर उचित कदम उठाया जाना चाहिए।

एकाएक माहौल शांत हो गया। धरमन की रोते-रोते जब आँख खुली तो देखा कि वो जिन कंधों पर सिर रखकर अपने दर्द को बाँटना चाहती थी, वो कंधा उसे मिल गया और वो कंधा था रणबाँकुरे वीर कुँवर सिंह का। नजारा बिल्कुल अलग था। भीड़ भरी उस जगह पर सभी होली का जश्न मनाने आए थे, अचानक से दृश्य कुछ और हो गया।

राजा अपने धर्म पर थे, सबकी बातें सुनना और उसका निदान करना उनका धर्म है। रियासत में कोई भूखा-नंगा न रहे, हर घर में चूल्हा जले, किसी को दो जून की रोटी के लिए दर-दर भटकना न पड़े, जैसी कई परिस्थितियों से एक राजा को निबटना पड़ता है। सच्चे राजा की यही निशानी है और बाबू साहब तो अपनी प्रजा के लिए मर मिटने वालों में से थे, उनका जवाब नहीं। वह किसी के लिए अपनी जान तक की बाजी लगा देते थे। धर्म और कर्तव्यपरायणता के सच्चे वाहक बाबू साहब भी धरमन के सवाल से कुछ पल के लिए सोच में पड़ गए।

अपनी आँखों को पोंछती हुई धरमन अपने कमरे में भाग गई। करमन भी साथ में ही थी, आज धरमन ने अपने दिल की सारी बातें, जो वर्षों से सीने में दबाए हुए थी, अनायास उसकी जुबाँ पर आ गईं। कुछ पल के लिए वहाँ खड़े लोगों की आँखें भी नम हो गईं, कोई किसी को नहीं देख रहा था, सभी एक-दूसरे से नजरें चुराकर अपनी आँखों को पोंछ रहे थे।

कहाँ एक नाचने वाली और कहाँ बाबू साहब! इस तरह दोनों का जुड़ना महज एक इत्तेफाक नहीं तो और क्या था? बाबू साहब सिर्फ एक राजा ही नहीं, बल्कि सबके मर्म को समझने वाले एक भले इंसान भी हैं। सबके हमदम, जाति-धर्म, ऊँच-नीच का कोई भेद इनके अंदर नहीं था, यह किसी जाति विशेष के नहीं, सभी

के प्रति समभाव और व्यवहार रखते थे। यही वजह थी कि ये जीवनपर्यंत सबके प्रिय बने रहे।

यदि बाबू साहब की ये सारी खासियतें थीं तो धरमन में भी कोई कम खासियत नहीं थी। धरमन एक नर्तकी होकर भी अपने उसूल की पक्की, ईमानदार, अपनी आबरू के साथ अपने चहेतों के मान-सम्मान का भी ख्याल रखने वाली थी। धरमन कहती थी कि मेरी कला से सभी प्रेम कीजिए, मेरे जिस्म से नहीं। जब तक वह बाबू साहब से नहीं जुड़ी थीं, तो भी किसी की हिम्मत नहीं थी, जो उसे हाथ लगा सके।

वैसे बहुत दिनों से धरमन के प्रति बाबू साहब का लगाव बढ़ता हुआ दिख रहा था। शायद धरमन भी दिल ही दिल में बाबू साहब से बहुत प्यार करने लगी थी; पर कोई इसका इजहार नहीं कर रहा था। इजहार करे भी तो कोई कैसे?

एक रियासत के राजा हैं तो दूसरी तरफ रूप और कला की धनी नर्तकी! इन दोनों लोगों के प्रेम की चर्चा तो होने लगी थी, परंतु इनका मिलन कभी संभव नहीं प्रतीत हो रहा था। धीरे-धीरे दोनों करीब आने लगे थे। जब ऐसी बात है तो फिर किसी भी तरह की बेतुकी बात करना बेमानी होगी। बाबू साहब और धरमन बस, एक-दूसरे के होकर रह गए। इन दोनों के बीच किसी भी तरह का भेद नहीं रह गया था।

सरहद से पार होकर भी प्यार कम नहीं होता, बल्कि उससे और नजदीकियाँ बढ़ जाती हैं, सच्चा प्यार हो तो प्यार सागर से भी गहरा होता है, जिसकी गहराई को नापा नहीं जा सकता। वह आकाश की तरह सीमा से परे है, बाबू साहब उस नर्तकी धरमन को इतना प्यार करते थे कि इसका किसी को अंदाजा ही नहीं था। एक तरफ जहाँ कुँवर सिंह हिंदू धर्म की राजपूत बिरादरी से आते थे, वहीं धरमन बाई मुसलिम धर्म से ताल्लुक रखती थी। इन दोनों प्राणियों के करीब आने में कभी किसी तरह का भेद आड़े नहीं आया। बाबू साहब तो अपने आप में बिंदास थे, उन्हें लोग क्या कहते हैं, इससे उन्हें कोई मतलब नहीं था।

धरमन अपनी कला से धन अर्जित करके अपने जीवन की नाव चलाती रही। धर्म, ज्ञान से परिपूर्ण धरमन बहुत बड़ी सरस्वती की उपासक थी। अपने नृत्य और गायन से पहले वह प्रतिदिन सुबह जागकर रियाज किया करती थी। अपने रियाज को ही अल्लाह, तो श्रद्धा को सरस्वती मानती थी। नृत्य एक उपासना है, पूजा-पाठ में भी आस्था रखने वाली धरमन जितनी खूबसूरत थीं, उतनी ही सरल भी थी।

बाबू साहब मूक होकर देखते-सुनते रहे, उन्होंने कुछ नहीं बोला। उसके बाद देखने से ऐसा लगता, जैसे उनके दिमाग में क्या चल रहा है, कहना मुश्किल था।

शायद, धरमन की वो आवाज—बाबू साहब क्या आप इस रिश्ते को निभा पाएँगे···जैसे शब्द ने उन्हें झक-झोरकर रख दिया। जो सबके लिए जीता हो, सबके मर्म को अपना समझता हो, उसके लिए ये शब्द कितना असर करेगा, इसे तो सिर्फ महसूस किया जा सकता है, है न बाबू साहब?

पर! मेरा मन कभी नहीं भटका। यह मेरी जिंदगी का पहला क्षण है, जब किसी ने मेरी कलाई पकड़ी है।

बाबू साहब, नारी की कलाई दो बार नहीं पकड़ी जाती। आपने मेरी कलाई पकड़ी है तो अब अपना प्यार भी दे दीजिए। मुझे देह की कामना नहीं है, परंतु नेह की प्यासी हूँ।

राजसी ठाठ-बाट में बाबू कुँवर सिंह

बाबू साहब इस कदर धरमन बाई के प्यार के निडर इजहार से असहज हो उठे और उन्होंने कहा—धरमन, आपके सवाल बिल्कुल सही हैं। लोग क्या कहेंगे, इसकी मुझे परवाह नहीं। मैं भी ये नहीं समझ पा रहा हूँ कि आखिर ये सब कैसे हो गया? सोचता हूँ, अचानक छू जाने भर से कला और प्रेम का गठजोड़ नहीं बन सकता और न भीख माँगने से प्यार मिलता है। यह जो प्यार है, ऊपर वाले की नेमत है, हम तो सिर्फ एक किरदार निभा रहे हैं।

धरमन बाई दिल से वीर की वीरांगना बन चुकी थी। माहौल कुछ इस तरह का था कि किसी की जुबाँ से एक शब्द नहीं निकल रहा था। बाबू साहब अपने

हाली-मोहाली के साथ वहाँ खड़े थे। जब बाबू साहब ही नहीं बोल रहे हैं तो भला किसकी मजाल, जो एक शब्द बोल दे! सभी के लिए उस वक्त का नजारा नहीं भूलने लायक था। शायद सब ये सोच रहे थे कि अब आगे क्या होगा… ?

धरमन—बाबू साहब, आरती की थाल सामने से हटाई नहीं जाती और मैं तो…

कुँवर सिंह ने धरमन को काफी समझाया-बुझाया कि वह उन्हें पाने की जिद्द ना करे, क्योंकि उनकी जिंदगी झंझावतों से भरी हुई है, लेकिन धरमन अपने इरादे से तनिक नहीं डिगी। उसने कुँवर सिंह से साफ-साफ पूछा—

मुझे स्वीकार करने से आप कहीं इसलिए तो नहीं झिझक रहे हैं कि मैं एक विधर्मी की जाई हूँ? शायद इसीलिए आपको मेरे ऊपर विश्वास नहीं है! लेकिन आपके लिए मेरे हृदय में कितना प्यार है, इसे साबित करने के लिए मैं किसी भी अग्नि-परीक्षा के लिए तैयार हूँ, आप चाहें तो मेरी अग्नि-परीक्षा ले सकते हैं। कुँवर सिंह के पास उसे अपनाने के सिवा चारा ही क्या रह गया था, क्योंकि तब तक सभी सभासद के साथ-साथ वहाँ इकट्ठा जनसमूह भी इस नव-मिलन की मंजूरी के लिए स्वर देने लगा था।

चारों तरफ से धरमन के समर्थन में उठते हाथों को देखकर धरमन की आँखों में अश्क भर आए। इस नजारे को पूरी तरह से अपने दिल में उतारने वाले सभी लोग की बंद जुबाँ शायद यही कह रही थी कि अब आगे क्या करेंगे बाबू साहब? धरमन बाई उन्हें समझ पाती या फिर आगे कुछ कह पाती, इससे पहले हीं बाबू साहब ने… जिसने कभी इस वक्त के बारे में सोचा भी नहीं था। किसी तरह नृत्य कर अपनी जिंदगी को काटने वाली की माँग को एक जमींदार सजाएगा, इसके बारे में तो सोचना भी एक कोरी कल्पना मात्र है; लेकिन ऐसा ही हुआ, सबकुछ बदल गया, जिंदगी के मायने बदल गए। वीर कुँवर सिंह भी इस वक्त को कभी नहीं भूल सकते। भूलने वाली बात भी कैसे हो सकती है? सभी की जिंदगी में कुछ पल यादगार होते हैं। वो आज इतिहास बन जाएँगे, यह किसे पता था! पर जो होना है, वो तो होकर ही रहेगा।

उस समय जो लोग भी वहाँ मौजूद थे वो अवाक् थे कि ये क्या हो रहा है? आखिर बाबू साहब ने ऐसा क्यों किया, भले ही किसी की जुबान से शब्द न निकलते हों, मगर सबकी निगाहें कुछ-न-कुछ बयाँ कर रही थीं। राजा बहादुर के साथ सब लोग उस पल को जी रहे थे।

धरमन—(अनायस रुँधते गले से बोलीं) बाबू साहब आपने तो…कहते-कहते आँख से आँसू टपक पड़े, कुछ देर के लिए माहौल एक बार फिर से गमगीन हो गया। कुँवर सिंह सब देखते रहे, सुनते रहे, लेकिन कुछ बोल नहीं रहे थे।

बाबू साहब का नहीं बोलना एक नव संकेत को अदा कर रहा था, पता नहीं आगे क्या होगा? यह बातें सभी के दिलों में कौतूहल पैदा कर रही थीं, आखिर बाबू साहब अब क्या करेंगे?

खैर! जो होना है, वो तो होकर ही रहेगा। अभी सबके लिए यह नजारा किसी अनसुलझी गुत्थी से कम नहीं था।

बाबू साहब ने अपनी कमर से एकाएक कटार निकाल ली। इस नजारे को देखकर सभी चौंक गए। अरे, बाबू साहब अब क्या करेंगे? सबके लिए वह पल एक पहेली की तरह लगने लगा था, कोई किसी से वहाँ कुछ पूछ भी नहीं सकता था। बाबू साहब ने ऐसा क्यों किया, जब तक लोग इस बात को समझ पाते, उसके पहले कुछ और ही हुआ, जिसका किसी को अंदाजा भी नहीं था।

बाबू साहब धरमन के करीब बढ़ने लगे। सभी के मन में अनेकों सवाल पनप रहे थे। आखिर क्या करेंगे बाबू साहब, जैसी कई बातें लोगों के दिमाग में चल रही थीं, अचानक से आई ऐसी परिस्थिति से सभी अचंभित थे। बाबू साहब की चुप्पी साधकर बढ़ते रहना और धरमन के समक्ष जाकर खड़ा होने तक सभी के लिए वो नजारा किसी अनसुलझी गुत्थी से कम नजर नहीं आ रहा था। चारों तरफ एकाएक सन्नाटा पसर गया था, कोई किसी से बात करने से परहेज कर रहा था, सबकी आँखें बस, उस नजारे का अवलोकन कर रही थीं।

धरमन के करीब पहुँचकर बाबू साहब ने अपने कमर से कटार को निकालकर धरमन के हाथों में थमा दिया और कहा—इसकी आग बड़ी तेज है, इसे सँभालकर रखना, इसे ही मेरे प्यार की निशानी समझना, आपको बूरे समय में भी साथ देगी। यह देखकर सभी के चेहरे पर खुशी की लहर दौड़ गई।

धरमन ने उस कटार को अपने हाथ में लेकर सबसे पहले अपने सिर से लगाया, होठों से चूमा फिर उसी कटार से वर्षों से अपने पाँव में बँधे बंधनरूपी घुँघरु को काटकर हमेशा-हमेशा के लिए फेंक डाला और उसी दिन से नर्तकी से बाबू साहब की घरनी बन लजा उठी।

'काशी और काबा' के इस मधुर मिलन को लोगों ने जयकारा लगाकर सहृदय स्वीकार कर लिया। उसके बाद धरमन का हर एक दिन और पूरा जीवन कुँवर सिंह और उनके उद्देश्यों के साथ सदा के लिए जुड़ गया।

बाबू साहब के अनोखे उपहार को स्वीकारने के बाद धरमन ने कहा, कुँवर साहब, आप सभी धर्मों को बराबर का महत्त्व देते हैं, कहाँ मैं एक मुसलमान और आप··· !

बाबू साहब—धरमन, इस धरती पर बस, दो ही जातियाँ हैं, एक नर और दूसरी नारी, फिर इस तरह का सवाल कैसा?

धरमन—बाबू साहब, आपने ठीक कहा···मैं तो बस, यूँ ही···

धरमन अपने जमाने की मशहूर तवायफ थी। उनसे बाबू कुँवर सिंह बेपनाह मोहब्बत करते थे। मोहब्बत किससे कब हो जाएगी, यह तो किसी प्यार करने वाले से अच्छा भला कौन बता सकता है? बाबू साहब और धरमन के प्यार के किस्से चारों तरफ जंगल में आग की तरह फैल गए। सब जगह इनके प्यार की चर्चा होने लगी। वैसे जानते तो सभी थे, मगर इसके बारे में कोई किसी से कहने से परहेज रखता था।

अनछुआ पहलू, जो जिंदगी का सबसे अहम हिस्सा बन जाता है, पल-पल एक-दूसरे का ख्याल रखना, किसी की हर आहट को अपने सीने से लगाए रखना वाकई···और धरमन तो इतनी खूबसूरत थी कि कभी भी किसी को उनसे प्यार हो जाए, कँटीले नाक-नक्श, बलखाती जवानी पर इतराती धरमन को देख एक बार सबकी जुबाँ से निकले ना निकले, मगर उसे अपने करीब पाने की चाहत हर किसी को हो जाती थी। उसमें भी धरमन के नृत्य उसकी खूबसूरती में चार चाँद लगा देते थे, भला कौन नहीं होगा दीवाना! ये वो धरमन बीबी है, नाम के अनुसार कर्म भी, गोरी चमड़ी तो इन पर अपना सबकुछ लुटाने को तैयार थी, मगर धरमन को रिझा पाना उनके बस में कहाँ था! धरमन ने अपने जीवन में बहुत कमाई की थी, उस पूरी कमाई को उसने कुँवर सिंह के साथ उनके देशप्रेम में सर्वस्व लुटा दिया। उनके जीवन में तो बहुत लोग आए, सभी ने उनकी सराहना की, मगर वो किसी की न हो सकी। अपने पेशे भर किसी से मतलब रखने वाली धरमन, बाबू साहब के अगाध प्रेम के आगे एक दिन दिल हार गई।

धरमन एक तवायफ थी, जिसे लोग केवल मजे की वस्तु समझते रहे। दूर-दराज से लोग उनके नृत्य को देखने और सुनने आते रहे। उसमें अंग्रेजों की भी हिस्सेदारी कम नहीं रही। ऊपर से अंग्रेजों के चमचों ने तो काफी प्रयास किया अंग्रेज अफसरों को खुश करने के लिए कि धरमन को अंग्रेजों के लिए शोभा की वस्तु बनाएँ मगर ऐसा कभी न हो सका। एक नागिन सी फुँफकारने वाली नाक-नक्श की धनी, चेहरे से हर पल प्यार छलकाने वाली और उसके मुसकराते होंठ बरबस किसी को अपनी ओर खींच लेते थे, उस पर से नाच के समय लोच भरी कमर जब झूमते-लहराते बालों के साथ ठुमके लगाती तो सबका दिल हाथ में आ जाता। जाने

कब किसकी तरफ तिरछी नजर फेर दे और लगे, जैसे सारी दुनिया यहीं है!···और वाह! वाह! से महफिल गुँज उठती थी।···

ऐसा लगता देखने वालों को कि इंद्र की सभा मे कोई अप्सरा नाच रही हो! नाच देखते समय कितनों का दिल धरमन पर आ जाता था, मगर उसे पाने की चाहत दिल में रह जाती थी, दिल कचोटकर रह जाता था। सबकी जुबाँ से बस, यही निकलता, आखिर ये कैसी बला है, जो लुभाए नहीं लुभती है। यहाँ तो लोग लालच में सबकुछ लुटा देते हैं। कई लोग तो ये भी कहते थे कि सब पैसे के लिए हीं तो करती हो, फिर हमारी बात क्यों नहीं सुनती, हमारे कहने पर कहीं और कार्यक्रम क्यों नहीं करती?

जुबान की पक्की, देशभक्ति से लबरेज धरमन देश को अंग्रेजों के चँगुल से मुक्त कराना चाहती थी, इसके लिए वो अपने हर कार्यक्रम में देशभक्ति के गीत पर जरूर नाचती थी। यह तो धरमन को भी नहीं मालूम था कि देशभक्ति का जज्बा वो वीर कुँवर सिंह के अंदर ही जगा देगी! हुआ भी कुछ ऐसा ही, धरमन के प्यार में इतने दीवाने हुए रणबाँकुरे कि अपनी जमीन पर अंग्रेजों द्वारा लगाए गए टैक्स को न देने की ठान ली।

कहा जाता है कि हर पुरुष के बढ़ने में महिला की भूमिका अव्वल होती है। धार्मिक ग्रंथों से लेकर इतिहास के पन्नों पर अगर नजरें दौड़ाएँ तो अनेकों उदाहरण मिल जाएँगे। इतिहास के पन्नों पर तो झाँसी की रानी हो या फिर बेगम हजरत महल इनके अटूट प्यार का ही नतीजा है कि इन्हें शक्ति का स्वरूप भी कहा गया है। धर्म से लेकर आम लोगों तक के कई उदाहरण आपको दिख जाएँगे, बस, एक विश्वास की जरूरत है, इन्हीं में से थी आरा की दो बहनें धरमन बाई और करमन बाई।

धरमन और करमन दो बहने थीं, जो बिहार के आरा की मशहूर तवायफों में शुमार थीं। इनका मुजरा काफी मशहूर था, दूर-दूर से लोग इनका मुजरा सुनने और देखने आया करते थे। आम तो आम, वीर कुँवर सिंह भी अक्सर धरमन-करमन के मुजरे को देखने आया करते थे। संगीत हर किसी को भाता है, मगर बात करें राजघरानों की तो यह तो घराने की शान समझी जाती थी। किसी भी आयोजन पर इन कार्यक्रमों का आयोजित न होना संभव ही नहीं था। हम बात कर रहे हैं, सन् 1857 के स्वतंत्रता संग्राम के समय की। कुँवर सिंह इनकी कला के इतने कायल थे कि वो मन-ही-मन इनसे प्यार करने लगे थे। किसी को इसकी भनक तक नहीं थी और जिन्हें शक था, उनमें बोलने की हिम्मत नहीं थी।

जिंदगी के आँगन में खूबसूरती की बगिया की नाजुक कली भला किसे रास नहीं आएगी, उसके करीब कौन नहीं जाना चाहेगा? जाहिर सी बात है कि हर व्यक्ति इस ओर खींचता चला जाता है। उसमें भी बड़े घराने के लोगों को अगर कुछ पसंद आ जाए तो फिर उसे पाने की कोशिश प्रबल हो जाती है। लोग तो बहुत मिलते हैं, बिछड़ते हैं, मगर कुछ ऐसे होते हैं, जो दिल में बस जाते हैं। धरमन और करमन दोनों के मुरीद थे बाबू साहब, लेकिन धरमन को अपने ज्यादा करीब पाते थे। उनके मुजरे को सुनते-सुनते कुँवर सिंह बहुत करीब हो गए। इसी दौरान जाने कब धरमन और कुँवर सिंह की आँखें चार हो गई, जो आगे चलकर हमसफर में तब्दील हो गईं।

बाबू साहब—धरमन, आपकी बातों से कुछ ऐसा लगता है, जैसे किसी ने स्थिर पानी में कंकड़ मारकर उसके अंदर एक तरंग पैदा कर दिया हो। मेरा मन आपके मीठे प्रेम से ऐसा झंकृत हुआ है कि मानो अब मुझे सबकुछ में नयापन दिखने लगा है, मेरे हौसलों को बल मिलता दिख रहा है, नई उमंग जाग उठी है, मेरी भुजा फड़कने लगी है, मेरे अंदर के सोए कुँवर को फिर से आपने बाबू वीर कुँवर सिंह बना दिया है। आपका संगीत, आपका नृत्य वाकई मेरे अंदर छुपी देशभक्ति को फिर से एक बार ललकारने लगा है। मैं किसी भी कीमत पर अब पीछे मुड़कर देखने वाला नहीं हूँ।

धरमन—ऐसा क्या किया हमने बाबू साहब (मुसकराते हुए)?

बाबू साहब—वही, जो आज तक कोई न कर सका।

धरमन—ऐसी बात नहीं बाबू साहब, आपने तो वो दिया, जिसके लिए आज तक मैं तरसती रही। समाज की परवाह किए बगैर आपने हमें अपना बनाया, क्या इससे भी बड़ा कोई त्याग हो सकता है क्या?

बाबू साहब—नहीं-नहीं, ऐसी बात नहीं, मैंने भी बचपन से बहुत समय अल्हड़पन में बिताया है, लोग मुझे भी तो नहीं समझ सके। मेरी किस्मत का दूसरा नाम संघर्ष ही रहा। सभी ने मुझे सिर्फ राजा ही समझा, कभी किसी ने मेरे अंदर के जज्बात को समझने की कोशिश ही नहीं की। आपने मुझे जो सहारा दिया, वही मेरी कमजोरी बन गया।

क्या कह रहे हैं बाबू साहब! मैं तो बस, एक नर्तकी भर थी, आपने तो मुझे वो ओहदा दे दिया कि मैं···(इतना कहते-कहते वो फफक पड़ी)

बाबू साहब—अरे! अरे! ये क्या, मैं तो बस यूँ ही आपसे···(धरमन के आँसू को पोछते हुए उसे अपने आगोश में भर लिया)

बाबू साहब—तुम बहुत भोली हो, खुली किताब की तरह हो, जिसके निश्छल मन को कभी भी पढ़ा जा सकता है।

धरमन—ये तो आपका नजरिया है, वरना इस मतलबी दुनिया में कौन किसे पूछता है! यहाँ तो लोग सिर्फ अपने बारे में सोचते हैं।

बाबू साहब—हाँ, बात तो आप बिल्कुल सही कह रही हो (मुसकराते हुए), आपका हर वक्त सोते-जागते मेरी चिंता करना मुझे बहुत खास बना जाता है और किसी खास अपनेपन का अहसास करा जाता है।

धरमन—हमने कभी भी खुद को अपने वतन से परे नहीं पाया, जब भी देखो, अपनी धरती माँ को इस अंग्रेजी चँगुल से मुक्त कराने का ख्वाब देखती रहती हूँ।

बाबू साहब—चाहे कोई भी स्थिति हो, तुम हर बात को सिर्फ अपने तक ही रखती हो।

धरमन—वो तो मेरा फर्ज है, जिसे दिल से निभाने की कोशिश करती हूँ, आप भी तो मेरी हर नजाकत का ख्याल रखते हैं।

बाबू साहब—तुम्हारा साथ मेरे अधूरेपन को पूरा करता है। ऐसा लगता है, अब हम किसी भी कीमत पर जंग जीतकर अपने देशवासियों को आजाद कराकर ही मानेंगे।

धरमन—बाबू साहब, हम जरूर उस पल को जीना चाहते हैं।

बाबू साहब—मद्धिम रोशनी, संगीत की मधुर धुन के साथ एक ऐसी महफिल, जहाँ आप और मैं रहूँ…आपके पाँव थिरकते हों, उस पल को देखना एक हमारा सपना है।…जिस घड़ी में यह अहसास करना चाहता हूँ कि आखिर कौन सी वो धुन और थिरकन थी, जिसने मुझे आपका मुरीद बना दिया!

धरमन—ऐसी बातें क्यूँ करते हैं बाबू साहब, आप जब कहें, मैं तो सिर्फ आपकी ही हूँ…बाकी तो यह बस, एक जिंदगी का सफर ही तो है। हमारी कला से ज्यादा आपका बड़प्पन है, जिसने हमारे जैसे तुच्छ को महान् बना दिया।

बाबू साहब—तुम तो मेरी जिंदगी का वो अहसास हो, जिसे मैंने पहले कभी महसूस किया ही नहीं था, जब महसूस हुआ तो आप इतने करीब आ गए।

धरमन—बाबू साहब, आप मेरे जीवन की सुखद कहानी के अध्याय हैं, जो आप से शुरू होता है और आप पर ही जाकर खत्म हो जाता है।

बाबू साहब—मैं अपनी प्रजा को कभी अंग्रेजों के दमन का शिकार होने नहीं दे सकता। इसीलिए हम जितना हो सके, अंग्रेजी सल्तनत के खिलाफ आवाज बुलंद करते रहे। तुम्हारे आने से मेरी जिंदगी रौशन हो गई, जिससे हर पल एक नई प्रेरणा मिलती है।

धरमन—बाबू साहब, आप यदि ये मानते हैं तो आपको पता होना चाहिए कि हम आपकी इसी अदा के कायल हैं। और अब हम एक-दूसरे के बिना कुछ भी नहीं कर सकते, आपके कदम-कदम पर मैं आपके साथ रहूँगी।

बाबू साहब—तुमने मुझे प्यार के सही मायने सिखाए, जिंदगी को बेहतर ढंग से जीना सीखाया। इतना ही नहीं, तुम्हारे हौसले से मेरे अंदर एक आग सी जलने लगी है, जो किसी भी समय अंग्रेजों के खिलाफ एक ज्वाला का रूप अख्तियार कर सकता है।

धरमन—वाह! बाबू साहब वाह! तारीफ करना तो कोई आप से सीखे! आपकी वजह से एक साधारण सी नर्तकी आज लोगों के बीच संस्कारित रूप में स्थापित हो गई है। वरना हम जैसों को कौन पूछता है! मेरे और आपके विचार मिले, तभी तो हम देशसेवा के लिए खुद को न्योछावर करने के लिए एक हो गए। निश्चित तौर पर हम लड़ाई लड़ेंगे, अपनों की सुरक्षा के लिए।

बाबू साहब—तुम्हारा भी मेरे ऊपर अटूट विश्वास ही तो है, जो मोहब्बत की लौ को जलाए रखता है।

धरमन—(शरमाते हुए) कैसी बातें करते हैं, यह तो मेरा धर्म है। जब आपस में प्यार की लौ को ही नहीं जलाए रखेंगे तो अंग्रेजों के खिलाफ खोले गए मोरचे में आम लोग कैसे शामिल हो पाएँगे? इसलिए हमारा बस, एक लक्ष्य है आजादी···

बाबू साहब—हमने तो कसम खाई है कि खुद को मिटा दूँगा मगर अपनी लड़ाई को अंग्रेजों के खिलाफ जारी रखूँगा, जिनको मेरे साथ चलना होगा, चलेंगे, मैं एक आग्रह सबसे करूँगा, आगे उन लोगों की मर्जी।

धरमन देशभक्ति की भावनाओं को हमेशा दिल में जिंदा रखी, जो अंग्रेजों के खिलाफ अपनी कुर्बानी को भी कम आँकती है, वह बाबू साहब को कभी भी अंग्रेजों के खिलाफ कमजोर होता नहीं देखना चाहती है। देशभक्ति का जज्बा धरमन में तो कूट कूटकर भरा ही है, साथ ही बाबू साहब के प्रति आगाध प्रेम भी छुपाती नहीं है।

कुँवर सिंह—आपका हर वक्त सोते-जागते मेरी चिंता करना मुझे बहुत खास बना जाता है और किसी खास अपने के होने का अहसास करा जाता है।

धरमन—ऐसी बात नहीं बाबू साहब, ये तो हमारा फर्ज है। हाँ, ये बात सही है कि आपकी चिंता मुझे हर वक्त लगी रहती है। मेरी जिंदगी में आपके होने का अहसास की बात करते हैं आप, आप तो मेरे रूह में बसे हुए हैं।

कुँवर सिंह—आप किसी भी परिस्थिति में रहें, मेरी हर बात को समझती हैं।

धरमन—बाबू साहब, आप कैसी बातें कर रहे हैं! आपकी बातें कल तक

आपकी थीं, आज तो आपकी हर बात मेरी है और अपनी बातें अपनों के अलावा किसी और से बयाँ नहीं करते हैं।...

कुँवर सिंह—जब हम खुद से जंग लड़ रहे थे, अंदर-ही-अंदर जख्मी हो रहे थे, उस वक्त आप मेरी हर तकलीफ की दवा के रूप में सामने आईं...और पल-पल मेरा साथ निभाया आपने...

धरमन—कुँवर साहब, मेरी महफिल में तो कई शौकीन आए, लुत्फ उठाए, मगर आप आए तो मेरी जिंदगी के सुनसान पड़े उस तार को झंकृत कर दिया आपने, जिसे आज तक कोई नहीं कर पाया था। यही वजह है कि मैं बस, आपकी बनकर रह गई।

कुँवर सिंह—मैं एक रियासत का राजा हूँ, मुझे किसी बात की तकलीफ नहीं, मगर मुझे कोई समझ नहीं पाया, जिसकी वजह से मेरे अधूरेपन को आपने पूरा किया।...

धरमन—(कुटिल मुसकान के साथ) बाबू साहब, आपका ये बड़प्पन है, जो अपने अधूरेपन को मेरे से पूरा मानते हैं।...

लेकिन ये बात तो मेरे साथ भी लागू होती है कि मुझ जैसी कोठे की नर्तकी को हर किसी ने बस, नर्तकी के रूप में ही देखा। आपने तो हमें अपनी अर्द्धांगिनी का दर्जा दिया।...जो मेरी जिंदगी के अधूरेपन का पूरा कर दिया। मुझ जैसी अधूरी नारी को आपने पूरा कर दिया।...आप महान् हैं, मेरी पूरी दुनिया हैं।

कुँवर सिंह—आप मेरी जिंदगी का एक अनोखा अहसास हो, जिसे मैंने पहले कभी महसूस नहीं किया और जब महसूस किया तो मेरी दुनिया ही अलग हो गई।

धरमन—बाबू साहब, आप मुझे नहीं समझते तो इतना करीब आते ही नहीं। आप मेरी जिंदगी के वो चिराग हैं, जो मेरी अँधेरी जिंदगी को रोशनी देकर राह दिखा रहे हैं।

कुँवर सिंह—ऐसा मत कहिए धरमन, मैं भी तो आपके बगैर अधूरा ही पड़ा हुआ था, जो समाज के हाशिए पर खड़ा था। राजपरिवार में होकर भी रंक की तरह जिंदगी थी। उस अधूरे अहसास की पूरी कहानी हैं आप।

धरमन—(ताली बजाते हुए) क्या बात है बाबू साहब, आपने तो मेरी तारीफ में गजब के कसीदे गढ़ दिए... !

कुँवर सिंह—मेरे जीवन की सारी सुखद कहानी के अध्याय आप ही से शुरू होते हैं और आप ही पर खत्म होते हैं।

धरमन—(आँखें नम हो गईं) बाबू साहब, मेरे अधूरेपन की पूरी कहानी हैं आप। जहाँ लोगों को मेरे जिस्म की नुमाइश की पड़ी रहती थी, वहीं मुझे बदनाम गली से निकालकर आपने नई विरासत सौंप दी।

कुँवर सिंह—जब भी कभी मैं उदास होता हूँ, तब आपका कंधा हमेशा मुझे सहारा देने के लिए मौजूद होता है, भला इस बात को कैसे भूल जाऊँ! मेरे लिए जहाँ अपने पराए बने रहे, उस दुनिया में आपके सहारे ने योद्धा बना दिया।

धरमन—वाह! बाबू साहब, आप तो सारा का सारा श्रेय मुझे ही दे रहे हैं, मैं तो आपकी सेना की मात्र एक सिपाही भर ही तो हूँ।

कुँवर सिंह—सिपाहियों की टुकड़ी में शामिल एक योद्धा की तरह हैं आप, जो किसी कुशल रानी से कम नहीं हैं।

कुँवर सिंह—मेरी हर गैर जरूरी बात को भी आपका ध्यान से सुनना और फिर मुझे टकटकी लगाकर देखते रहने की आपकी वो अदा मुझे दीवाना कर देने के लिए काफी होती है।

धरमन—हमने तो बस, अपनी अदाओं से दीवाना बनाया, अब आप इसके इतने बड़े मुरीद होंगे, इसकी तो कल्पना तक हमने नहीं की थी।

कुँवर सिंह—आप सच बोल रही हैं, आपकी देशभक्ति मेरी कमजोरी बन गई।

धरमन—कैसी बातें कर रहे हैं बाबू साहब, आप तो खुद देशभक्त हैं, हमने तो बस, यूँ हीं···मैं तो सिर्फ एक नर्तकी हूँ, इससे ज्यादा क्या कहूँ आपको···

कुँवर सिंह—आपने तो मेरे अंदर जागृति पैदा कर दी है, ऊपर से आपकी प्यार भरी नजर का एक बार दीदार हो जाए तो दिन कैसे बीत जाता है, पता ही नहीं चलता।

धरमन—अच्छा जी, मैं उस योद्धा को जानती हूँ, जिसके अंदर फौलादी मशाल जल रही है, जो अंग्रेजों के दमन को जलाकर खाक करने को आतुर हैं।

कुँवर सिंह—आपने सही पकड़ा है बीबी, मेरे अंदर बहुत लंबे समय से यह आग जल रही है, मगर मैं सोचता था कि आखिर इस मुल्क से अंग्रेजों के आतंक को कैसे समाप्त करूँ।

धरमन—बाबू साहब, जब हम साथ होते हैं तो लगता है कि काश! ये वक्त बस, यहीं ठहर जाए!

कुँवर सिंह—हाँ, बात तो आप सही कह रही हैं, लेकिन एक बात और है, हर पुरुष की कामयाबी में औरत का हाथ होता है।···जो आप मेरे लिए साबित हुईं।

कुँवर सिंह—आपका स्नेह मुझे कामयाबी के बाद भी यह अहसास कराता है कि अभी और आगे जाना है, हर मोरचे पर युद्ध को जीतना है, चाहे इसके लिए मुझे अपनी जान तक क्यों न न्योछावर करनी पड़े!

धरमन—कैसी बातें करते हैं बाबू साहब! आप हर युद्ध को जीतेंगे, राह में आने वाली अंग्रेजी सल्तनत को धूल चटा देंगे आप···और आपका बाल भी बाँका नहीं होगा।

कुँवर सिंह—आपके साथ गुजरा हर एक लम्हा मेरी जिंदगी की बेशकीमती दौलत है, जिसे मैं हर पल जीना चाहता हूँ। एक बात और बता दूँ कि आपकी बातें सार्थक साबित होंगी, मैं पूरी तैयारी में हूँ।

धरमन—हाँ बाबू साहब, आपको किसी भी कीमत पर युद्धभूमि में रार मचानी है। अंग्रेजों के दाँत खट्टे कर देने हैं, मुल्क को आजाद कराना है, आखिर कब तक हम इन ब्रितानियों के दमन को सहते रहेंगे?

कुँवर सिंह—वाह, धरमन वाह! आप में तो पूरी क्षत्राणी वाला स्वरूप दिख रहा है। मगर एक बात बोलूँ···

धरमन—बोलिए बाबू साहब, एक क्या, जिनती बातें हैं बोल ही दीजिए।

कुँवर सिंह—आपकी झील-सी गहरी आँखों में मैं अपने सारे ख्वाब मुकम्मल होते हुए देखता हूँ, आप मेरी प्रेरणा बन गई हैं।

धरमन—ये तो आपका बड़प्पन है, करते सब अपने से हैं और उसके लिए मेरी तारीफ का पुल बाँध देते हैं!···मैं तो सिर्फ एक कोशिश करती हूँ, बस, एक सुझाव देती हूँ।

कुँवर सिंह—आपकी हँसी की खनखनाहट मेरी आत्मा तक को सुकून पहुँचाती है। आपकी हँसी मुझे हौसला दे जाती है, आपकी हर एक आवाज हमें नई दिशा देती है, जिसे मैं गहरी रात में मंथन करता हूँ तो लगता है कि सच में आपकी बातें मुझे अंदर से ललकार रही हैं।

धरमन—आप हैं ही ऐसे बाबू साहब, आपके अंदर की सुलगती लौ को दुश्मनों के लिए बस, ज्वाला बनते मैं देखना चाहती हूँ।

कुँवर सिंह—वाह धरमन! आप मेरे बिना कहे ही मेरी हर बात जाने कैसे समझ लेती हैं! बिल्कुल सही कहा आपने, सच में मेरे अंदर आग जल रही है।···

धरमन—तो बस, अपने सधे कदमों से मंजिल तक पहुँचना है।

कुँवर सिंह—खराब से खराब परिस्थितियों में भी मेरे प्रति आपकी चाह कभी कम नहीं हुई। मेरे जीवन का हर पल, हर दिन, हर लम्हा आपके लिए है।

धरमन—बस, बाबू साहब इसको बनाए रखिएगा, वरना मुझे जैसी अभागिन नर्तकी को शायद ही कभी इतना प्यार मिल पाता! मेरी तो बस, एक ही तमन्ना है कि मेरी साँस भी थमें तो युद्ध के मैदान में और मैं सुहागन ही अपने वतन के लिए शहीद हो जाऊँ आपकी बाँहों में···

कुँवर सिंह—आपसे प्यार की कई व अनगिनत वजहें हैं, पर आपसे प्यार की सबसे अहम वजह यही है कि आप मेरी जिंदगी हो और मैं आपसे बहुत प्यार करता हूँ। आपकी हर मुराद पूरी होगी। हम आपसे वादा करते हैं कि जिस प्रकार जिंदगी के किसी मैदान में हार नहीं मानी, तो आगे युद्ध के मैदान में भी आप जैसा सारथी होगा तो दुनिया की कोई ताकत मेरे आवेग को रोक नहीं सकती। जो मेरे सामने आएगा, वो खाक हो जाएगा···

बाबू साहब और धरमन को बात करते-करते बहुत समय निकल गया। इन लोगों को इसका पता ही नहीं चला, जाड़े की रात थी, सभी सो रहे थे। दूर से सियार के रोने की आवाज आ रही थी। महल के मुख्य दरवाजे पर तैनात पुलिस अपनी ड्यूटी निभा रहे थे। थोड़ी देर टहलने के बाद महल के एक कोने पर बाबू साहब जाकर खड़े हो गए। बड़े ध्यान से जब सुना तो बहुत दूर पर किसी के रोने की आवाज आ रही थी। बाबू साहब ने गौर से आहट ली। फिर बगैर किसी से कहे वो अपनी तलवार को ले अपने घोड़े पर सवार होने लगे। तब तक किसी को पता नहीं था कि बाबू साहब कहीं जाने वाले हैं? जब निकलने लगे तो दरवाजे पर सिपाही उन्हें देख अवाक् रह गए।···पूछा—साहब, आप इतनी रात गए।···

बाबू साहब किसी को कुछ जवाब दिए बगैर निकल गए।···

उस अँधेरी रात के सन्नाटे को घोड़े की टॉप चीर रही थी।···

इसी बीच 'बाबू साहब' कहकर किसी महिला ने आवाज दी।

पहले तो बाबू साहब को लगा कि शायद मुझे कुछ भ्रम हो रहा है, फिर आगे बढ़ने लगे। आवाज से तो लगा कि धरमन की ही आवाज है, मगर एक बात और दिमाग में आ रही थी कि भला इतनी रात गए धरमन इस जंगल में क्या करेगी?

···पर मुझे तो सिर्फ धरमन ही है, जो 'बाबू साहब' कहती है! (बाबू साहब सोच में पड़ गए)

ये सब बातें अभी मन में चल ही रही थीं कि एक बार फिर वही आवाज आई।

इसके बाद बाबू साहब अपने घोड़े के साथ जहाँ थे, वहीं खड़े हो गए। आगे-पीछे देखने लगे···मन में कई शंकाएँ घर कर रही थीं, कहीं ऐसा तो नहीं धरमन किसी मुसीबत में है! लेकिन ऐसा कैसे हो सकता है, उसे तो हम अपने सामने ही कोठी में

छोड़कर आए हैं! फिर ये कैसी आवाज है, जो मुझे बार-बार पुकार रही है? मुझे समझ में कुछ नहीं आ रहा है, आखिर ये क्या हो रहा है?

मन में इसी तरह का द्वंद्व चल रहा था, घोड़े पर सवार बाबू साहब वहीं खड़े थे कि···

दूर से एक घोड़े पर सवार···हवा के तेज के साथ···वेग लिये कोई चला आ रहा था।

मगर सवाल ये है कि इतनी रात गए इस जंगल में भला कोई क्या करेगा? मैं तो निकला था किसी महिला के रोने की वजह को जानने के लिए, ये तो गजब हो रहा है!

कुछ करीब आने पर किसी नारी के घोड़े पर सवार होने का अहसास हुआ···

अब तो एक और चिंता सताने लगी, यह नारी भला कौन हो सकती है? वो भी घोड़े पर सवार! ऐसा तो कभी नहीं देखा अपनी रियासत में···

कहीं ऐसा तो नहीं···

पहले तो भ्रम हुआ फिर थोड़ी ही देर बाद सामने दिखने वाली घोड़े पर सवार नारी कोई और नहीं, बल्कि धरमन बीबी थी।

उसे सामने देख बाबू साहब चौंक गए।

बाबू साहब—इतनी रात गए इस जंगल में तुम्हें आने की क्या जरूरत थी? मैं तो महल में ही छोड़कर आया था, फिर ऐसा क्यूँ···

धरमन—बाबू साहब, मैंने आपसे उसी दिन कहा था कि मैं आपसे जुड़ गई हूँ तो आपके साए की तरह हमेशा आपके साथ रहूँगी।

बाबू साहब—डर नहीं लगता, घने जंगल में निकल गईं।

धरमन—जिस मंदिर का भगवान् ही पूरे जंगल में विचरण करता हो, भला उसके भक्त का बाल बाँका कौन कर सकता है?

बाबू साहब पहले तो भड़के, फिर साथ में ही अपने गंतव्य की तरफ निकल पड़े, जहाँ किसी के रोने की आवाज सुनाई पड़ी थी।

बाद में···सल्तनत के सिपाही भी बाबू साहब के साथ होकर जंगल में निकल गए।

रास्ते पर चलते रहे, पर दूर-दूर तक कोई जंगल में नजर नहीं आ रहा था। दिन होता तो शायद कोई जंगल में आदमी मिल जाता तो पूछा भी जा सकता था, पर यहाँ तो घनघोर जंगल के बीच से गुजरते हुए भयावह लग रहा था।

जंगल में रुक-रुककर जंगली पशुओं की गर्जना, जंगल में झींगूर के बोलने

की आवाज उस अँधेरी रात में सुनाई दे रही थी।

बाबू साहब ने धरमन की तरफ देखा, तनिक भी उनके अंदर भय का अहसास नहीं हो रहा था, बाबू मन-ही-मन सोच रहे थे कि कल तक पैरों में घुँघरु बाँधकर नाचने वाली, लोगों के दिलों पर राज करने वाली, अपने हूनर को बंद कमरे में प्रस्तुत करने वाली एक महिला आज हाथों में तलवार लिये घोड़े पर सवार होकर इतनी निडर कैसे है ? देखने से किसी क्षत्राणी से कम नहीं लग रही है, इतना हीं नहीं, इनके अंदर एक आवेग दिख रहा है, यह सोचते हुए बाबू साहब आगे बढ़ रहे थे।

तभी धरमन—क्यों, क्या हुआ बाबू साहब ? आप मुझे इस तरह से क्यों देख रहे हैं ? क्या सोच रहे हैं ? मैंने कुछ गलती कर दी है क्या ?

बाबू साहब—(झेंपते हुए) नहीं-नहीं, ऐसी कोई बात नहीं, हम तो बस, यूँ हीं···

इतने घोड़ों की टाप के बीच दोनों लोग आपस में बात करने में मशगूल थे, अचानक से इसी बीच एक झोपड़ी जंगल में दिखी। बाबू साहब वहाँ रुककर देखते हैं कि उस घर में एक दीया भी टिमटिमा रहा है। दरवाजा खुला हुआ था, समझ नहीं आ रहा था कि आखिर इतने बड़े इस जंगल में यहाँ कोई क्यों रहेगा ? सभी एक जगह इकट्ठा हुए, अब आगे क्या किया जाए, सोच ही रहे थे, तभी धरमन घोड़े से उतरी और उस झोपड़ी के अंदर प्रवेश कर गई। अदंर देखा तो अवाक् रह गई। इस जाड़े में टूटी झोपड़ी और उसके अंदर सुंदर चारपाई पर एक महिला लेटकर रो रही है।

धरमन के बाद बाबू, साहब भी उस झोपड़ी में गए।···दृश्य चौंकाने वाला था, रोती हुई महिला से धरमन ने पूछा—माताजी ! आपको क्या कष्ट है ?

आपकी रियासत के राजा बहादुर आए हैं, इतनी रात गए आपका कुशल-क्षेम जानने के लिए आए हैं।

इतना सुनने के साथ जब महिला ने सिर उठाया तो उनके चेहरे की चमक के आगे सब धूमिल पड़ गया। इतनी खूबसूरत औरत, वाकई आज तक जिंदगी में नहीं देखी थी।

बाबू साहब—माताजी, मैं आपकी समस्या को जानने आया हूँ, क्या कष्ट है आपको, आप बताएँ मुझे···मैं आपकी समस्या को दूर करने की कोशिश करूँगा।

माता ने मुसकराते हुए कहा—तुमने मेरी आवाज सुन ली, मुझे बहुत खुशी है, बस, मैं तुम्हें जाँच रही थी की आखिर मेरी रियासत का खेवनहार कितना तत्पर है !

बाबू साहब—परंतु मैं कुछ समझ नहीं पा रहा हूँ।

माता—मैं तुम्हारी नगर देवी हूँ।

बाबू साहब माता के आगे नतमस्तक हो गए।

माता—बेटा, मैं बहुत दुःखी हूँ, मुझे बहुत लंबे समय से किसी ने याद नहीं किया है, तुमने मेरी सुनी है तो तुम्हारा कल्याण होगा। मैं तुम्हें आशीर्वाद देती हूँ कि तुम्हारी वीरता को युगों-युगों तक याद किया जाता रहेगा। धरमन की तरफ इशारा करते हुए माता ने कहा—ये नारी, जो तुम्हारे जीवन में आई है, इसकी वजह से तुम यशस्वी होगे। इतना कहने के बाद अचानक से वहाँ मौजूद लोगों की पलक क्या झपकी, वो नारी वहाँ से अंतर्धान हो गईं। यह नजारा देख धरमन और बाबू साहब अवाक् रह गए।···

कुछ पल के लिए लोगों में भय का माहौल हो गया। मगर इतनी संख्या थी कि किसी को डरने की जरूरत नहीं थी। वह अपने परिचय को देकर, सारी बातें रखकर गायब हो गईं, तो जाहिर सी बात है कि किसी के भी होश उड़ जाएँगे।

जंगल से इस वाकये के बाद लोग अपने महल की तरफ बढ़े तो पहुँचते-पहुँचते सुबह हो चुकी थी किरण फूटने से पहले ही बाबू साहब और धरमन बीबी अपने दल-बल के साथ राजमहल पहुँच गए।

सुबह हुई, रात की घटना से सभी अनजान थे, किसी को कानोकान खबर तक न थी। रियासत में एक नई ऊर्जा दिखने लगी थी, कई दिशा-निर्देश निर्गत कर दिए गए थे। जनहित में कार्य करने की शैली से तो सभी वाकिफ थे, जरूरत थी देशप्रेम के लिए सभी को एक माला में पिरोने की। माहौल ऐसा बना कि उसके लिए भी कुछ ज्यादा संघर्ष करने की जरूरत न पड़ी; क्योंकि सबकी फौलादी भुजाएँ तो फड़क ही रही थीं, बस, जरूरत थी तो नेतृत्व की, सो वो भी नजर आने लगा था।

कहते हैं, अगर सच्चे मन से किसी से प्यार किया जाए तो वो जिंदगी के मायने बदल देता है। धरमन एक नर्तकी है, उसके नृत्य और नृत्य के दरम्यान उभरे भाव के बाबू साहब मुरीद हो गए। शुरुआती दौर में तो मन बहलाने के लिए बाबू साहब भी किसी के कहने पर धरमन के नृत्य को देखने के लिए आरा गए थे। और, वो तो एक राजा हैं, उनकी रियासत की ही मशहूर नर्तकी है धरमन, बाबू साहब चाहते तो उसे बुलवा लेते, मगर उन्होंने ऐसा कभी नहीं किया। अल्हड़, मस्ती में खोए बाबू साहब ने पहली बार धरमन के नृत्य को क्या देखा, उनके मुरीद हो गए। पहली मुलाकात इतनी गहरी छाप छोड़ेगी बाबू साहब और धरमन पर, ये किसी ने कल्पना तक नहीं की थी।

बाबू साहब अक्सर धरमन का नृत्य देखने आने लगे, देखते-ही-देखते दोनों

बस, एक-दूसरे के होकर रह गए।

भारतीय संस्कृति में प्रेम को बेहद पवित्र और अनछुई-सी भावना समझा जाता है। फाल्गुन मास में आने वाली बसंत पंचमी हमारी संस्कृति में 'प्रेम दिवस' के रूप में ही मनाई जाती है। प्रेम की बात चली है तो कामदेव का जिक्र जरूरी है। ब्रह्मा के हृदय से निकले कामदेव प्रेम के देवता हैं, उनकी पत्नियाँ रति और प्रीति हैं, उनका वाहन तोता है और उनका सहचर बसंत है। अप्सराएँ, गंधर्व और किन्नर उनके साथी माने जाते हैं। कहा जाता है कि शिव के तीसरे नेत्र की अग्नि से कामदेव भस्म हो गए थे।

राधा-कृष्ण का प्रेम अमर है। कला की हर विधा में इस प्रेम की चर्चाएँ अक्सर पढ़ने को मिलती हैं। असंख्य गोपियों के संग रास रचाने वाले, रुक्मणि-सत्यभामा के पति और मीरा बाई की भक्ति में रची-बसी रचनाओं के पात्र थे कृष्ण। खुद से बड़ी उम्र की राधा से उनके प्रेम को सामाजिक मान्यता मिली, यहाँ तक कि उनका नाम ही राधा के साथ लिया गया। वृषभानु की पुत्री राधा और कृष्ण के इस प्रेम ने कई मायनों में परंपराओं को तोड़ा था। महाकवि सूरदास के प्रभु, महाभारत में अर्जुन के मार्गदर्शक, राधा के शाश्वत प्रेमी और द्रौपदी की लाज बचाने वाले कृष्ण संभवत: स्त्री-पुरुष समानता के प्रबल पक्षधर भी थे। गोविंद दास, चैतन्य महाप्रभु और 'गीत गोविंद' के रचनाकार जयदेव की रचनाओं में राधा-कृष्ण के इस प्रेम का चित्रण बखूबी मिलता है। मशहूर प्रेम-कथाओं में राधा-कृष्ण, शकुंतला-दुष्यंत, सावित्री-सत्यवान जैसी पौराणिक कथाओं के अलावा रानी रूपमती-बाज बहादुर, सलीम-अनारकली, हीर-रांझा, लैला-मजनूँ, सोहनी-महिवाल, ढोला-मारू जैसे प्रेम चरित्रों की गाथाएँ अमर हैं। ठीक उसी तरह बाबू कुँवर सिंह और धरमन बीबी का प्रेम भी देश की आजादी के लिए हमेशा के लिए अमर हो गया। देशभक्ति के लिए नि:स्वार्थ भाव से किए गए इनके प्रयास तो हमेशा याद रहेंगे ही, मगर इससे भी बड़ी बात है कि इनकी प्रेमकथा ही ऐसी थी कि उसी के आधार पर गदर का इतिहास लिखा जा सका। उस जमाने के भोजपुरी गीतों में इसके सारे तथ्य समझने और जानने को मिल सकते हैं कि इनके बीच कितना अटूट स्नेह और लगाव था—

गीत

नेह के लगला से केहू दामन ना बचा पायी
अपना अकेलापन में बस तोहरा के जुदा पायी
एही ख्याल में हम दिन-रात रोके बिताइला
तोहरे करेजा से बहत लोर के ना मिटा पइला।

हमार करम त बाटे एगो बस एगो तवायफ नियन
हर कोई करेला नुमाइश, वफा ना केहू से पाईला।
दूर चाहे केतनों बाटे मंजिल आँख में काजर जइसन
जाने कब हम तोहरा नजर से नजर मिला पाइब''

(मुरली)

बाबू साहब और धरमन के बीच एक विशेष अनुराग था। बाबू साहब जितना दिल से धरमन को मानते थे, उससे कहीं ज्यादा धरमन उनसे प्यार करती थी। कभी एक-दूसरे से दूर होना नहीं चाहते थे। वैसे धरमन के नृत्य की चर्चा बहुत दूर-दूर तक थी। इनके नृत्य को देखने बहुत दूर-दूर से लोग आया करते थे। धरमन के साथ उनकी छोटी बहन भी गायन और नृत्य में धरमन पर ही गई थीं। सुंदर काया वाली करमन भी अपनी बहन की तरह ही खूबसूरत भी थीं। दोनों बहन काफी मेहनत किया करती थीं। धरमन और करमन ने अपने जीवनकाल में बहुत रुपए कमाए, कमाई का होना भी लाजिमी था। इनके नृत्य के सभी कायल थे, सो इनके दरवाजे पर रसूख वाले ही तो आते थे, जिन्हें अपनी कला से खुश करने भर की तो देरी थी, फिर क्या पैसों की बरसात होने में देर नहीं लगती थी!

धरमन का संगमरमर की तरह चमकता बदन, कातिल मुसकान के साथ बलखाती जवानी को देख किसी को भी प्यार आ जाता था। कोई भी उस पुष्प की भीनी-भीनी खुशबू का पान करना चाहता था। मगर अपने वसूल की पक्की धरमन ने कभी अपने आसपास किसी को भटकने तक नहीं दिया। हमेशा अपनी कला तक ही लोगों को सीमित रखने की कोशिश की। इनकी तरफ कई लोगों ने बढ़ने की कोशिश भी की, मगर धरमन के साथ उनकी सुरक्षा के लिए भी कम लोग नहीं थे, हर कदम पर धरमन की सुरक्षा उनके साथ काबिज हुआ करती थी। यही वजह थी कि धरमन के कोठे पर आने वाले हमेशा उनकी कला से ही ताल्लुकात रखते थे।

धरमन, हाय! ऐसी बला, जिसे देख किसी को भी उससे प्यार हो जाए! क्या चाल, क्या खूबसूरती, क्या मदमस्त अदाएँ, लगता मार डालेगी! ऊपर से उसका नृत्य, सबको उसका मुरीद बना देता था, जो भी धरमन को देखता, अपनी बाँहों में समेटकर अपनी पिपासा को मिटाना चाहता था। उसके रसीले होंठ, तीखे नैन-नक्श, लहराती जुल्फ के साथ जब घुँघरु बँधे पाँव मखमली चादर पर पड़ते तो कितनों का दिल निकल आता था। देखने वाले अपनी सुध खो देते थे। उन्हें तो उस कोठे पर सिर्फ और सिर्फ धरमन और उसकी अदाएँ दिखती थीं, कोई उस सुनहरे पल

को भूलना तो दूर, वहाँ से तनिक भी हटने का नाम नहीं लेता था। जाने कब धरमन के पाँव थम जाते इसका अहसास ही नहीं होता था। देखने वाले लोग तो बस, यही चाहते थे कि धरमन के पाँव हमेशा थिरकते रहें। उसके हिचकोले खाते बदन दर्शकों के मन में एक अजीब सी मदहोशी पैदा कर देते थे।

धरमन रोज नृत्य करती थी। उसके नृत्य को देखने के लिए कुँवर सिंह भी गाहे-बगाहे आने लगे थे। जिसने एक बार भी धरमन के नृत्य को देखा, वो उसके दीवाने हो जाते थे। पता नहीं किस मिट्टी की बनी थी! कोठे पर सजी महफिल और महफिल में सज-सँवरकर बैठी धरमन बहुत ही आकर्षक लगती थी। वैसे तो बहुत लोग आते थे धरमन की अदाओं को देखने के लिए, मगर बाबू साहब तो पहली मुलाकात में ही उसके ऐसे दीवाने हुए कि…और यह बात किसी से छुपी हुई भी नहीं थी, धरमन उस जमाने की मशहूर नर्तकी थी, उसका कला कौशल जगजाहिर था।

बाबू साहब कला मर्मज्ञ थे। नाच-गाने के शौकीन कुँवर सिंह को उनके सिपहसालार और कुछ मित्रवत् व्यवहार रखने वाले लोग अक्सर उन्हें किसी-न-किसी आयोजन का हिस्सा बनाने की कोशिश करते थे। वो अपनों के बीच इस कदर घिरे रहते थे कि जो भी कला की बातें करता, वो उसकी तरफ आकर्षित हो जाते थे।

दिन गुजरते गए, धीरे-धीरे बाबू साहब का धरमन के प्रति आकर्षण बढ़ने लगा। शुरू हुआ आने-जाने का सिलसिला। पहले माह में एक बार, फिर कुछ समय गुजरने के बाद सप्ताह में जाने लगे। लोगों के बीच बाबू साहब को लेकर तरह-तरह की चर्चाएँ शुरू हो गईं, मगर किसी की यह नहीं हिम्मत थी कि इसकी चर्चा खुलेआम कर सके। खैर! जब कोई कहीं जाने लगा है तो चर्चा का होना लाजिमी है। बावजूद इसके कुँवर सिंह को इसकी तनिक भी परवाह नहीं थी, वो इन सभी बातों से इतर बिंदास अपनी दुनिया में खोए हुए राज-काज के साथ धरमन के प्यार में आकंठ डूबे रहते थे।

धरमन सोच में पड़ गई! राजा बहादुर इस तरह रोज आएँगे तो लोग क्या कहेंगे? इनकी प्रजा हमें दोष देगी, कहेगी, बाबू साहब की पूरी कमाई को धरमन ने लूट लिया! पर ऐसा नहीं था। बाबू साहब तो धरमन के प्यार में बँधते चले जा रहे थे, उन्हें तो बस, सोते-जगते धरमन ही नजर आने लगी थी।

धरमन और बाबू साहब दोनों अपने आप में किसी मिसाल से कम नहीं, दोनों ही अपनी धुन के पक्के थे। यही वजह है कि बाबू साहब के लगाव ने धरमन के दिल में भी प्यार पैदा कर दिया। जिसे कभी किसी के एक लफ्ज भी नहीं लुभाए, अंग्रेजों की शोहरत न डिगा सकी, उसे बाबू साहब के प्यार ने इस कदर बाँध लिया

कि धरमन भी केवल बाबू साहब के सामने ही अब नाचना चाहती थी। भले ही एक-दूसरे से न बोलते हों, पर दोनों के बीच प्यार परवान चढ़ने लगा।

बाबू साहब के सामने एक तरफ राजगद्दी थी तो दूसरी तरफ धरमन, इन दोनों के बीच बाबू साहब को सामंजस्य बैठाकर चलना पड़ता था। वैसे धरमन को इनकी संपत्ति का तनिक भी लालच नहीं था, वो तो बस, इनसे प्यार कर बैठी। इनके लिए कुछ भी करने को तैयार रहती थी। मन-ही-मन उसे लगा कि वो अब किसी की अमानत हो चुकी है! तब उसने सिर्फ बाबू साहब को छोड़ किसी के सामने नाचने से इनकार कर दिया। उस जगह सिर्फ करमन ही नाचने वाली रह गई। अब जो भी आते, उन्हें करमन ही अपना कला कौशल दिखाती थी। कुछ दिन ही करमन के नाचने का सिलसिला चला, फिर करमन ने भी नाचना बंद कर दिया। वैसे दोनों बहनें कला-कौशल में इतनी निपुण थीं कि इनके नृत्य देखने के बाद सबके मुँह से बरबस निकल जाता था—वाह! वाह!

इनकी महफिल में आना तो सभी चाहते थे। यहाँ आने का भला किसका मन नहीं होगा, पर जिसमें कुछ दम-खम हो, वही इस दर तक पहुँचता था। खुदा ने सूरत के साथ कला जो दी थी धरमन को उसकी खूबसूरती में वह चार चाँद लगा रही थी। जिधर जाओ धरमन के नाम की चर्चा किसी-न-किसी रूप में सुनने को मिल ही जाती थी। अंग्रेजी हुकूमत थी, अंग्रेज ऑफिसर भी धरमन के दीवाने थे, मगर क्या मजाल, जो भूलकर भी उसके हाथों को पकड़ लें, पकड़ना तो दूर, नृत्य देखना भी उनके लिए टेढ़ी खीर थी। धरमन कुँवर के प्यार में और कुँवर-धरमन के प्यार में क्या आए, उनकी दुनिया ही अलग हो गई। इनकी मोहब्बत परवान चढ़ी तो अपने वतन को बंदिशों से मुक्त कराने की भी चाहत हिलोरें लेने लगी थीं।

मंच छोड़ बाबू साहब के साथ हो लिया

लोकमानस में रची-बसी कथा के अनुसार डुमराँव राज द्वारा बड़े पैमाने पर सांस्कृतिक कार्यक्रम का आयोजन किया गया। डुमराँव राजगढ़ स्थित बाँके-बिहारी मंदिर में बलिया, गाजीपुर तथा शाहबाद के मानिंद लोगों के मनोरंजन के लिए नर्तकी के तौर पर धरमन बीबी को बुलवाया गया था। दूर-दराज से राजघराने और कुछ विशिष्ट लोगों को भी आमंत्रित किया गया, जिसमें कई बड़े अंग्रेज अफसरों ने भी शिकरत की थी डुमराँव के बाँके-बिहारी मंदिर के प्रांगण में चारों तरफ महफिल सज गई थी। सभी अतिथियों ने निर्धारित जगह पर आसन जमा लिया। इस कार्यक्रम में सबसे खास था धरमन बाई का मुजरा। इस आयोजन में विशेषतौर पर बाबू कुँवर

सिंह को भी बुलाया गया था। राजघराने की बात थी, सो सभी रियासत के लोग इसमें हिस्सा लेने के लिए आए हुए थे।

मंदिर के अहाते में चारों तरफ आमंत्रित लोग अपनी–अपनी जगह पर राजसी लिबास में मौजूद थे। इन हस्तियों में जगदीशपुर रियासत के बाबू कुँवर सिंह भी शामिल हुए। बीच में एक बड़ा सा मंच सजकर तैयार था। मंच पर साजिंदे अपने अलग–अलग वाद्ययंत्रों से सात सुरों की संगिनी के साथ ताल मिला रहे थे। बस, कमी थी तो उस नाजनीन नर्तकी की, जो सबके दिलों पर अकेली हुकूमत चलाने के लिए आई थी। जब तक मंच पर धरमन बाई बतौर तवायफ नहीं आई थी, तब तक रियासत के प्रतिनिधि आपस में बातचीत करने में मशगूल थे।

एकाएक जैसे ही मंच पर धरमन बाई आई अचानक, सन्नाटा सा पसर गया। सभी अपनी आँखें फाड़कर धरमन को देखने लगे, सबकी बातें अधूरे सफर में ही थम गई, सभी सामने मंच की तरफ केंद्रित हो गए। धरमन के पाँव जैसे ही मंच पर पड़े, घुँघरू की झनकार से सभी झुम उठे। तवायफ तो तवायफ होती है, मगर धरमन के नृत्य के आगे सब मदहोश हो गए। जैसे–जैसे नृत्य परवान पर चढ़ने लगा, सभी नृत्य–संगीत की उस बेला में खो गए, किसी को किसी का ख्याल तक नहीं रहा।

बाबू साहब की हैंगिंग प्रतिमा, जगदीशपुर

किसी खुशी के मौके पर मुजरे का आयोजन होना ठीक है, तवायफ को नचाना भी अलग बात है, मगर किसी का माखौल उड़ाने के लिए किया गया आयोजन किसी भी तरीके से उचित नहीं है। आयोजन का मतलब धीरे-धीरे सभी को समझ में आने लगा कि मुख्य तौर पर बाबू कुँवर सिंह की सार्वजनिक रूप से खिल्ली उड़ाने के लिए ही इसका आयोजन किया गया था। जब सभी को पता था कि धरमन से कुँवर सिंह बेपनाह मोहब्बत करते हैं, तो इस आयोजन में दोनों को बुलाने का मतलब भी लोगों को समझ में आने लगा था।

धरमन एक तवायफ है, ये जगजाहिर है, बाबू साहब उससे मोहब्बत करते हैं, ये भी किसी से छुपी हुई बात नहीं है। लोकमानस में इनके प्यार की चर्चा छाई हुई थी। बाबू साहब और धरमन दोनों इसे डंके की चोट पर स्वीकारते भी हैं।

कार्यक्रम अपने परवान पर था, सभी नाच का मजा ले रहे थे, पर कोई-कोई इशारों-ही-इशारों में कुँवर सिंह की हँसी भी उड़ा रहे थे। इस बात का जब बाबू साहब को अहसास हुआ कि उनकी खिल्ली उड़ाने के लिए ही उन्हें यहाँ बुलाया गया है, बस, फिर क्या था, बाबू साहब अपने तेवर में अपनी जगह से उठ खड़े हुए। सब इस नजारे को समझ पाते, उससे पहले ही बाबू साहब अपने घोड़े पर सवार होकर जैसे ही चलने को तैयार हुए, धरमन बाई अपने नृत्य को बीच महफिल से ही छोड़कर दौड़ पड़ी और बाबू साहब के घोड़े पर छलाँग लगाकर उनके पीछे घोड़े पर जा बैठी। पलभर में महफिल की रौनक खत्म हो गई, सभी अवाक् रह गए, पर इसकी तनिक भी परवाह किए बगैर बाबू साहब घोड़े पर सवार होकर वहाँ से तूफान के झोंकों की तरह निकल गए।

बाबू साहब की प्रतिष्ठा से खेलने के लिए किए जाने वाले इस आयोजन को उस वक्त बहुत जोर का झटका लगा, जब उस महफिल के दो किनारे एक साथ ही किसी अन्य राह पर निकल गए और आयोजक खुद से ही हँसी के पात्र बन गए!

सरपट सड़क पर दौड़ता हुआ घोड़ा और साथ-साथ हमसफर बनकर धरमन और कुँवर सिंह डुमराँव के जंगली इलाकों से होते हुए लगभग 17 किलोमीटर की दूरी तय करते हुए ब्रह्मपुर धाम पहुँचे। लंबी दूरी थी तो थकान का होना लाजिमी था, सो ब्रह्मपुर धाम परिसर में ठहरकर आराम करने लगे।

बाबू साहब—(धरमन की तरफ देखते हुए) ये आपने क्या किया? मुझे लगा कि मेरी प्रतिष्ठा से खेलने के लिए ये आयोजन किया गया है, तो मैं वहाँ से निकलने लगा···मगर आप?

धरमन—(हल्की मुसकान के साथ) वाह! बाबू साहब वाह! आपकी प्रतिष्ठा मेरे लिए कुछ भी नहीं है?

बाबू साहब—नहीं, नहीं, मेरा कहना कुछ और ही था।···

धरमन—आपने इतने दिनों में भी मुझे पहचाना नहीं? इस बात का दुःख है।···

बाबू साहब—अरे बाबा, ऐसी बात नहीं, उन लोगों ने कला की इज्जत की, तभी तो आपको आमंत्रित किया था, वरना कितनी नर्तकियाँ यहाँ पड़ी हुई हैं।

धरमन—आप लाख बातों में मुझे उलझाएँगे, मगर मैं आपको और आपके दिल की हर बात को समझती हूँ, पर सोचती हूँ···

बाबू साहब—(मुसकराते हुए) क्या सोचती हैं?···आप जो समझ रही हैं, वैसी कोई बात नहीं, मगर इतना तो है कि आपकी हर अदा का मैं कायल हूँ।

धरमन—वो तो मैं भी हूँ, आपके सम्मान की मुझे फिक्र नहीं होगी तो किसे होगी···तभी तो कई राजघराने से आए रियासतदाँ को मैं भी ठोकर मार आई···

बाबू साहब—(लंबी साँस लेते हुए) हाँ, मुझे ये पता है।···मगर मुझे ये नहीं मालूम था कि आप आने वाली हैं और मेरे सामने ही आपके जिस्म की नुमाइश की जाएगी!···सुनकर मेरा गुस्सा सातवें आसमान पर था।···फिर

धरमन—(बात काटते हुए) अरे! बाबू साहब आप भी बेवजह परेशान हो गए! जब हम आपके साथ हैं तो दुनिया क्या कहती है, इस पर मत जाइए (कुटिल मुसकान के साथ) और बाबू साहब हुस्न किसे प्यारा नहीं होता?

बाबू साहब—अच्छा, चलिए अब बहुत हुआ, चलते हैं।

मंदिर के पुजारी—कुँवर साहब बड़ी खुशी की बात है कि आप दोनों एक साथ मंदिर में आए हैं, साथ में पूजा करना दांपत्य जीवन के साथ-साथ धन-धान्य से भी समृद्ध बनाता है।

दोनों लोग एक-दूसरे को देखते रहे, सोचने लगे कि आखिर क्या करें? फिर दोनों आँखों-ही-आँखों में गुफ्तगू करते हुए पूजा करने के लिए मंदिर की तरफ बढ़ चले।

मंदिर में प्रवेश करने से पहले बाबू साहब ने कहा—तुम बहुत भोली, मासूम और खुली किताब की तरह हो, जिसके निश्छल मन को मैं कभी भी पढ़ सकता हूँ।

धरमन—(मुसकराते हुए) ऐसी बात नहीं बाबू साहब, ये तो आपका बड़प्पन है।···(बदन को तोड़ते हुए) अरे, मैं तो एक साधारण नर्तकी हूँ, मुझे तो आपकी छाँव ने इतना बड़ा बना दिया है।···

बाबू साहब—आपकी बातों में इतना अल्हड़पन है, जो इस मतलबी दुनिया के कायदे-कानून से बिल्कुल परे है।...

धरमन—क्या कह रहे हैं बाबू साहब...मैं जितना हूँ नहीं, उससे ज्यादा तो आपने मुझे सम्मान दे दिया है।...

बाबू साहब—आप मेरी जिंदगी की वो रोशनी हैं, जो अँधेरे से लड़ने का हौसला देती है, हर पल एक नई प्रेरणा देती रहती है।

धरमन—बाबू साहब, ये बात तो मुझे कहनी चाहिए...मुझ जैसी अँधेरे में जीने वाली को आपने रोशनी देकर जिंदगी के हर मायने को सिखाया है।...

बाबू साहब—(धरमन की तरफ स्नेह भरी निगाहों से देखते हुए) एक-दूसरे के बिना हम कुछ भी नहीं कर सकते, एक कदम भी नहीं चल सकते...

धरमन—हाँ, बाबू साहब, अब मुझे भी ऐसा ही लगने लगा है।...मेरी पूरी जिंदगी आप पर न्योछावर है।...

बाबू साहब—(गंभीर मुद्रा में लंबी साँस लेते हुए) आपने मुझे प्यार के सही मायने सिखाए, जिंदगी को बेहतर ढंग से जीना सिखाया...

धरमन—(मंदिर के अहाते में एक-दूसरे के बीच संवाद चल रहा है, कई इसके साक्षी बने हुए थे) मैं तो रोज की तरह देशभक्ति के तराने को गाकर देशप्रेम जगाती थी। जिंदगी को गुलामी में जीने से बेहतर है, खुले आकाश में साँसें लें...कई लोग आते थे।...लेकिन मेरी बातों को आपने समझा और सम्मान दिया कि आज आपके बगैर मेरे जीवन की कल्पना कोरी है।...

बाबू साहब—मुझ पर आपका अटूट विश्वास ही है, जो मेरे अंदर मोहब्बत और देशभक्ति की लौ को जलाकर मशाल के रूप में परिवर्तित करता जा रहा हूँ।...

दोनों की घंटों से बातें सुनकर मंदिर प्रांगण में मौजूद सभी लोगों की आँखें भर आईं इनके आपसी लगाव को देखकर...

(इसी बीच दोनों मंदिर के पुजारी के पास पहुँचे)

ब्रह्मपुर धाम के बारे में जानना जरूरी है। ब्रह्मपुर का अर्थ ब्रह्मा की जगह है। ब्रह्मपुर के आसपास के लोगों का मानना है कि यहाँ भगवान् शंकर, शिवलिंग के रूप में स्वयं धरती से बाहर आए हैं। उनका नाम ब्रह्मेश्वर नाथ है। यही कारण है कि गाँव का नाम ब्रह्मपुर पड़ा है। कुछ लोगों का मानना है कि ब्रह्मपुर की स्थापना स्वयं भगवान् ब्रह्माजी ने की थी। परिणामस्वरूप यह शहर ब्रह्मपुर के नाम से जाना जाने लगा। यह भी कहा जाता है कि प्राचीन काल में मुसलिम शासक मोहम्मद गजनी, जब मंदिर को तोड़ने और यहाँ का धन लूटने आया तो ब्रह्मपुर के लोगों ने

उसको चेतावनी दी कि अगर वो मंदिर तोड़ेगा तो बाबा ब्रह्मेश्वर नाथ की तीसरी आँख उसका विनाश कर देगी। गजनी ने कहा कि ऐसे कोई देवता नहीं हैं। अगर हैं, तो मंदिर का प्रवेश द्वार, जो पूरब दिशा में है, वो रात भर में पश्चिम में हो जाएगा। अगर ऐसा होता है तो वह मंदिर को छोड़ देगा और कभी मंदिर के पास नहीं आएगा। अगले दिन प्रात:काल जब वो मंदिर का विध्वंस करने आया तो दंग रह गया। उसने देखा कि मंदिर का प्रवेश द्वार पश्चिम की तरफ हो गया है। यह देखकर वह वहाँ से हमेशा के लिए चला गया।

ब्रह्मेश्वर धाम मंदिर, ब्रह्मपुर, बक्सर

फिर थोड़ी देर बाद···

दोनों ने निर्णय लिया और दुनिया की जुबाँ बंद करने के लिए भगवान् शिव को साक्षी मानकर बाबू साहब और धरमन बीबी हमेशा-हमेशा के लिए शादी के पवित्र बंधन में बँध गए। इस वाक्या के बाद इसकी खबर जंगल में आग की तरह फैल गई। सभी लोगों की जुबाँ बंद हो गई, कोई किसी को कुछ कहने की हिमाकत नहीं कर पा रहा था! जानने को तो लोग पहले से ही जानते थे। धरमन और कुँवर का प्रेम जगजाहिर था। आम से लेकर राज रियासत में वो चर्चा का विषय बने रहते थे, मगर कहानी इस हद तक पहुँच जाएगी, इसका किसी को अंदाजा नहीं था। कहा

जाता है कि कब-क्या घटित होगी, यह पहले से ही तय है, बस, हमें और आपको पता नहीं होता है कि अगले पल क्या होगा? जो होता है, अच्छा के लिए होता है। बक्सर जिले के डुमराँव अनुमंडल के ब्रह्मपुर धाम में बाबा ब्रह्मेश्वर नाथ को साक्षी मानकर 43 साल की उम्र में रणबाँकुरे कुँवर सिंह ने अपने लंबे समय से चली आ रही एक-दूसरे की मोहब्बत को धरमन की माँग में सिंदूर भरकर हमेशा-हमेशा के लिए अपना नाम दे दिया।···

धरमन-करमन की नृत्यशाला

धरमन की खुशी से आँखें भर आईं···उसने कभी सोचा भी नहीं था कि नाच-गाकर अपने पेट को पालने वाली का एक राजवाड़े से नाम जुड़ जाएगा और एक साधारण नर्तकी इतिहास के पन्नों में दर्ज हो जाएगी! कल तक की आम नर्तकी आज से खास हो जाएगी! इसके पहले तो होली के मौके पर बाबू साहब धरमन के प्रेम में इतने डूब गए थे कि थाल में रखी अबीर को ही धरमन की माँग में सजा दिया था! मगर आज बाबा भोलेनाथ को अपना आराध्य मानने वाले बाबू साहब ने धरमन को हमेशा-हमेशा के लिए अपना नाम दे दिया। शादी की रस्म अदा होने के साथ ही इस पवित्र स्थल पर ही इन लोगों ने प्रण किया कि जब तक हमारा मुल्क आजाद नहीं होगा, इस गुलाम भारत में हम किसी भी संतान को जन्म नहीं देंगे।

कहाँ एक नाचने वाली और कहाँ बाबू साहब! इस तरह दोनों का जुड़ना इत्तेफाक कहें या फिर एक संयोग! बाबू साहब राजा थे, सबके मर्म को समझने वाले एक भले इंसान भी थे, सबके हमदम कहें, जो किसी भी बिरादरी और जाति से परहेज नहीं करने वाले थे, तो धरमन में भी कई खासियत थीं। वो एक नर्तकी

होकर भी अपने उसूल की पक्की, ईमानदार, अपनी आबरू के साथ अपने चहेतों के मान-सम्मान का भी ख्याल रखने वाली थी, जिसे कोई हाथ लगाने तक की हिम्मत नहीं जुटा पाया।

धरमन बीबी का सिंबोलिक चित्र

अंग्रेजी सरकार नाजायज को बढ़ावा दे रही थी, देशद्रोहियों के सहारे ईमानदार और देशभक्तों का सौदा करना चाहती थी। मगर उन गोरों को ये पता था कि ये हिंदुस्तानी अपने मुल्क के लिए सबकुछ न्योछावर कर देंगे, अपनी जान तक दे देंगे, अपने देश को आजाद कराकर हीं मानेंगे। वक्त के हाथों मजबूर हैं ये हिंदुस्तानी लोग, वरना ये किसी की एक न सुनने वाले हैं। हाँ, एक बात अंग्रेजों की जुबाँ पर होती थी कि ये लोग होते बहुत भावुक और अतिथिसत्कार में अपना सबकुछ लुटाने वाले होते हैं। सदियों से इनके किस्से 'अतिथि देवो भवः' से एक अटूट विश्वास के साथ जुड़े हैं। इतना ही नहीं, आने वाली अपनी पीढ़ी को भी ये यही सबक देते थे कि हमें अपने धर्म का निर्वाह कैसे करना चाहिए! इसलिए उनके बताए रास्ते पर आज तक इस मुल्क के लोग चलते आ रहे हैं।

"किसी से कब, कहाँ और कैसे इश्क हो जाता है ये कोई प्यार करने वाला ही बता सकता है। ये वो आग का दरिया है, जिसमें सभी लोग छलाँग लगाने से नहीं चूकते। इश्कजादा दिल के साथ दिमाग भी हार बैठता है। शोध के मुताबिक, प्यार होने में आशिकों को सेकेंड के पाँचवे हिस्से के बराबर का वक्त लगता है। जब इश्क हो जाए तो फिर क्या कहने, मस्तिष्क में नशीला रसायन जैसा आत्मिक संतुष्टि का अहसास होता है।

अगर औरा की बात करें तो प्यार किया नहीं जाता, हो जाता है। इंसान का औरा 49 परतों में बना होता है, यह किसी से मिलता-जुलता भी हो सकता है। किसी व्यक्ति, पशु-पक्षी या फिर पेड़-पौधे से भी मिल सकता है। जिसमें से कुछ लक्षण भी व्यक्ति को आकर्षित करता है। आपने देखा होगा; किसी-किसी व्यक्ति को कोई चीज भा जाए, कोई व्यक्ति दिल को भा जाए, तो समझ लें कि हमारा औरा उनसे मिल रहा है। कभी-कभी तो कुंडली मैच नहीं करती है और औरा मैच कर जाता है। इश्क में औरा की महत्त्वपूर्ण भूमिका है, जैसे ही यह मैच करेगा, प्यार खुद-ब-खुद हो जाएगा।"

लोकगीतों की राजनीतिक समझ भी कोई कम नहीं थी, विभिन्न तथ्यों पर उनका विरोध होता रहा है। अंग्रेजी हुकूमत का हर वर्ग के लोगों ने किसी-न-किसी रूप में जरूर विरोध किया।

वैसे तो देश के अन्य इलाकों में अंग्रेजी हुकूमत का विरोध लोक साहित्य, लोकगीत, लोकभाषा आदि में किसी-न-किसी माध्यम से होता ही रहा है, लेकिन बिहार के चंपारण्य (चंपारण क्षेत्र), सारण्य (सारण) और आरण्य (आरा) के इलाकों में लोकभाषा भोजपुरी में भी इसका जमकर विरोध देखने और सुनने को मिला है। उस दौर में बिछड़न का वियोग सामने आया। अंग्रेजी सल्तनत के समय पैसा तक को दुश्मन बताया गया।

उस जमाने के प्रसिद्ध गीत—

"रेलिया ना बैरी, जहजिया ना बैरी
पइसवे बैरी ना, लेइगा पिया के बिदेसवा
हाय राम, पइसवे बैरी ना"
"रेलिया बैरिन पिया के लेले जाय रे"
और "कलकत्ता से खुलल जहाज भँवरवा धीरे चल¨ "

भारतेंदु की मंडलियों ने अंग्रेजों का विरोध कुछ इस अंदाज में किया—

"अंग्रेजी राज सब साज सजै है भारी
पर धन विदेश चलि जात, यही अति ख्वारी¨ "

सन् 1820 में बुंदेलखंड के लोककवि गुमानी कुछ इस तरह कहते हैं—

"यो अंग्रेज कहाँ से आया
कौन मुलूक में रहता है?"

मोहब्बत और इसकी तासीर से लगभग सभी परिचित होते हैं। इसके बारे में जितनी चर्चाएँ की जाएँ, वो कम है; क्योंकि इस बेजुबान अहसास को किसी जुबान की जरूरत नहीं होती। यह कब, किसे और कहाँ हो जाए, किसी को भनक तक नहीं लगती है। इस दिल को जाने कौन सी अदा कब और कहाँ पसंद आ जाए, ये भी दिल ही जाने। ये महज एक धड़कन है, जो जिनके दिलों में, जिनके लिए धड़कती है, उसे वो ही जाने! बाद में भले ही इसकी खुशबू से सारा जहाँ महक उठे और ये वैसी मिठास है, जिसकी खुशबू ने लगभग सबको दीवाना बनाया है। बाबू साहब धरमन और करमन दोनों से बेहद प्यार करते थे। जब प्यार परवान पर हो और वो भी किसी रियासत के राजा को, तो वो एक न एक दिन इतिहास जरूर बन जाता है। बाबू साहब की करमन के प्रति बेपनाह मोहब्बत का ही नतीजा था कि उनके नाम पर आरा में जिस इलाके में करमन रहती थी, उस मोहल्ले का नाम ही 'करमन टोला' हो गया, जिसे आज भी आरा में उसी नाम से जाना जाता है। वहीं बाबू साहब के दिल की सबसे करीब धरमन...हाँ, ये वो धरमन, जिसका बाबू साहब की जिंदगी पर एकछत्र राज कायम था, वो धरमन भले ही किसी के लिए महज एक नर्तकी थी, मगर बाबू साहब की तो वो पूरी दुनिया थी। उसी प्रियतमा के नाम पर आरा शहर के बीचोबीच, जहाँ धरमन की कभी महफिल सजा करती थी, उस चौक का ही नाम 'धरमन चौक' हो गया। धरमन चौक, जो बाबू साहब और धरमन बाई के मोहब्बत की कहानी को बयाँ करता है। वहीं करमन बाई के नाम पर आरा शहर में ही करमन टोला का नामकरण हुआ, जिसे आज भी उसी नाम से जाना जाता है।

बाबू साहब जाति और धर्म के भेद से परे थे। उनके लिए जनसेवा ही धर्म था। उनकी जिंदगी में जब धरमन का आगमन हुआ तो उनकी जिंदगी के मायने ही बदल गए। अकेले और ज्यादातर जंगलों में रहने वाले वीर कुँवर सिंह का जीवन भी धरमन के उनके जीवन में आने के बाद रंगीन हो गया। धरमन बाई से धरमन बीबी बनी धरमन की खुशी के लिए बाबू साहब ने अपनी रियासत जगदीशपुर में भव्य मसजिद का निर्माण करवाया, जो हिंदू-मुसलिम एकता के एक बहुत बड़े परिचायक कहे जा सकते हैं। समय गुजरता चला गया, जो कल वर्तमान था, वो

आज इतिहास बन गया। जिस रियासत को लोग करीब से जानते थे, अपने पूर्वजों से किस्से-कहानियों में सुनने लगे। कुँवर सिंह और धरमन बाई की देशभक्ति को लोक परंपराओं तथा लोकगीत में लोगों ने शामिल कर लिया…बाद के दिनों में वही राष्ट्रीय स्तर पर बखान होनी शुरू हो गई।

लोकगीतों में बाबू वीर कुँवर सिंह की वीरगाथा

(1)

बबुआ असी हो बरीस के उमिरिया हो ना।
बबुआ थर थर काँपे जेकर मुड़िया हो ना।
बबुआ बकुला के पाँख अस केसिया हो ना।

बबुआ गिरी गइली जाहि दिन बतीसिया हो ना।
बबुआ ओहि दिन—तरुअरिया हो ना।"

कहीं पचरा सुनाए जाते—

"धन भोजपुर धन भोजपुरिया पानी।
असियो बरिस में जहाँ आवेला जवानी।
जेकर असी बरिस में लवटल बा जवनियाँ
कहनियाँ बाबू कुँवर के सुनीं।"

धोबी-नाच में लोग झूम झूम के गाते—

"बाबू कुँवर सिंह पछिम के जब पेयान कइनीं।
पावना में डेरा गिरवनीं ना।
लोहा के जामा सियवनीं
बांयाबंद लगवनीं ना।
ढ़ाल तरुआर के कवन ठेकाना
गोला बारुद संग धवनीं ना।"

पंवरिया लोग गाते मिलेंगे—

"भरल भोजपुर में कुँवर बिरजलें
रीवाँ रहल सरनिया नूँ।
हाट बाजार कवन बिराजे
के के कहल सब गुनवा नूँ।
सबे बिसेन घर घुसी लुकइलें
बाबू पड़लें अकेले नूँ॥"

नदी में नाविक मल्लाह गाते थे—

"घोड़वा चढ़ल जब चललन कुँवर सिंह,
धरती पर मचेला कुलेल।
मोंछी के उठान देखि ताना मारे घोड़वा,
खेलेला जवनिया गुलेल॥
जबहीं कुँवर सिंह खिंच लें लगमिया,
घोड़ा उड़ी चलल आकास।
फर फर उड़ेला केसरिया पतखवा,
झन झन बाजे तरुआर॥"

जगदीशपुर रियासत की आखिरी निशानी

अतीत से लेकर वर्तमान तक महिला और पुरुष एक सिक्के के दो पहलू रहे हैं। इनकी पूर्णता एक-दूसरे के बगैर अधूरी है। सृष्टि की रचना में अकेले किसी की भूमिका हो, वो हमेशा से अधूरी रह जाती है। ठीक उसी प्रकार युद्धभूमि में योद्धा के साथ भी लागू होता है, बाबू साहब और धरमन बीबी की बात हो या फिर करमन के अलावा जो भी महिला योद्धा हों, सबने अपना योगदान देकर अपनी मिट्टी को आजाद कराने में अहम भूमिका निभाई, जिसे कभी भुलाया नहीं जा सकता है। जिस प्रकार अपने घर को चलाने के लिए एक माता-पिता की अहम भूमिका होती है, ठीक उसी प्रकार एक राजा की भूमिका भी होती है उसे प्रजा की सेवा करना और उनकी देखभाल करनी होती है। अपनी प्रजा के लिए उसे अपनी जान तक की बाजी लगानी पड़ती है, ऐसा ही किया बाबू वीर कुँवर सिंह ने और इस नेक काम में उस जमाने की मशहूर नर्तकी धरमन और करमन ने उनका भरपूर साथ दिया।

□

2

तहजीब की पाठशाला–तवायफ

चारों तरफ अंग्रेजी हुकूमत का बोलबाला था। कोई कुछ भी बोलने से परहेज करता था। किसी की हिम्मत नहीं होती थी कि अंग्रेजों की इतनी बड़ी ताकत से लड़ सके। अंग्रेजी हुकूमत से सभी ऊब चुके थे। किसी को इनकी तानाशाही रास नहीं आ रही थी, मगर करें भी तो आम लोग कर क्या सकते थे? ऊपर से जो लोग देश की आजादी के लिए लड़ाई लड़ रहे थे, उनकी शहादत के किस्से आए दिन सुनने में आ रहे थे। इस वजह से लोगों के बीच दहशत का माहौल हमेशा बना रहता था। लेकिन इस दौर में तवायफों की भूमिका से इनकार नहीं किया जा सकता है; क्योंकि यह एक ऐसा वर्ग था, जहाँ सभी तरह के लोग आया-जाया करते थे। हर तरह की बातें सुनने और जानने का मौका आसानी से मिल जाया करता था। तवायफों के कोठे पर कुछ भी हो, किसी को कानोकान तक खबर नहीं होती थी। यहीं से खिलाफत के लिए आवाज तो बुलंद हो रही थी, मगर बहुत ही सुरक्षित तरीके से कोई कदम उठाना पड़ता था।

एक बार एक बहुत बड़ी सभा का आयोजन किया गया। इस सभा में बड़े-बड़े विद्वान् आए हुए थे। इस सभा में विद्वतजन अपनी-अपनी राय रख रहे थे कि आखिर तवायफें क्या हैं? विषय गंभीर था, सभी इस विषय पर बोल भी नहीं सकते थे, सो एक सज्जन ने अपनी लड़खड़ाती आवाज में अपनी बातों को प्रस्तुत करते हुए कहा—

"उस जमाने में तवायफें तहजीब की पाठशाला हुआ करती थीं, उनकी बदौलत कई कलाएँ समाज ने अपनाईं, इसीलिए कभी समाज ने उन्हें ऊँचा दर्जा भी दिया। इन्होंने वक्त-वक्त पर समाज को एक नई दिशा भी देने का काम किया। समय

बदला तो इनके स्वरूप बदले। पहले तो तवायफें बदनाम हुईं, फिर गुमनाम हुईं और आगे चलते-चलते आखिरी सफर में उनका नाम ही गाली हो गया।"

तवायफ और उनकी जिंदगी हर किसी के लिए एक सबक भी है, जाने कब किसके जिंदगी में कौन सा मोड़ आ जाए, किसी को मालूम नहीं है। कुछ ऐसी ही बातें करते-करते गाँव के दो लोग आपस में इस कदर उलझे कि यह उनके लिए प्रतिदिन की चर्चा का विषय बन गया। हो भी क्यों नहीं, जिस रियासत की मल्लिका एक तवायफ हो, वहाँ के लोगों के लिए यह एक उत्सुकता का विषय तो बनेगा ही। कई सवाल मन में उत्पन्न होते हैं—आखिर क्या खास होता है इन तवायफों में, जहाँ मर्दों को सकून मिलता है ? इस तरह के अनेक सवाल हर घर की बंद चहरदीवारी में गुँजने लगे थे। रियासत में एक-से-एक विद्वान् भी थे, चर्चा ने सतह से उठकर एक गंभीर विषय का रूप धारण कर लिया था फिर क्या था, एक-से-एक दिग्गजों ने अपने-अपने विचारों की झड़ी लगा दी।

उसी में से एक विद्वान् ने कहा—

आर्यों ने उत्तरी भारत में कई विशाल राज्यों की स्थापना कर ली थी। इन राज्यों के राजाओं एवं धनी लोगों ने अपने मनोरंजन और शोभा बढ़ाने के लिए सुंदर स्त्रियों को आश्रय दिया। सुंदर स्त्रियों की बढ़ती माँग को देखते हुए इनकी खरीद-फरोख्त होने लगी थी। इतना ही नहीं, बाहर से आने वाली वेश्या नर्तकियों को मुँहमाँगा इनाम भी दिया जाता था। 'तरंग कथा' में यहाँ तक लिखा गया है कि एक सुंदर स्त्री ने एक रात में 500 हाथियों की माँग कर दी थी। कौटिल्य के 'अर्थशास्त्र' में लिखा है कि राजदरबारों के लिए गणिकाएँ अनिवार्य थीं। प्रत्येक राज्य में मोटी पगार पर एक अधिकारी बहाल किया जाता था, जो सुंदर और गुणवती युवतियों की नियुक्ति करता था।

राजाओं एवं धनी लोगों द्वारा तिरस्कृत स्त्रियाँ बाजार में आम लोगों को अपने रूप-यौवन और शरीर का विक्रय करने लगी थीं। इस प्रकार वेश्याओं का एक नवीन वर्ग उत्पन्न हो गया। 'कामसूत्र' में वेश्यावृत्ति के विभिन्न रूपों का उल्लेख मिलता है। उसके अनुसार, सुनारों, शिल्पकारों आदि की पत्नियों के साथ पर-पुरुष यौन संबंध स्थापित कर सकते थे। जिस स्त्री का स्थान अपनी सौतों (लहूरी या दूसरी पत्नी) से निम्न था, जो युवती विधवा थी, जो सुंदरी थी, किंतु जिनका पति बदसूरत या रोगग्रस्त था, जिसका पति सदैव विदेश में रहता था, उसके साथ अन्य व्यक्ति यौन संबंध स्थापित कर सकते थे।

'पद्म पुराण' में देवदासी प्रथा का उल्लेख मिलता है, जो कि भारत में अति प्राचीन प्रथा है। देवदासी का अर्थ उन स्त्रियों व कन्याओं से है, जिनका

सैद्धांतिक कार्य देवताओं की पूजा करना, पूजन-भजन करना और मंदिर के काम में आत्म-नियोग करना था, किंतु व्यावहारिक रूप में उनका कार्य मंदिरों एवं धर्म की छत्रच्छाया में वेश्यावृत्ति कर जीवन व्यतीत करना था।

मध्यकाल-मुसलिम काल : वेश्यावृत्ति

भारत में मुसलिम काल में वेश्यावृत्ति का प्रचलन पहले की अपेक्षा बहुत अधिक हो गया। मुसलिम बादशाहों एवं उनके दरबारियों ने अत्यधिक भोग-विलासमय जीवन व्यतीत करने के लिए अनेक सुंदर लड़कियों एवं औरतों को अपने यहाँ आश्रय देकर अपनी यौन इच्छा की पूर्ति तथा मनोरंजन का साधन बनाया। इस काल में वेश्यावृत्ति या तवायफ की संख्या बढ़ने का मुख्य कारण मुसलिम शासकों, उनके दरबारियों एवं अमीरों का विशेष योगदान रहा। किंतु इसके लिए अप्रत्यक्ष रूप से हिंदू समाज में प्रचलित बहुपत्नी विवाह प्रथा तथा विधवा पुनर्विवाह निषेध की प्रथा से भी पर्याप्त बल मिला। इस काल में एक हिंदू। अनेक स्त्रियों के साथ विवाह करने की छूट थी।

मुसलिम काल के बाद देश में ब्रिटिश शासन में नगरीकरण एवं औद्योगीकरण के साथ-साथ वेश्यावृत्ति का विकास हुआ। अरबी भाषा 'तायफा' का बहुवचन है 'तवायफ', जिसका अर्थ होता है समूह। इतिहासकार कैथरीन बटलर ब्राउन की मानें तो इस शब्द का इस्तेमाल दरगाह कुली खान द्वारा 1739 में लिखे गए 'मरकबा-ए-दिल्ली' में गायिकाओं और नर्तकियों के समुदायों के लिए किया गया था, परंतु 19 वीं सदी में यह आम प्रचलन में आया। ब्राउन का मानना है कि तवायफों के दो वर्ग होते थे। पहला, वो जो तहजीब की मिसाल और गाने में कमाल हुआ करती थीं। ऐसी तवायफों का रिश्ता जिंदगी भर एक ही शख्स से जुड़ा हुआ देखा जाता था, जो उनका संरक्षक हुआ करता था, वहीं दूसरा वर्ग उन तवायफों का था, जो गायन और नृत्य में कुशल न होने की वजह से देह-व्यापार पर निर्भर रहती थीं। उनका कोई खास अपना महत्त्व नहीं हुआ करता था। अपने गुजारे के लिए जिस्मफरोशी करना उनके लिए कोई बड़ी बात नहीं थी।

प्राचीन भारत में राजा-रजवाड़ों और नवाबों की एक अलग ही पहचान होती थीं। देश में राजाओं और नवाबों की हवेली पर शाम-ए-संगीत के आयोजन के बारे में सभी जानते हैं, हवेली या कोठी पर गजलों की महफिल सजती थीं। सन् 1500 से 1800 तक कुछ राजा ऐसे भी थे, जो संगीत सुनने के लिए तवायफों के कोठे पर जाया करते थे।

धीरे-धीरे समय बदला और रईसों का शौक भी बदलने लगा, तवायफ अपने सुर से गजलें या गीत सुनाया करती थीं, आधुनिक संसाधनों की ओट में सबकुछ बदलता गया। गजलों को चाहने वाले कम होने लगे, संगीत के संसाधनों की उपलब्धि बड़ी आसानी से होने लगी। इस वजह से कोठी की बैठक में अपने फन से गजल सुनानेवाली तवायफों को गले में सुर के अलावा पैरों में घुँघरू बाँधकर मुजरा करना पड़ा। राजस्थान, उत्तर प्रदेश के बनारस, लखनऊ, दक्षिण भारत के कुछ राज्यों में, जैसे—हैदराबाद और महाराष्ट्र में मुजरे को 'तमाशा' के नाम से जानते हैं।

राजा-महाराजाओं और नवाबों का दौर खत्म होता गया, कोठियों की तवायफों का गुजारा भी होना मुश्किल हो गया। कोठी का मुजरा, दर्द भरे नगमें सुनना आम लोगों के वश की बात नहीं रही। अपनी आवाज का जादू बिखेरने वाली तवायफ राजा-रजवाड़ों, नवाबों का राज खत्म होते ही उनको अपने देह व्यापार करने के अलावा कोई और चारा नहीं बचा था। कोठी की तवायफ का देह व्यापार का सिलसिला भी काफी समय तक जारी रहा। उन दिनों कई ऐसी घरानों की लड़कियाँ थीं, जिन्हें मजबूरी से या डरा-धमकाकर वेश्यावृत्ति के लिए मजबूर किया गया। महिलाओं के देह विक्री का यह क्रम आधुनिक भारत से लेकर अब तक जारी है। सामाजिक कुरूप मानसिकता ने औरतों का जिस्म खरीदने की तो हर बार कोशिश की है।

स्वतंत्रता संग्राम में पुरुषों ने जितना योगदान दिया है, उसमें हमकदम बनकर महिलाओं ने भी उनका सहयोग किया है। इतिहास गवाह है, चाहे वो झाँसी की रानी हो या फिर बेगम हजरत महल। ऐसी ही एक वीरांगना महिला थी बिहार के आरा की धरमन बाई, जिन्हें इतिहास के पन्नों में आज भी दर्ज पाया जाता है। इनकी गौरव गाथा अन्य तवायफों से इन्हें अलग करती है, तवायफों पर दोहरी मार पड़ रही थी। एक तरफ तो ब्रिटिश हुकूमत उन्हें परेशान कर रही थी और दूसरी तरफ उन्हें मिलनेवाला वह सामंती संरक्षण भी कम होता जा रहा था, जिससे कोठे और उनकी कलाएँ फलती-फूलती थीं। ऐसे में तवायफों ने दूसरे विकल्पों की तरफ रुख किया।

'कामसूत्र' में वेश्याओं के तीन वर्ग—

- **गणिका :** 64 कलाओं से दक्ष सुंदर स्त्रियाँ होती थीं, जिन्हें राजा एवं उच्च अधिकारियों द्वारा सम्मान प्राप्त होता था।
- **रुपजीवी :** इनका रूप रंग अति सुंदर तथा अंग-विन्यास इतना अधिक सुंदर होता था कि उन्हें देखने वालों में शीघ्र ही यौन-इच्छा जाग्रत् हो जाती थी।

- **सामान्य वेश्या :** वे वेश्याएँ, जो अपने रूप, यौवन व शरीर को बेचने के लिए और संबंध स्थापित करने के लिए सदैव तैयार रहती थीं।

बैठक का दौर चल रहा था, उसी दौरान सवाल उठा कि आखिर इस वेश्यावृत्ति के पीछे मुख्य कारण क्या रहा है—

बीच से सामूहिक आवाज आई—बात तो बिल्कुल सही है, चारों तरफ से एक ही आवाज को सुन सभी एक-दूसरे का मुँह तो देख ही रहे थे, ऊपर से लोगों के मन में कौतूहल बना हुआ था कि कोई इस विषय पर अपनी राय प्रकट करे। उसी बीच एक चिंतक खड़े हुए और उन्होंने कहा कि सबसे पहले तो ये जानना होगा कि वेश्यावृत्ति के पीछे के मूल कारण क्या हैं?

वेश्यावृत्ति के अर्थ एवं स्वरूप से स्पष्ट होता है कि वेश्यावृत्ति मुख्यत: वेश्याओं की आजीविका का साधन है, किंतु फिर भी आर्थिक कारकों के साथ-साथ इसके लिए अन्य कई प्रकार के कारक उत्तरदायी होते हैं—आर्थिक कारक, सामाजिक-सांस्कृतिक कारक, मनोवैज्ञानिक कारक, प्राणी शास्त्रीय कारक हैं।

कोठे पर सजी महफिल, चारों ओर बैठे सरस्वती के उपासक वादक, एक तरफ बैठे मुजरे के नुमाइंदे और बीच में सबके दिलों पर राज करने वाली नर्तकी, क्या दृश्य है, सभी की निगाहें उस पर टिक गई हैं। सभी उस खूबसूरती को अपने करीब पाना चाते थे। संगीत एक विधा, संगीत एक परंपरा है। जहाँ सात सूरों की संगिनी सजती है, तो मानो आसपास की हर चीज आवाज-में आवाज मिला रही होती है। वहाँ बैठे सभी श्रोता संगीत के मुरीद हो जाते हैं। अपनी दुनिया में खो जाते हैं। उन्हें वर्तमान और अतीत के फर्क का अहसास ही नहीं रह जाता है। उन्हें तो बस, अपने गम भुलाकर अपनी खुशी में मशगूल रहने की आदत सी बन जाती है।

चेहरे पर कातिल मुसकान, अपनी अदाओं से सभी को घायल करती उन तवायफों के क्या कहने, जिनके अंग-अंग में रोमांस भरी हो, हर अदा रोमांटिक हो, गीत-संगीत पर थिरकते पाँव जैसे दिल निकाल लेंगे, उसकी बलखाती जवानी सबको दीवाना कर रही थी। कोठे पर नृत्य करती नृत्यांगनाओं के समक्ष बैठे दर्शक एक-दूसरे का ख्याल भूलकर उस तवायफ के अंग-अंग, पोर-पोर से बरसते उस रस को जैसे रसपान करना चाहते हों, अगर वक्त मिले तो उस रस को हर कोई पान करना चाहता है। कहते हैं, जवानी इसी का नाम है। बड़ा सा हॉल चारों ओर सजा हुआ, बीच में महँगी सी बिछी हुई कालीन, उस पर नाजुक पाँव जो आकर धमक के साथ जब घुँघरु की खनकती आवाज के साथ झनकार करती तो बस, सभी उस

ओर निगाहें टिका लेते हैं। वादकों की अपनी दुनिया है, उन्हें तो रोज उसी महफिल में अपनी कला कौशल को दिखाना है। थिरकते पाँव का मार्गदर्शन भी तो संगीत ही कर रहे होते हैं। एक किनारे सफेद सी फैली जाजिम (बड़ी सी चादर)! कहने का मतलब कि तवायफ का मुख्य आकर्षण और उस पर विराजमान अतिथि के लिए तो सबकुछ वो छलकती जवानी के साथ नाचती तवायफ ही है। तवायफों में भी खूबसूरती हो तो जाहिर सी बात है उनकी माँग और भी ज्यादा बढ़ जाती है; क्योंकि एक तरफ कला, खूबसूरती और ऊपर से उसकी मदमस्त जवानी, हाय! सबके दिलों को झकझोर देती है। कभी-कभार तो ऐसा भी वक्त आया कि नृत्य देखते-देखते एक-दूसरे को दिल दे बैठे और फिर उसी का होकर रह गए, वैसी परिस्थिति में कई अड़चनों का भी सामना करना पड़ता था। कहते हैं न, जब 'दिल लगा दीवार से तो परी किस काम की!', सबकुछ उसके आगे नागवार ही तो गुजरती है।

विचार गंभीर है, सभी की बातें सुनने और समझने लायक हैं। सभी एक से बढ़कर एक तर्क देकर तवायफ की परिभाषा दे रहे थे। विद्वानों की बातों से धीरे-धीरे ज्ञान की पिपासा समृद्ध हो रही थी।

काफी देर से सुन रहे एक सज्जन ने तो यहाँ तक कह दिया कि—साहब! तवायफें वैसे तो राजघराने की शान मानी जाती हैं, बड़े शौक से उन्हें किसी आयोजन पर अपने महलों में भी बुलाया जाता है। उसके लिए बड़े इंतजामात करने पड़ते हैं। एक बड़े भोज का आयोजन और उसमें मदिरापान की भी व्यवस्था होती थी। जिसे लेना हो, ले सकते हैं। राज-राजवाड़े में अगर कोई आयोजन है तो उसकी बात ही कुछ अलग है। मुजरा करने वाली महफिल की नर्तकी अपने हाथों से जाम का गिलास भी बढ़ाती थी। हाथ बढ़ाने के साथ एक गोल और सुंदर से चेहरे पर निगाहें आकर टिक जाती थीं। जी करता कि वो उनके पास से जाए ही नहीं! ये सिलसिला देर रात तक चलता रहता था। कोई उस महफिल से जाने का नाम तक नहीं लेता था। वो भी नृत्य करके थक जाती थी। उनके अंदर भी लुभाने की कला-कौशल भरपूर थी। अपने दर्शकों को इस कदर घायल कर देती थीं कि वो आगे भी इन्हें देखने और सुनने के लिए बेताब रहते थे। इनकी वहाँ एक न चलती थी, वरना वहीं जुल्म ढा देते! मगर राज-राजवाड़े में आए हैं तो अपना भी कुछ ख्याल रखना तो पड़ेगा ही, क्योंकि अपनी भी एक गरिमा होती है। इन महफिलों में राजघराने के लोग ही बुलाए जाते थे, जो उस स्तर के रहते थे।

तवायफों की ईमानदारी और देशभक्ति का कोई सानी नहीं। इन्होंने जो देश को दिया, वो आज भी यादगार है। क्या मजाल, जो इन्हें कोई गोरी चमड़ी

(अंग्रेज) लुभा सकें! इन्हें पैसे के तराजू पर तौल सकें, इनसे मिलकर अपनी प्यास बुझा सकें! ऐसा नहीं कि पैसों के लालच में किसी ने अपने जिस्म को नहीं बेचा हो, हवस की आग में जलने वाली कई गोरी चमड़ियों ने अपनी पिपासा को शांत किया, तो कईयों ने अपनी इसी कमी की वजह से अपना सबकुछ लूटा दिया। समय पर एक-दूसरे की जरूरत महसूस होती है। वैसे समय काल में उनके पास पैसे हैं और अगले के पास पैसों की जरूरत, फिर ऐसे में जलती आग तो बुझेगी ही! सच मानें तो तवायफों के भी अपने उसूल होते हैं। उन्होंने भी अपने वजूद को कायम रखने के लिए अपने को मिटा तक दिया, जिनके लिए इतिहास आज भी गवाह है। जिनकी गौरव गाथा किस्से-कहानियों में आज भी बड़ी संजीदगी के साथ सुनाई जाती हैं।

हम उस दौर की बात कर रहे हैं, जब आम महिलाओं का पढ़ना-लिखना तो दूर, घर से निकलने पर भी पाबंदी होती थी। वो समय भी क्या था, जब तवायफों के पास सारे अधिकार मौजूद रहते थे! वो चाहें तो अपना घर भी बसा सकती थीं। उनसे शादी करने वालों को किस्मत की बात समझी जाती थी। इतिहास गवाह है, एकदौर में तवायफें लखनऊ में सबसे अधिक टैक्स जमा करने वालों में शुमार हुआ करती थीं।

मुगल तथा मराठा साम्राज्यों के पतन के बाद भारत बहुत से छोटे-बड़े राज्यों में बँट गया। जब हम बँटते हैं तो इसका लाभ बाहरी लोग बखूबी उठाते हैं। इसका प्रमाण है, अंग्रेजों का भारतवर्ष पर एकछत्र राज। मुगल और मराठा राज के समाप्त होने के बाद देश कई हिस्सो में बँटता चला गया। छोटे-छोटे कुनबों में राज बँटता चला गया। जहाँ आसाम, कछार, राजपूताना, त्रिपुरा, तंजौर, बड़ौदा, जयंतिया, इंदौर, नागपुर, कुर्ग, ग्वालियर, सतारा, कोल्हापुर, मध्य भारत, हिमाचल प्रदेश, बघेलखंड, उड़ीसा, छतीसगढ़, बुंदेलखंड में हिंदू शासन था, सरहिंद और पंजाब में सिक्खों का राज था। वहीं सिंध, दिल्ली, अवध, बंगाल, भोपाल, रुहेलखंड, मैसूर, हैदराबाद, सूरत, कर्नाटक और जूनागढ़ में मुसलमानों का आधिपत्य था, लेकिन यह परंपरा ज्यादा दिनों तक नहीं चल सकी। ब्रिटिश ईस्ट इंडिया कंपनी ने व्यापार करने के उद्देश्य से समुद्रतट से जुड़े कर्नाटक, हैदराबाद, सूरत और बंगाल स्थित राज्यों से पहले संबंध स्थापित किया।

बात 18वीं सदी की है। जब मुगलिया सल्तनत बिखर रही थी, कई नई रियासत वजूद में आईं, ऐसी रियासतों ने तवायफों को आर्थिक मदद पहुँचाई, इसके एवज में तवायफों ने उस रियासत को कला-संस्कृति से समृद्ध बनाया। तवायफों

को वेश्या का दर्जा देकर उनकी गतिविधियों को अपराध की श्रेणी में रख दिया गया। कई अदालतों ने फैसले दिए कि नाचना और गाना तो बस, नाम के लिए है, तवायफों की असली कमाई तो वेश्यावृत्ति से हो रही है। तवायफों के खिलाफ ब्रिटिश हुकूमत के इस अभियान की एक अहम वजह यह भी बताई जाती है कि अंग्रेजों को पता चल गया था कि 1857 की क्रांति की योजना बनाने की जगह के रूप में कोठों की भी मुख्य भूमिका है। अपनी पुस्तक 'द मेकिंग ऑफ कॉलोनियल लखनऊ' में इतिहासकार वीना तलवार ओल्डनबर्ग लिखती हैं—'हालाँकि यह साफ था कि ये महिलाएँ लड़ाई करनेवाली नहीं थीं, मगर फिर भी उन्हें बागियों को भड़काने और उनकी आर्थिक सहायता करने की सजा मिली। अंग्रेजों की संस्कृति के प्रभाव तले उभरते मध्य वर्ग ने लगातार तवायफों को अनैतिक और पतनशील करार दिया।

हिंदुस्तान में हुकूमत की बागडोर बदली, अपनी संस्कृति को सर्वश्रेष्ठ मानने वाली अंग्रेजी हुकूमत का भारत पर आधिपत्य हुआ। अंग्रेज यहाँ तो व्यवसाय करने के लिए आए जरूर, लेकिन जैसे ही समय मिला, इन्होंने अपना फन निकाला और अपनी संस्कृति को भारतीयों पर थोपने के लिए कोई कसर नहीं छोड़ी। इसके लिए पहले शिक्षा की पद्धति को बदला, भारतीय संस्कृति के कई प्रतीकों पर भी हमला किया, जिनमें तवायफें भी एक थीं। पश्चिमी सभ्यता से आकर्षित होकर भारत के मध्य वर्ग ने इसमें अंग्रेजों का साथ दिया। तवायफें चूँकि भारतीय संस्कृति को लेकर चल रही थीं, इसलिए इस हुकूमत ने तवायफों को समाज में घृणा के भाव पैदा कर अनैतिक और पतनशील तक कह दिया।

आजादी की लड़ाई में महिलाओं की भी अहम भूमिका रही है। ये वो शक्ति हैं, जो पुरुषों के साथ सच्चे दिल से जुड़ जाएँ तो उन्हें मजबूती देती हैं। उनके लक्ष्य का अहसास कराती हैं, मंजिल से पहले भटकने नहीं देती हैं। इनका सहयोग हर काल में सराहनीय रहा है। उन्हीं में से एक वर्ग तवायफों का भी है। वैसे तवायफें लड़ने का काम नहीं करती थीं। पर सहयोग और समर्पण के लिए कुछ भी करने को तैयार रहती थीं। तन-मन-धन से हर समय तैयार रहती थीं। बागियों को प्रेरित करने और उनकी आर्थिक सहायता के लिए कभी-कभी इन्हें यातनाओं के साथ जान भी गँवानी पड़ती थी। आजादी के तराने को अपने कोठे पर दर्द भरे गीत और देश की गुलामी पर तरस नहीं आती, जैसे गीत रचने-गाने वाली नर्तकियों ने तो एक समुदाय खड़ा करना शुरू कर दिया। कहीं पर मुजरा तो कहीं कोठे पर नाच-गाने के माध्यम से जन-जागरण का काम शुरू हो गया।

बाबू वीर कुँवर सिंह

अपने जमाने की मशहूर तवायफ उमराँव जान, पाकीजा, देवदास की चंद्रमुखी और कई तवायफों ने अपने दौर में जनमानस के बीच अपनी छाप छोड़ी है। जिंदगी को जीवंतता की श्रेणी में लाकर खड़ा कर दिया गया। आज 'तवायफ' शब्द के साथ जो छवि चस्पाँ हो चुकी है, उसे देखकर कल्पना करना मुश्किल है कि कभी तवायफों को बहुत सम्मान की नजर से देखा जाता था और शायरी, संगीत, नृत्य और गायन जैसी कलाओं में उन्हें महारत हासिल होती थी। तहजीब की तो उन्हें पाठशाला ही समझा जाता था और बड़े-बड़े नवाबों के साहबजादों को तहजीब सीखने के लिए बाकायदा उनके पास भेजा जाता था। अपनी कुशल राजनीतिक

समझ के बल पर उत्तर प्रदेश की सरधना रियासत की शासक बनने वाली बेगम समरू एक तवायफ ही थीं। भारत के महान् प्रतापी सिख राजा रंजीत सिंह ने मोराँ नामक तवायफ को अपनी बेगम बनाने के लिए अपनी पूरी शान और अहम को ताक पर रख दिया और उन्हें अपनी रानी बना लिया। बाद में उन्हें 'तनखिया' की सजा भी काटनी पड़ी। महाराजा उनसे इतना प्यार करते थे कि उन्होंने उनके चित्रवाले सिक्के तक चलवा दिए थे।

□

3

अंग्रेजों की कूटनीति

किसी भी जगह किसी की उपस्थिति किस रूप में हो रही है, यह किसी को मालूम नहीं, लेकिन आने वाला आगंतुक कितनी रणनीति बनाकर आ रहा है, इसकी हलचल भी कुछ समय बीत जाने के बाद ही पता चल पाती है। देश में किसी तरह की कोई बात नहीं थी। भारत कभी अविभाजित बहुत बड़ा देश हुआ करता था। भारत की समृद्धि को देखकर पश्चिमी देशों में भारत के साथ व्यापार करने की इच्छा पहले से थी। यूरोपीय नाविकों द्वारा सामुद्रिक मार्गों का पता लगाना इन्हीं लालसाओं का परिणाम था। 13वीं सदी के आसपास मुसलमानों का आधिपत्य भूमध्य सागर और उसके पूरब के क्षेत्रों पर हो गया था और इस कारण यूरोप के देशों को भारतीय सामानों की आपूर्ति ठप्प पड़ गई, उस पर भी इटली के वेनिस नगर में चुंगी देना उनको रास नहीं आता था। कोलंबस भारत का पता लगाने अमेरिका पहुँच गया और 1487–88 ई. में 'पेडरा द कोविल्हम' नाम का एक पुर्तगाली नाविक पहली बार भारत के तट पर मालाबार पहुँचा। भारत पहुँचने वालों में पुर्तगाली सबसे पहले थे, इसके बाद डच आए और डचों ने पुर्तगालियों से कई लड़ाइयाँ लड़ीं। भारत के अलावा श्रीलंका में भी डचों ने पुर्तगालियों को खदेड़ दिया। पर, डचों का मुख्य आकर्षण भारत न होकर दक्षिण-पूर्व एशिया के देश थे। अत: उन्हें अंग्रेजों ने पराजित किया, जो मुख्यत: भारत पर अधिकार करना चाहते थे। आरंभ में तो इन यूरोपीय देशों का मुख्य काम व्यापार ही था, पर भारत की राजनैतिक स्थिति को देखकर उन्होंने यहाँ साम्राज्यवादी और औपनिवेशिक नीतियाँ अपनानी आरंभ कर दीं। भारतीय बहुत ही प्यार से उन्हें अपने मुल्क में व्यापार करने के लिए आगमन पर रोक नहीं पाए।

17 मई 1498 को पुर्तगाल के वास्को-डी-गामा भारत के तट पर आए, जिसके बाद भारत आने का रास्ता तय हो पाया। हालाँकि, यहाँ स्थापित अरबी व्यापारियों के विरोध के कारण 1499 में वास्को-डी-गामा स्वदेश लौट गए।

वर्ष 1539 में भारत के आधुनिक बिहार राज्य के बक्सर जिले में स्थित चौसा गाँव के पास मुगल सम्राट् हुमायूँ और सूरी साम्राज्य के संस्थापक शेरशाह सूरी के बीच युद्ध हुआ, जिसमें शेरशाह सूरी विजयी हुए और हुमायूँ पराजित हो गए। नौबत ऐसी आई कि हुमायूँ को अपनी जान बचाने के लिए गंगा नदी में कूदना पड़ा। गंगा में हुमायूँ कूद तो गया, मगर तैरते-तैरते थक गया, उसे लगा कि वह अब डूब जाएगा, तभी उसकी नजर एक नाविक पर पड़ी, हुमायूँ ने नाविक से मदद की गुहार लगाई। निजाम नामक नाविक एक भिश्ती था। नाविक ने हुमायूँ की प्रार्थना स्वीकार करते हुए हुमायूँ की जान बचा ली, अपनी नाव में सवार कर गंगा के पार उस डूबते इंसान को उतार दिया। मगर उसे इस बात का भी अहसास नहीं था कि वो कोई और नहीं, बल्कि मुगल सम्राट् हुमायूँ थे। अपनी जाने बचाने वाले नाविक निजाम को जाते-जाते हुमायूँ ने कहा कि 'जब कभी मैं हिंदुस्तान का राजा बनूँगा तो तुम्हें एक दिन का राजा बनाऊँगा, ऐसा कहकर वह चल दिया। नाविक को इससे क्या लेना, उसने तो सुना और फिर अपनी नाव को लेकर वापस लौट गया। उसको इस तरह की बातें सुनने की आदत थी, सो उसने कोई प्रतिक्रिया नहीं दी, सिर्फ मुसकराकर रह गया।

कई वर्षों के बाद युद्ध में शेरशाह सूरी के बेटे सिकंदर सूरी को हराने के बाद जब हुमायूँ ने फिर से मुगलिया सल्तनत को सँभाला, तो उसने अपनी शाही सवारी बक्सर के चौसा में भेजी और नाविक निजाम को आगरा बुलवाया। नाविक का बहुत सम्मान किया गया। डूबते समय हुमायूँ ने एक वादा किया था कि जब कभी सत्ता पर काबिज हुआ तो तुम्हारी एक इच्छा जरूरी पूरी करूँगा। वो वक्त आखिरकार एक दिन आ ही गया। उस समय आगरा में बड़ी मसजिद के सूफी संत शेख मोहम्मद गौस के सुझाव पर सम्राट् हुमायूँ ने 14 दिसंबर, 1555 को निजाम भिश्ती को एक दिन का राजा बना दिया। साथ ही यह भी आदेश दे दिया कि जो जी में आए, एक कोई काम कर सकते हो, इसके लिए पूरी इजाजत है। एक दिन के राजा भिश्ती को एक आदेश लागू करने का अधिकार भी दिया गया। ऐसे में उसने चमड़े के सिक्के राज्य में चलाने का आदेश पारित कर दिया। फिर क्या। भारत में चमड़े का सिक्का चल गया, भिश्ती ने एक इतिहास रच दिया! लखनऊ के संग्रहालय में आज भी निजाम के द्वारा चलाए गए चमड़े के सिक्के देखने को मिल सकते हैं।

अंग्रेजी सल्तनत कायम करने के लिए अंग्रेजों ने सबसे पहले भारत में व्यापार

शुरू किया। फ्रांसीसियों के साथ संघर्ष के साथ राजनीतिक महत्त्वाकांक्षा प्रेरित हुई। 31 दिसंबर, 1599 को महारानी एलिजाबेथ प्रथम ने ईस्ट इंडिया कंपनी की स्थापना की स्वीकृति पर हस्ताक्षर किए थे। कंपनी ने सूरत से व्यावसायिक गतिविधियाँ प्रारंभ कीं। व्यापार के प्रयोजन से भारत आने वाली वह अंतिम कंपनी थी। वर्ष 1448 ई. में पुर्तगाली और 1595 में डच यहाँ आए थे। 1726 तक कंपनी ने लंदन के लीडल हॉल स्ट्रीट में अपना हेडक्वार्टर स्थापित कर लिया था, जिसे 'जॉन कंपनी' के नाम से जाना जाता था। 1750 तक बंगाल की 75 फीसदी वस्तुओं का प्रबंधन उसने अपने हाथों में ले लिया था। अपने पैरों को और मजबूती से जमाने के लिए कंपनी देशी तथा विदेशी प्रतिद्वंद्वियों के साथ लगातार युद्ध लड़ते थे। फिर क्या, 1757 ई. में प्लासी, 1764 में बक्सर, यहाँ इसके विषय में विस्तार से चर्चा करनी पड़ती है, क्योंकि यहीं से अंग्रेजों का आधिपत्य हिंदुस्तान में हुआ था।

इतिहास के पन्नों में एक अलग पहचान कायम करने वाला बना 'बक्सर का युद्ध'। 22 अक्तूबर 1764 ई. में बक्सर का युद्ध अंग्रेजी हुकूमत के लिए मील का पत्थर साबित हुआ। एक ओर मुगल सम्राट् शाह आलम द्वितीय, अवध के नवाब शुजाउद्दौला तथा मीर कासिम थे। दूसरी ओर अंग्रेजी सेना का नेतृत्व सेनापति कैप्टन मुनरो कर रहा था। दोनों सेनाएँ आमने-सामने हुईं, लगभग तीन घंटे तक युद्ध हुआ, जिसमें अंग्रेजों को जीत हासिल हुई और यहीं से देश में अंग्रेजों का आधिपत्य कायम हुआ।

ऐसा माना जाता है कि बक्सर के युद्ध का प्लासी के युद्ध से अधिक सैनिक एवं राजनैतिक महत्त्व था। मुगल सम्राट्, बंगाल के नवाब एवं अवध के नवाब तीनों पूर्ण रूप से कठपुतली शासक हो गए, इलाहाबाद की प्रथम संधि रॉबर्ट क्लाइव और सम्राट् शाह आलम द्वितीय के बीच 12 अगस्त, 1765 में हुई थी। इलाहाबाद में हुई इस संधि की शर्तों के अनुसार, कंपनी को बंगाल, बिहार तथा उड़ीसा की दीवानी प्राप्त हुई। सम्राट् शाह आलम को इलाहाबाद और कड़ा जिले एवं कंपनी द्वारा प्रति वर्ष 26 लाख रुपए वार्षिक पेंशन दिलवाने की व्यवस्था की गई। क्लाइव ने अवध के नवाब शुजाउद्दौला के साथ 16 अगस्त, 1765 को संधि की, जिसे "इलाहाबाद की दूसरी संधि" के रूप में जाना जाता है। संधि की शर्तों के अनुसार नवाब ने इलाहाबाद व कड़ा के जिले शाहआलम को देने का वादा किया और बदले में युद्ध की क्षतिपूर्ति के लिए उसने कंपनी को 50 लाख रुपए भी देने की शर्त को स्वीकार किया। इन दोनों संधियों के संपन्न हो जाने पर कंपनी की स्थिति अत्यंत ही लाभप्रद हो गई। रॉबर्ट क्लाइव ने कंपनी की एक शक्तिशाली सेना की आवश्यकता महसूस

की, हालाँकि, उससे पहले स्ट्रिंगर लॉरेंस ने 1748 में ही इस बात की शुरुआत कर दी थी।

कुशल रणनीतिकार क्लाइव ने बंगाल में दोहरी सरकार कायम की थी, जिसमें वास्तविक शक्ति कंपनी के पास थी, पर प्रशासन का भार नवाब के कंधों पर था। द्वैध शासन की व्यवस्था के आधार पर कंपनी द्वारा वसूले गए राजस्व में से 26 लाख रुपए प्रति वर्ष सम्राट् को तथा 52 लाख रुपए बंगाल के नवाब को शासन के कार्यों के संचालन के लिए दिया जाना था। शेष बचे हुए भाग को वह अपने पास रखने के लिए स्वतंत्र था। इस प्रकार कंपनी ने राजस्व वसूलने का अधिकार तथा नवाब ने शासन चलाने की जिम्मेदारी ग्रहण की। क्लाइव ने मोहम्मद खाँ, राय दुर्लभ एवं सिताब राय को दीवान के पद पर नियुक्त किया।

क्लाइव ने सेना में अवध और बिहार के राजपूत और ब्राह्मणों को भर्ती किया। 1770 में तराई में कंपनी के विस्तार के बाद क्लाइव ने पहाड़ी आदिवासियों को भी सेना में बहाल किया। 1790 में ब्रिटिश सेना में एक लाख लोग भर्ती हो चुके थे। सन् 1824 में यह संख्या डेढ़ लाख से ऊपर थी, जो 1856 में 2,14,000 हो गई। 1837 में विक्टोरिया ब्रिटेन की महारानी बनीं, उस समय तक लगभग संपूर्ण भारतीय उपमहाद्वीप अंग्रेजी राज्य का हिस्सा बन चुका था। 9 करोड़ भारतीयों पर 50 हजार अंग्रेज कर्मचारी शासन कर रहे थे। धीरे-धीरे कमजोर होती रियासत अपनी आजादी को खोती चली गईं, नतीजा, अंग्रेजों के बढ़ते आधिपत्य से इनका हाल बुरा होता गया। ये इतने टुकड़ों में बँट गए थे कि कंपनी से दो-दो हाथ की कभी कल्पना ही नहीं कर सकते थे। इनकी शक्तियाँ कमजोर होती गईं, वहीं कंपनी ने पूर्ण रूप से इन राज्यों को पंगु बना दिया। अपने आदेश का गुलाम बना दिया।

अगर बात करें अधीनता की, तो सबसे पहले 1756 ई. में कर्नाटक और तंजोर ब्रिटिश कंपनी के अधीन हो गया। वर्ष 1757 में बंगाल भी उसके प्रभावक्षेत्र में आ गया। जबकि वर्ष 1761 तक हैदराबाद का निजाम उसका मित्र बन बैठा। फिर क्या था 1765 ई. आते-आते में बंगाल की स्वंत्रता समाप्त कर दी गई। वहीं इसी साल इलाहाबाद की संधि हुई, जिसमें दिल्ली के सम्राट् शाहआलम और अवध के नवाब शुजाउद्दौला के साथ कंपनी की मैत्री होने के साथ देशी राज्यों का भी वास्तविक सूत्रपात् हो पाया।

भले ही कंपनी ने देश में अपना आधिपत्य कायम कर लिया, मगर उसे भी भय बना रहा। इसी को देखते हुए वर्ष 1765 से 1798 ई. तक आत्मरक्षा के दृष्टिकोण से मराठों, अफगानों तथा मैसूर के सुल्तानों से भयभीत होकर

कंपनी ने आरक्षण नीति द्वारा पड़ोसी राज्यों को अंतराल राज्य बनाया, जिससे नवनिर्मित ब्रिटिश राज्य शक्तिशाली मित्र राज्यों से घिरकर सुरक्षित बन गया। जिस अवसरवादी नीति को अवध और हैदराबाद के साथ कार्यान्वित किया गया। इसके साथ ही अंग्रेजों ने अपनी कारगुजारियाँ शुरू कीं। कंपनी ने हैदराबाद के सहयोग से मैसूर तथा मराठा राज्य में फूट डालकर युद्ध किया। अवध को रुहेलखंड हड़पने में सहायता देकर रामपुर को छोटा राज्य बना दिया। कुर्ग और त्रावनकोर भी इसके संरक्षण में आ गए।

लॉर्ड वेलेसली की नीतियों का परिणाम हुआ कि वर्ष 1799 से 1805 के बीच सूरत, तंजोर और कर्नाटक जैसे राज्यों का अंत हो गया। जबकि सहायक संधियों के चँगुल में अवध, हैदराबाद, बड़ौदा, पूना और मैसूर जकड़ गए, अब यह मात्र अर्द्ध स्वतंत्र राज्य बनकर रह गए। उनकी बाहरी नीतियों पर ब्रिटिश नियंत्रण काबिज हो गया। सैनिक शक्तियाँ घटा दी गईं, राज्यों में उन्हीं के खर्च पर सहायक सेना रखी गईं, आक्रमणों तथा विद्रोहों से उनकी रक्षा की गई। राजाओं की हर गतिविधि पर नजर रखी जाने लगी। ब्रिटिश हुकूमत के राज में कोई अवरोध न उत्पन्न हो, इसके लिए ब्रिटिश प्रतिनिधियों को नियुक्त किया गया। अंतरराष्ट्रीय झगड़ों का फैसला ब्रिटिश कंपनी के हाथों होने लगा। इस तरह हुई संधियाँ देशी राज्यों को अपमानजनक तथा आत्मविनाश के समान लगने लगीं, वहीं अंग्रेजी हुकूमत का तार मजबूत होता जा रहा था। इनसे युद्ध में परास्त होकर नागपुर और ग्वालियर भी उसी जाल में फँस गए। भरतपुर ने ब्रिटिश आक्रमणों को विफल बनाने के पश्चात् संधि कर ली। इसी समय से रियासतों के शासक अनुत्तरदायी होने लगे तथा उनके आंतरिक शासन में किसी-न-किसी बहाने ब्रिटिश रेजिडेंट हस्तक्षेप कर हावी होने लगे।

ब्रिटिश कंपनी ने देशी राज्यों के प्रति हस्तक्षेप न करने की नीति वर्ष 1805 से 1813 के बीच अपनाई, इस दौरान सरहिंद और त्रावनकोर उसके अधीन हो गए। सतलुज नदी पंजाब की सीमा बना दी गई, सिंध और पंजाब कंपनी के मित्र बन गए। लॉर्ड हेस्टिंग्स की अक्रामक नीतियों कि वर्ष 1817-1818 में कई राज्य शिकार बने, मराठा संघ को खत्म करने के बाद सतारा का छोटा सा राज्य बना दिया गया। राजपूताना, मध्य भारत तथा बुंदेलखंड के सभी राज्य सतमित्रता तथा सुरक्षा की संधियों द्वारा कंपनी के अधीन राज्य बन गए। ग्वालियर, नागपुर तथा इंदौर पर पहले से अधिक अपमानजनक संधियाँ लाद दी गईं। भोपाल ने प्रतिरक्षात्मक संधि द्वारा अंग्रेजों की अधीनता मान ली। अमीर खाँ को टोंक, गफूर खाँ को जावरा तथा

करीम खाँ को गणेशपुर रियासत सौंपी गईं, फलस्वरूप देशभर में ब्रिटिश सत्ता की धमक फैल गई।

लार्ड एमहर्स्ट का शासनकाल आते-आते कछार, जयंतिया और त्रिपुरा ब्रिटिश राज के संरक्षण में आ गए। जबकि मणिपुर स्वतंत्र मित्र राज्य बन गया। भरतपुर की शक्ति नष्ट कर दी गई। लॉर्ड विलियम बेंटिंक ने कुर्ग, मैसूर तथा जयंतिया को कुशल शासन के बहाने तथा कछार को उत्तराधिकारी न होने के कारण हड़प लिया। जब लॉर्ड ऑकलैंड को कमान मिली तो उसने मांडवी, कोलाबा, जालौन तथा कर्नूल रियासतों पर अधिकार कर लिया। अंग्रेजों के हौसले दिन पर दिन बुलंद होते गए। आगे चलकर लॉर्ड एलेनबरा ने सिंध को जीत लिया, ग्वालियर की सैनिक शक्ति को नष्ट कर दिया। पंजाब की शक्ति को लॉर्ड हार्डिज ने समेट दिया तथा जम्मू और कश्मीर राज्य का निर्माण किया। लॉर्ड डलहौजी के आगमन के साथ ही उसने गोद लेने की परंपरा पर रोक लगा दी। इससे रियासतों में खलबली मच गई। राजनैतिक कारणों से लॉर्ड डलहौजी की हड़प-नीति ने सतारा, झाँसी, नागपुर और जैतपुर जैसे राज्यों के अस्तित्व को ही पूरी तरह से मिटा दिया। नाना साहब सहित अनेक राजाओं को पेंशन तथा उपाधियों से वंचित होना पड़ा। जब इतने से भी जी न भरा तो मुगल बादशाह के साथ दुर्व्यवहार करने से बाज नहीं आए। आर्थिक कारणों से जमींदार भी असंतुष्ट थे, क्योंकि बेंटिक ने करमुक्त भूमि उनसे छीन ली थी। अंग्रेजों की नीति के कारण उद्योग-धंधे नष्ट हो गए, कारीगर-बुनकर बेरोजगार हो गए, ब्रिटिश भू-राजस्व नीति ने किसानों को दरिद्र बना दिया। भारतीय पूँजी विदेश जाने लगी और बड़े-बड़े उद्योगों की वजह से हस्तशिल्प और दस्तकारी भी बर्बादी के कगार पर पहुँच गई। इस तरह से बर्बाद होते अपने लघु उद्योगों के कारण कारीगर, श्रमिक, व्यापारी और किसान बहुत दुःखी और असंतुष्ट थे। 1857 ई. की क्रांति के लिए धार्मिक कारण भी कम उत्तरदायी नहीं हैं। अंग्रेजों ने ईसाई धर्म का प्रचार किया, इससे हिंदुओं व मुसलमानों की धार्मिक भावना को बहुत बड़ी ठेस पहुँची। डलहौजी की गोद लेने की प्रथा का निषेध भी हिंदू धर्म के खिलाफ था। इन सभी कारणों से आम जनता, जमींदार, सैनिक और तालुकेदार सभी संगठित हो गए और अंग्रेजों के खिलाफ विद्रोह का रूप अख्तियार कर लिया।

बात व्यवसाय तक होती तो कुछ बात होती, अंग्रेजों ने भारतीयों के सामाजिक जीवन में भी हस्तक्षेप करना शुरू कर दिया। सती प्रथा पर बेंटिक ने पाबंदी लगा दी। अंग्रेज भारतीयों को अपने से नीचे नस्ल का समझने लगे थे। पाश्चात्य सभ्यता, संस्कृति, भाषा एवं साहित्य का प्रचार-प्रसार तथा भारतीय संस्कृति, भाषा व साहित्य

की उपेक्षा से भारतीय समाज के सचेतक नाराज हो गए।

देश गुलामी की जंजीरों में जकड़ता गया। अंग्रेजी हुकूमत पूरी तरह से हावी होती गई, नतीजा, हम गुलाम हो गए। अपने मन से जीने की बात कौन करे, किसी भी काम को करने के लिए कंपनी के बिना इजाजत सोचना भी मुमकिन नहीं था; लेकिन कहा गया है कि जितना जुर्म करने वाला दोषी होता है, उससे कई गुणा ज्यादा उसे सहने वाला होता है। धीरे-धीरे अंदर-ही-अंदर इन आपत्तिजनक नीतियों के कारण रियासतों में असंतोष फैल रहा था, जो वर्ष 1857 की सशस्त्र क्रांति की अपनी जिद्द न छोड़ने वाले देश के अधिकांश शासक अपने स्वार्थ में कंपनी के प्रति स्वामिभक्त हो गए।

क्रांति का बिगुल जब बजा, उस वक्त भारत में 562 रियासतें थीं, जिसके अंतर्गत 46 प्रतिशत भूमि थी। इन रियासतों में से अधिकांश ने ब्रितानियों से लोकसेवा प्रदान करने और टैक्स वसूलने का ठेका ले रखा था। 21 रियासत ही ऐसी थी जिनकी सरकार थी। मैसूर, हैदराबाद और कश्मीर क्षेत्रफल में बहुत बड़ा था। जो राज्य साथ नहीं दे रहे थे, उनके प्रति अधीनस्थ सहयोग की नीति अपनाई गई तथा ये साम्राज्य के स्तंभ समझे जाने लगे। इनके शासकों को पुत्र गोद लेने का भी अधिकार दे दिया गया। राज्य संयोजन नीति को त्यागकर रियासतों को चिर स्थायित्व प्रदान किया गया तथा साम्राज्य की सुरक्षा एवं गठन हेतु उनका सहयोग प्राप्त किया गया।

सभी रियासत एक-दूसरे का मुँह देख रहे थे, कौन आगे आए। कौन इतनी बड़ी हुकूमत से लड़ेगा। आखिर इस लड़ाई को लड़ने में कौन साथ देगा, जैसे कई सवाल रियासती हुक्मरानों के मन में उठ रहे थे। जिसने भी इनके खिलाफ फन निकालने की कोशिश की, उन्हें मुँह की खानी पड़ी, किसी तरह यह देश चल रहा था। अंग्रेजों के खिलाफ दबी आग की तरह विद्रोह अंदर-ही-अंदर सुलग रहा था। कोई भी आगे आने को तैयार नहीं था। विरोध तो होते थे, मगर इसका नेतृत्व कौन करेगा, यह बड़ा सवाल बना हुआ था। ऐसी बात नहीं कि किसी में क्षमता नहीं थी, मगर दासता के खिलाफ कोई कुछ किसी से कहे तो कैसे?

इतना कुछ होने के बाद, अंग्रेजी हुकूमत के खिलाफ विद्रोह की आग अंदर-ही-अंदर तो सुलग ही रही थी, लेकिन कोई इसका इजहार नहीं कर रहा था। परेशान तो सभी थे, सभी स्वतंत्र होना चाहते थे। अंग्रेजों के दमन से आम से लेकर खास तक सभी जलालत भरी जिंदगी गुजार रहे थे; लेकिन सबसे बड़ी बात तो ये थी कि शेर के गले में आखिर घंटी कौन बाँधेगा? सभी एक-दूसरे की ओर टकटकी लगाए हुए थे, कौन आगे आए, कोई तो इसके लिए झंडा उठाए! लेकिन बड़ी समस्या तो

ये थी कि आखिर कौन इतनी बड़ी हुकूमत से लड़ेगा ? आखिर इस लड़ाई को लड़ने में कौन साथ देगा ? जिससे बातें होंगी, कहीं वही तो अंग्रेजों का मुखबिर बनकर बची हुई रियासत को भी अपनी सलामती की भेंट न चढ़ा दें!

बनारस के राम किशन दास साहू के पक्ष में 17 नवंबर, 1856 में 50,000 रुपए ऋण के 'तमस्सुक' का हिंदी में हस्ताक्षरित दस्तावेज

दूसरी तरफ वर्ष 1857 में कैनिंग के शासनकाल में अंग्रेजों के खिलाफ विद्रोह शुरू हो चुका था। यह विद्रोह सैनिक विद्रोह से आरंभ हुआ, परंतु इस विद्रोह के लिए राजनीतिक, सामाजिक, आर्थिक व धार्मिक कारण भी उत्तरदायी थे। क्रांति का विस्फोट सैनिक असंतोष से प्रारंभ हुआ, जबकि भारतीय सैनिकों और अंग्रेज सैनिकों में आपसी भेदभाव पहले से ही था। भेदभाव होना भी लाजिमी था, अंग्रेज सैनिकों की तरह हिंदुस्तानी फौज को न तो बेहतर सुविधाएँ प्राप्त थीं और ना ही ऊँचे पद प्राप्त थे। इसके अलावा, कारतूस में गाय और सूअर की चर्बी का भी प्रयोग किए जाने की अफवाह ने भी भारतीय सैनिकों में असंतोष पैदा कर दिया।

31 मई, 1857 को गदर की योजना अजीमुल्लाह खाँ ने अपने विवेक से बनाई। योजना को क्रियान्वित नाना साहेब पेशवा ने किया। बहुत पहले से विद्रोह की अंदर-ही-अंदर धधकती ज्वाला तो थी ही, मगर अंग्रेजी ताकत के आगे कोई आगे नहीं आना चाहता था। लेकिन जब ज्वाला धधक रही है तो एक न एक दिन वो जरूर भयंकर रूप धारण कर लेगी। हुआ भी कुछ ऐसा ही, वर्ष 1857, बैरकपुर रेजीमेंट में सिपाहियों के बीच एक विद्रोह का स्वर उठा, वो भी अंग्रेजी सल्तनत के खिलाफ उठना भी लाजिमी था, क्योंकि हर तरफ अंग्रेजों के दमन से लोग भयाक्रांत थे। मन में विद्रोह था, मगर सामने आने की कोशिश कोई नहीं कर पा रहा था।

युद्ध का कारण कारतूस

एक दिन अचानक खबर फैली कि अंग्रेजों द्वारा गाय तथा सूअर की चर्बी व खून का प्रयोग करके बनाई गई कारतूसों को रेजीमेंट में भेजा गया है। इसकी सूचना मिलते ही रेजीमेंट में असंतोष फैल गया। अंग्रेजों के लाख समझाने के बाद भी किसी को विश्वास नहीं हुआ। 31 मई, 1857 के गदर की तैयारी के लिए बैरकपुर में रेजीमेंट का मुखिया वजीरअली खाँ को बनाया गया था। कारतूसों का इस्तेमाल करने से इनकार कर देने के कारण रेजीमेंट को निशस्त्र करने की योजना अंग्रेजों द्वारा बनाई गई, इसकी भनक भारतीय रेजीमेंट के जाँबाजों को लग गई।

फिर क्या था, अंदर में धधकती ज्वाला, अब उबाल पर आ चुकी थी। रेजीमेंट के सारे जांबाज आपस में मिलकर मंथन करने लगे थे। इन लोगों को यह भी भय सता रहा था कि अगर वक्त रहते कदम नहीं उठाया तो अंग्रेजों द्वारा इनकी सारी योजना पर पानी फेर दिया जाएगा। सभी के बीच बैठे मंगल पांडेय सबकी बातों को ध्यान से सुन रहे थे, किसी को कुछ नहीं बोल रहे थे। रेजीमेंट के जाँबाज मंगल पांडेय के तेवर से परिचित थे, उन्हें पता था। फिर भी विचार अपने-अपने तरीके से सभी कर रहे थे। सब अपनी बातों को विद्रोह के लिए रख रहे थे। सबकी सुनते-सुनते मंगल पांडेय से नहीं रहा गया।

मंगल पांडेय—(अपनी आवाज बुलंद करते हुए, अपने सहयोगी सिपाहियों से) जब विद्रोह करना ही है, तो फिर देर किस बात की?…

अभी क्यों नहीं?

आखिर किस बात का भय आप लोगों को सता रहा है?

आपके विचार करते-करते कहीं बर्मा से गोरी पलटन न आ जाए!

'यह विचार मानो मन मिजाज पर कौंधने लगा था। क्रांति की धधकती ज्वाला में आर्थिक, सामाजिक, राजनैतिक कारणों के साथ-साथ धार्मिक कारण के जुड़ जाने से धधकती ज्वाला ने मंगल पांडेय के तन-मन में आग लगा दी। फिरंगियों के प्रति घृणा, विद्वेष, असंतोष की आग ने मंगल पांडेय को इतना उत्तेजित कर दिया कि 29 मार्च, 1857 को पहली गोली चलाने को विवश हो गए। फिर क्या, शुरू हो गई 1857 के गदर की कहानी और यहीं से रखी गई गुलामी की जंजीरों को काट फेंकने की आधारशिला।

तुम्हें, तुम्हारे धर्म की सौगंध…

बैरकपुर की छावनी में 29 मार्च, 1857 को मंगल पांडेय ने अपनी बंदूक को उठाकर माथे से लगाकर भारत माँ की स्तुति करते हुए बड़े प्यार से चूमा, हाथ में

बंदूक लिये मंगल पांडेय परेड स्थल की तरफ कूच कर गए। उनके अंदर जलती देशभक्ति की आग की लपटें दाह पैदा कर रही थीं। इस तरह उनके तेवर को देख उनके साथियों ने उन्हें रोकने की पूरी कोशिश की। परंतु देशभक्त मंगल पांडेय भला कहाँ मानने वाले थे! उन्होंने अपने साथियों को भी अपने साथ आने के लिए ललकारा।

मंगल पांडेय—बेवजह की प्रतीक्षा करके साथियो अपना बहुमूल्य समय बर्बाद मत करो। जो कल करना है, उसका फैसला आज ही कर डालो और इन क्रूर फिरंगियों का खात्मा कर डालो।

क्यों पीछे हट रहे हो?

आखिर किस बात का भय सता रहा है?

क्यों चुप हो?

आप लोग बुजदिलों की तरह क्यों अपने धर्म को नष्ट करना चाहते हो?

क्या यही संस्कार है एक सच्चे हिंदुस्तानी का?

इतने के बाद भी जब रहा नहीं गया तो गुस्से से तमतमाए मंगल पांडेय ने कहा—

तुम्हें तुम्हारे धर्म की सौगंध··· (आवाज में ललकार थी)

देखो न भाइयों, जरा गौर से देखो, तुम्हें तुम्हारी धरती माँ पुकार रही है, क्या तुम इसकी लाज नहीं रखोगे?

आखिर कब तक मेरी माँ यूँ ही सिसकियाँ भरती रहेगी और हम जैसे युवा बेटे, माँ के दर्द को देखकर अपनी जान बचाते रहेंगे? (गर्जना के साथ आवाज दे रहे थे)

शायद कह रही है की इन धोखेबाजों को अब सबक नहीं सिखाओगे तो कब सिखाओगे··· ?

अरे, तुम्हें तो फौरन इन मक्कार अंग्रेजों पर आक्रमण कर देना चाहिए।

सिपाही मित्र चाहते तो थे, मगर उनके हाथ क्रांतिकारी नेताओं के निर्देश की डोर में बँधे हुए थे।

ये कैसे समझाएँ अपने साथी जाँबाज मंगल पांडेय को, समझाकर थक चुके थे। अगर वक्त से पहले ही इस युद्ध की शुरुआत हमलोग करेंगे तो हमें पराजय का भी मुँह देखना पड़ सकता है। हम असंगठित हो जाएँगे, अंग्रेजी सेना अपने मंसूबों में सफल हो जाएगी।

मगर इस बात को कतई मानने को तैयार नहीं थे मंगल पांडेय। उन्हें लगता था कि अगर हम लोगों ने देर की तो इसका फायदा उठाकर अंग्रेज पहले ही दमन का रवैया अपना लेंगे।

दोनों अपनी-अपनी जगह ठीक ही थे। परंतु यहाँ एक तरफ देशभक्ति की आग की लपट थी, तो दूसरी तरफ अंग्रेजी दमन।

इतने के बाद भी कोई सिपाही जब आगे नहीं आया तो अपने अंदर की जलती ज्वाला को मंगल पांडेय रोक नहीं पाए और फिरंगी हुकूमत के सार्जेंट मेजर ह्युसन पर हमला बोल दिया। इस हमले से गुस्साए सार्जेंट ने मंगल पांडेय को गिरफ्तार करने के लिए सिपाहियों को आदेश दे दिया, मगर एक भी सिपाही आगे आने की बजाए उनकी तमतमायी आँखे देखकर घबरा गए।

मंगल पांडेय के अंदर इतनी आग थी कि कोई सामने आने की हिम्मत नहीं जुटा पा रहा था। इसी बीच मंगल पांडेय की बंदूक से एक गोली निकली और सार्जेंट को जा लगी, वो वहीं ढेर हो गया। इस नजारे को देख दूसरा अंग्रेज ऑफिसर लेफ्टिनेंट बॉब, मंगल पांडेय की तरफ लपका, मंगल पांडेय की बंदूक से दूसरी गोली निकली, जो बॉब के घोड़े को जा लगी और दोनों गिर पड़े। बॉब ने पिस्टल से मंगल पर गोली चला दी। संयोगवश गोली नहीं लगी, फिर क्या, मंगल ने तलवार से बॉब को मौत के घाट उतार दिया।

मंगल पांडेय आगे की तरफ बढ़ते जा रहे थे, इस दौरान उन पर पीछे से एक अंग्रेज सिपाही ने हमला कर दिया। यह देख भारतीय सिपाहियों से अपने साथी पर होते हमले को देख रहा नहीं गया और उसने अंग्रेजी सिपाही पर पीछे से ही बंदूक के कूंदे से हमला करके उसे धरती पर गिरा दिया। बैरकपुर में 'सिपाही विद्रोह' हो गया, चारों तरफ कोहराम मच गया। अंग्रेजी हुकूमत एक्शन में आ गई, उसे इस बात का अंदाजा भी नहीं था।

बैरकपुर में हुए विद्रोह की खबर कर्नल व्हीलर को मिली। ग्राउंड में पहुँचकर उसने भारतीय सैनिकों को कड़े शब्दों में कहा, 'पांडेय को गिरफतार करो'।

सिपाहियों के बीच से आवाज आई, 'खबरदार, मंगल पांडेय को कोई हाथ न लगाना, वरना अनर्थ हो जाएगा।'

कर्नल व्हीलर अपने अंग्रेज ऑफिसरों की लाश देखकर अंदर से गुस्से में तो था, परंतु समय की नजाकत को समझते हुए वह मंगल को खून में सने अपने साथियों के साथ विद्रोह के मुहाने पर खड़ी फौज को देख वहाँ से लौट गया। इस बगावत की सूचना कर्नल व्हीलर ने जनरल हियरे को दी।

जनरल हियरे को परेड ग्राउंड में देखकर मंगल पांडेय जंगल में शेर की तरह चिंघाड़ लगा रहे थे। अपने सैनिक साथियों के अंदर देशभक्ति की ज्वाला को हवा देते हुए फिर से कहा—

'भाइयो, बगावत करो, वरना सबकुछ बर्बाद हो जाएगा, अब तनिक भी देर न करो। देश को हमारे बलिदान की जरूरत आ पड़ी है। अगर हम इसमें चूक गए तो सबकुछ खत्म हो जाएगा।'

फिर क्या, चारों तरफ विद्रोह की ज्वाला भड़क उठी, सिपाही अपने आपे से बाहर हो गए। अपने हाथों में लिये अंग्रेजी हथियार से अंग्रेजों को ही ग्रास बनाने लगे। हर तरफ अंग्रेजों में दहशत का माहौल पैदा कर दिया। अंग्रेजों को लगा कि उनका यहाँ रहना ठीक नहीं। अंग्रेजों के पास काफी संसाधन थे और भारत में भी कई ऐसे लोग थे, जो भारत के होकर भी अंग्रेजों के लिए काम करते थे।

बाबू कुँवर सिंह एवं उनकी सेना का अभियान मार्ग

वैसे तो गुलाम हिंदुस्तान को आजाद कराने के लिए 31 मई, 1857 को सर्वसम्मति से युद्ध की तारीख मुकर्रर की गई थी। क्रांतिकारी आंदोलन के अनुशासन की वजह से सिपाही शांत रहे। इस तरह का नजारा देख मंगल पांडेय अवाक् रह गए। शायद सोच में पड़ गए कि आखिर ये क्या हो रहा है? कल तक मेरे सैनिक साथी साथ-साथ चल रहे थे, भारत की आजादी के लिए स्वर में स्वर मिला रहे थे। ये क्या हो गया, कोई साथ नहीं आ रहा है! इनके सारे वायदे सिर्फ छलावा थे! चारों तरफ सैनिक मित्र तो खड़े हैं या फिर कोई इनकी मजबूरी है, जो सामने आने से कतरा रहे हैं! कहीं ऐसा तो नहीं इसमें भी इनकी कोई चाल हो!

मंगल पांडेय—(अट्टहास करते हुए) साथियो, मैंने कसम खाई है कि मैं किसी भी कीमत पर गोरी चमड़ी के हाथ नहीं आऊँगा। मेरा विद्रोह अपनी धरती मैया के लिए कुछ काम आ जाए, इससे बड़ा सौभाग्य मेरे लिए और क्या हो सकता

है ? और देखते-देखते मंगल पांडेय ने बंदूक सीने पर रखकर अपने ऊपर ही गोली चला दी।

मंगल की चाहत थी कि वो किसी भी कीमत पर अंग्रेजों के हाथ न आएँ, मगर होनी को तो कुछ और ही मंजूर था। गोली लगने से वो गंभीर रूप से घायल तो हो गए, मगर बच गए। अस्पताल में इनका इलाज चला, ठीक होने के बाद इनके ऊपर सिपाहियों को भड़काने और अनुशासन भंग करने के साथ-साथ हत्या का मुकदमा भी चलाया गया।

मंगल पांडेय से जब इस विषय में पूछा गया तो उन्होंने कहा, 'अंग्रेज ऑफिसरों से मेरी कोई व्यक्तिगत दुश्मनी नहीं। यह तो दो देशों का झगड़ा है और मैं नहीं चाहता की हम लोग किसी का गुलाम बनकर जिंदगी गुजारें। यह मुझे नागवार गुजरा तभी हमने फिरंगियों को अपने हिंदुस्तान से निकालने के लिए ऐसा काम किया। ठीक हो जाऊँगा तो फिर वही करूँगा, जो एक देशभक्त को करना चाहिए।'

अदालत भी अंग्रेजों की थी।···

कानून भी अंग्रेजी था।···

ऐसे में जाहिर सी बात है कि सारे फैसले भी उन्हीं के होंगे···

अंग्रेजों के किसी अदालती निर्णय आने से पहले ही समझने वाली बात है कि जो भी फैसला होगा, मंगल पांडेय के विरुद्ध ही होगा।

सभा सज गई, अदालत में सारी दलीलें दी जाने लगीं, लेकिन निर्णय तो वही हुआ, जिसका हर हिंदुस्तानी को अंदेशा था। सभी घटनाओं पर गौर फरमाते हुए अंग्रेजी अदालत ने मंगल पांडेय को सजा-ए-मौत की सजा सुना दी। इस फैसले ने सभी को झकझोरकर रख दिया। मंगल ने जो कसमें खाई थीं कि कभी जीते जी अंग्रेजों के हाथ नहीं आएँगे, पर होनी को कुछ और ही मंजूर था। मंगल के जिंदगी का सारा वो फलसफा हाशिए पर आ गया। वो दिन भी आया, 8 अप्रैल, 1857 को, जब मंगल पांडेय को फाँसी दे दी गई।

मंगल पांडेय ने देश के लिए अपनी शहादत दे दी, मगर वह विद्रोह की ठंडी पड़ी आग को हवा दे गए। कल तक आराम से हिंदुस्तान पर राज करने वाली अंग्रेजी सल्तनत की चूलें हिल गईं, उसके लिए हर कदम चुनौतियों से भर गया। हिंदुस्तानी जुनूनी होते हैं। अगर किसी चीज को लक्ष्य बना लिया तो उससे पहले न तो ये थकते हैं और न ही हारते हैं। लक्ष्य तक पहुँचने में अगर कोई रोड़ा बना तो उसे रौंद देते हैं। इस बात का अंग्रेजों को बखूबी अहसास हो गया था। मंगल पांडेय ने पहले अंग्रेजी ऑफिसरों को उड़ाया, हिंदुस्तानियों के अंदर उबाल पैदा किया। जब अंग्रेजों के हाथ

आने की बात आई तो उसकी हिम्मत की दाद देनी होगी, खुद पर ही गोली चला दी, कि जीते जी अंग्रेजों के हाथ नहीं आऊँगा और ऐसा ही कदम उठाया। मगर होनी को कुछ और ही मंजूर था।

31 मई, 1857 को पूरे देश में एक साथ ही विद्रोह की तिथि पूर्व से ही निर्धारित थी। इसका मूल मकसद था—एकजुट होकर विद्रोह करना। अगर एक साथ पूरे देश में विद्रोह होता तो शायद अंग्रेजों के लिए भारतीयों से सामना करना मुश्किल होता, लेकिन होनी को भला कौन टाल सकता था! राष्ट्रीय भावना का अभाव तथा बैरकपुर के सैनिकों के समय से पहले ही विद्रोह ने इस सामूहिक विद्रोह को कमजोर कर दिया। इसी कारण यह विद्रोह पूरे देश स्तर तक अपना रुख अख्तियार नहीं कर सका और विद्रोह केवल उत्तर भारत तक ही सीमित रह गया। इस विद्रोह में बंगाल, गुजरात, दक्षिण भारत और पंजाब एवं सिंध ने साथ ही नहीं दिया।

विद्रोह की लपट पूरे देश में फैल चुकी थी। इस विद्रोह में सबसे आगे थे रणबाँकुरे वीर कुँवर सिंह, झाँसी की रानी लक्ष्मीबाई, तात्या टोपे, नाना साहब जैसे रियासत के योद्धा, जिन्होंने अपनी-अपनी रियासत को इस कदर मजबूती से बाँधे रखा था कि गाँव-गाँव तक विद्रोह के लिए युवा से लेकर बुजुर्ग तक सीना ताने खड़े थे। वहीं इनकी योजनाओं में सही तालमेल का बहुत बड़ा अभाव था। इनके विपरीत, ग्वालियर एवं पटियाला के राजा अंग्रजों की जमकर सहायता के लिए खड़े थे। वैसे अंग्रेजों के साथ दो-दो हाथ करने के लिए इन्हें काफी मशक्कत करना लाजिमी था, क्योंकि अंग्रेज आधुनिक साधन रेल, संचार जैसे संसाधन की मजबूती भी अंग्रेजी तंत्र को मजबूत कर रही थी, जबकि भारतीय सेना के लिए यह एक दुर्लभ संसाधनों में शामिल था।

अंग्रेजी हुकूमत के खिलाफ आवाज उठाने की हिमाकत पूरे देश में कोई नहीं कर सकता था। भला आवाज उठाए भी कोई क्यों? इसका सबसे बड़ा प्रमाण थे मंगल पांडेय। अंग्रेजी सरकार ने वक्त से पहले मंगल पांडेय को फाँसी पर लटका दिया। गाँव से लेकर शहर तक अंग्रेजी हुकूमत के खिलाफ हिंदुस्तान जल रहा था। मंगल पांडेय की शहादत बुझी हुई राख के अंदर धधकती ज्वालामुखी का स्वरूप धारण कर चुकी थी, जिसकी पहली लपट 12 जून, 1857 को अविभाजित बिहार (बिहार-झारखंड) पर इसका गहरा प्रभाव पड़ा। देवघर जिले के रोहिणी गाँव से शुरू हुई क्रांति, 32वीं रेजिमेंट के तीन सैनिकों ने विद्रोह कर लेफ्टीनेंट नार्मन लेस्ली और सहायक सार्जेंट डी. ग्रांट को मार दिया। रोहिणी में नेटिव इंफेंट्री की 32वीं रेजिमेंट की एक कंपनी का मुख्यालय था।

1857 के विद्रोह ने एक युग का अंत कर दिया और एक नवीन युग का बीजारोपण कर दिया। प्रादेशिक विस्तार के स्थान पर आर्थिक शोषण का युग प्रारंभ हो गया। अंग्रेजों के लिए सामंतवादी युग का भय हमेशा-हमेशा के लिए समाप्त हो गया और अंग्रेजी साम्राज्य के लिए चुनौती प्रगतिशील भारत में आई, जो 19 वीं शताब्दी के उदारवादी अंग्रेजों और जॉब स्टूअर्ट मिल के दर्शन से प्रभावित थे।

अंग्रेजों ने 1857 के विद्रोह का दमन कर दिया। इस क्रांति का कुछ प्रभाव भी पड़ा। ब्रिटिश संसद् ने 1858 में एक कानून पारित कर भारत में ईस्ट इंडिया कंपनी के शासन का अंत कर दिया। अब भारत का शासन क्राउन के हाथ में चला गया। अब इंग्लैंड सरकार सीधे भारतीय मामलों के लिए उत्तरदायी हो गई। सेना का पुनर्गठन कर अंग्रेज सैनिकों की संख्या बढ़ा दी गई, उच्च पदों पर भारतीयों की नियुक्ति रोक दी गई, तोपखाने की कमान भी अंग्रेजों के हाथ में दे दी गई। ईस्ट इंडिया कंपनी की सेना सरकार को हस्तांतरित कर दी गई।

सरकार की नीति में भारतीय रियासतों के प्रति परिवर्तन कर दिया गया। महारानी विक्टोरिया के 1858 की घोषणा के अनुसार क्षेत्रों की सीमा विस्तार नीति समाप्त कर दी गई। इससे ब्रिटिश सरकार कोई भी रियासत को अपने राज्य में सम्मिलित नहीं कर सकती थी। वहीं भारतीय राजाओं को दत्तक (गोद) लेने तथा उत्तराधिकारी बनाने का अधिकार दे दिया गया। इसके बाद सामंतवादी और चाटुकार किस्म के लोग अंग्रेजों के कृपा पात्र बन गए। ये देशप्रेम को ताक पर रख अपनी व्यक्तिगत स्वार्थपूर्ति के लिए कुछ भी करने को आमादा हो गए।

□

4

धरमन की महफिल

शाम होने लगी थी, धरमन-करमन की महफिल भी सजकर तैयार थी। उनके हुस्न के नुमाइंदे भी उनके आरा के कोठे पर जुटने लगे थे। कोठे के नीचे से गुजरने वालों का मिजाज खिल उठता था, क्योंकि इत्र की खुशबू से गम-गम करती गलियाँ, मन-मिजाज को प्रफुल्लित कर रही थीं।

आज की तरह पहले फूल-माला बेचने का उतना प्रचलन नहीं हुआ करता था, क्योंकि हर दरवाजे पर लगभग फूल मिल ही जाया करते थे। बहुत जरूरत होने पर मालिन (फूल बेंचने वाली महिला) घर पर ही फूल दे जाती थीं। मगर धरमन के कोठे पर आने वाले हर नुमाइंदे फूल की तलाश में रहते थे। इस लिहाज से फूल बेचने वाले टोकरी में लेकर शाम के समय धरमन-करमन के कोठे के पास बहुत सारे आ जाया करते थे। धरमन के अलावा भी बहुत सारी नर्तकियाँ होती थीं। हाँ, ये बात अलग है कि धरमन धरती पर चाँद के माफिक थी। इसलिए उसके पास आने वाले भी रसूख वाले ही हुआ करते थे। फूलों की कीमत भी धरमन के कोठे पर जाने के लिए कुछ ज्यादा ही महँगी और बेहतरीन हुआ करती थीं। धरमन के हुस्न के नुमाइंदों की खरीदारी से दुकानदार की बल्ले-बल्ले हो जाया करती थी।

ग्राहक—(फूल विक्रेता से) ए भईया, देर मत करो, हमको सबसे महँगा वाला गजरा दे दो।

फूल विक्रेता: (गजरा को देते हुए) क्यूँ क्या बात है, क्यों इतना घबराए हो साहेब, कहीं तोहार (आपकी) गाड़ी छूट रही है का (क्या)?

गाड़ी˙˙अरे बाबू, धरमन के कई दीवाने हैं, तो हम पहले से जाकर ओकरे दीदार करके ओकरे सुंदरता के अपने अंदर खींच लेहब˙˙बुझलऽऽऽ (समझे)

दुकानदार—हाँ, भईया (बड़बड़ाते हुए) तोहरे नियन केतने के हम यहाँ बर्बाद होते देखले बानी (हाँ भाई, तुम्हारे जैसे कितने लोगों को बर्बाद होते हमने देखा है)···

शाम भी अब ढलकर रात के आगोश में जाने को आतुर थी, उसकी भी बेचैनी जैसे-जैसे बढ़ रही थी, उसी प्रकार कोठे पर जाने वालों की संख्या भी बढ़ रही थी। वैसे भी इस जगह पर नर्तकियों की एक बड़ी मंडी जो है। जिसकी जेब में जितना पैसा था, वो अपनी औकात के मुताबिक कोठे पर जा रहा था।

कहीं ढोलक की थाप, तो कहीं घुँघरू की झनकार भी अपने शुरुआती अंदाज में बज ही रहे थे।

इसी बीच···घोड़े की टॉप की आवाज दूर से ही सुनाई देने लगी थी। पूरी मंडी उस आवाज को सुनने के लिए आगे-पीछे देखने लगी। अभी कुछ सोच पाते, इसी बीच लंबा-चौड़ा, बड़ी-बड़ी मूँछों वाले, गोरे-चिकटे कुँवर साहब कोठों की मंडी में पहुँचे···और सीधे धरमन की चौखट पर जाकर उनका घोड़ा ठहर गया।

ऊपर से झरोखे से झाँकती धरमन की कातिल निगाहें बाबू साहब पर पड़ीं··· फिर क्या बाबू साहब अपने शाही अंदाज में कोठे की तरफ बढ़ गए।

धरमन—आइए-आइए बाबू साहब, आप ही का इंतजार कर रही थी। आपके आने के साथ महफिल की रौनक कुछ और ही हो जाती है।

बाबू साहब (मुसकराते हुए)—अचानक बैठा हुआ था, आपके महफिल की याद आई, सोचा, आपसे मिलकर आता हूँ'··

धरमन—(व्यंग्य करते हुए) मिलकर या फिर देखकर बाबू साहब?

महफिल इस संवाद के साथ ठहाकों से कुछ पल के लिए गुँज गई।

साजिंदे अपने-अपने तरीके से राग बजा रहे थे, महफिल धीरे-धीरे जवाँ हो रही थी।···

इसी बीच धरमन ने इशारों में कोई गीत बताया, स्वर लहरियाँ झूमने को विवश कर रही थीं।···

एक ऐसी धुन, जो सबके चेहरे पर तेज को बढ़ा रही थी।···

(सिंबोलिक गीत)

बाबू साहेब हम ना रंगाईब चुनरिया··
बाबू साहेब हम ना रंगाईब चुनरिया
तोरा बिना··तोरा बिना··हम न रंगाई चुनरिया··
केकरा से कहीं हम, आपन दरदिया

बाबू साहेब–2 हम ना रंगाइब चुनरिया¨
हारब ना फिरंगियन से, देब पटखनिया
गोर चमड़िया के, काट देब गरदनिया
तोरा बिन¨
गंउवा उदास लागे, सब छितराइल
गोली–बंदूक से उ खेलत बाडें होलिया
बाबू साहेब–2¨¨हम ना रंगाइब चुनरिया¨
बाबू कुँवर आपन छोड़लें राजगदिया
देशवा के आन खातिर, भईलें निरमोहिया
बाबू साहेब कबो ना, झुकईह आपन मोछिया
तोरा बिन¨
बाबू साहेब–2¨¨

(गीतकार : मुरली मनोहर श्रीवास्तव/विशाल स्वरूप)

इस कदर धरमन ने इस गीत पर नृत्य किया कि बाबू साहब देशभक्ति से ओत–प्रोत हो गए, कई बार उठ खड़े हुए। चारों तरफ के माहौल ने अजीब रुख अख्तियार कर लिया। माना कि उस दौर में गीत के बोल और कुछ रहे हों, मगर इस गीत के सिंबोलिक अर्थ ये हैं कि बाबू साहब को प्रेरित करने के लिए धरमन ने इसी प्रकार के गीतों को गाया होगा! संगीत जितनी श्रवणीय होती है, चित्त को शांत करती है, ठीक उसी प्रकार देशभक्ति के लिए भी ललकार होती है।

इसी प्रकार धरमन के नृत्य करते–करते पाँव जैसे ही जमीं पर रुके, बाबू साहब उठ खड़े हुए।

धरमन—(दिलकश अंदाज में) बाबू साहब, आप खड़े क्यूँ हो गए?¨¨क्या हुआ?

बाबू साहब—कुछ नहीं, मुझे अब तलवार उठानी होगी¨¨धरमन, अब मैं एक पल भी देर नहीं करना चाहता और लाख रोकने के बाद भी वह रुके नहीं और जगदीशपुर के लिए देर रात लौट चले। इस वाकये के बाद बाबू साहब के पीछे–पीछे धरमन भी चल पड़ी। जगदीशपुर पहुँचकर बाबू साहब को काफी सँभाला धरमन ने, बोली कि हम अगर धीरज से काम लेंगे तो हमें सफलता भी मिलेगी। आप चिंता मत कीजिए बाबू साहब।

दूसरे दिन¨¨

रात बहुत हो चुकी थी, सारे लोग सो चुके थे, मगर बाबू साहब को नींद नहीं आ रही थी। उन्हें बार-बार धरमन के गाने की बोल याद आ रहे थे।…किसी से कुछ कह नहीं रहे थे, लेकिन उस समय उनको कोई टोक भी नहीं सकता था।

उन्हें करमन के साथ जो बीती थी, उसकी यादें भी आ रही थीं, कि किस कदर अंग्रेज उनकी हर एक चाल पर नजर रख रहे थे। अंग्रेजों को इस बात की खबर थी कि बाबू साहब के शतरंज की चाल के दो पासे धरमन और करमन हैं, जिन पर नजर रखकर उन्हें शिकस्त दी जा सकती है। इसलिए अंग्रेज उनके हर कदम पर पैनी नजर बनाए हुए थे। इस बात को बाबू साहब सोच रहे थे।

योद्धा करमन बीबी

चारों तरफ बंजर भूमि, किसी तरह की उपज की कोई गुंजाइश नहीं। जिनकी जमीन है, उनके लिए सब बेकार साबित होता है। उस जमीन पर नजर उठाकर देखें तो दूर-दूर तक सपाट मैदान पर वीरानगी ही वीरानगी पसरी हुई है। कोई चाहकर भी उसका उपयोग नहीं कर सकता है। अंग्रेजों ने भारत में अपने पाँव पसार लिये थे। आए तो थे व्यवसाय करने के लिए, मगर यहाँ पर अपने आधिपत्य को इस तरह कायम कर लिया कि उनके आगे किसी की एक न चलती थी। अंग्रेज जो चाहते थे, वही करते थे। उनके खिलाफ आवाज उठाने वालों का सर कलम कर दिया जाता था या फिर उन्हें कठोर यातना दी जाती थी।

गोधूलि बेला थी, रोज की तरह लोगों की चहलकदमी थी। गाँव के लोग अपना बाजार करने के बाद घर को लौट रहे थे। उसी बीच अंग्रेजों को पता चला की शिवपुर दियर के रास्ते कुँवर सिंह की खास करमन बीबी भी आई हुई है। अंग्रेज इसका फायदा उठाना चाहते थे। वो चाहते थे किसी तरह से करमन को गिरफ्तार कर लिया जाए, ताकि कुँवर सिंह अंग्रेजों के हाथ आ जाएँ।

शाम ढल रही थी, सो कहीं कोई नहीं दिख रहा था। जिधर देखिए, सिर्फ गाँव के गिने-चुने लोग ही आ-जा रहे थे। उस दिन तो करमन अंग्रेजों के हाथ नहीं आई। अंग्रेजों का खुफिया तंत्र काफी कमजोर साबित हुआ, परंतु अंग्रेजों ने बिहार से अन्य प्रांतों में जाने के लिए कुँवर के इस सुगम रास्ते पर नजर रखना शुरू कर दिया।

उस दौर में-होली के मौके पर 'फगुआ' गाया जाता था—

"बंगला में उड़ेला गुलाल,
आहो लाला बंगला में उड़ेला गुलाल

बाबू,आरे कुँवर सिंह तेगवा बहादुर
बंगला में उड़ेला अबीर।
इत से आवे घेर फिरंगी
उत से कुँवर दूनू भाई,
आरे गोला बारूद के बने पिचकारी।
बीचवे में होत लड़ाई।
आरे बाबू कुँवर सिंह तेगवा"

चइता गायन : कुँवर सिंह को केंद्र में रखकर गाया जाता था—
(चैत्र माह में गाया जाता था)

"ए रामा-बाबू आहे बाबू
आहे बाबू हो कुँवर सिंह
गदर मचावे ए रामा गँवा-गाईं
गँवा-गाँवा नेवता पेठावे
ए रामा गँवा-गाईं॥"

इस तरह के गीतों के साथ-साथ यह नाम इतना मशहूर हुआ कि इस इलाके की सभ्यता-संस्कृति में हमेशा के लिए धरमन रच-बसकर रह गई। आगे चलकर बाबू साहब और धरमन बीबी लोकसंगीत-लोकगीत की अमिट पहचान बन गए।

देश लंबे समय तक गुलामी की जंजीरों से जकड़ा हुआ था। जो भी आगे आता, उसे उस रास्ते से ही मिटा दिया जाता था। न रहेगा बाँस-न बजेगी बाँसुरी के आधार पर चलने वाली अंग्रेजी सरकार जुल्म की पराकाष्ठा को पार कर रही थी। असहनीय दर्द को सहन करने वाले हिंदुस्तानियों में अंदर-ही-अंदर विद्रोह की लपटें उठ रही थीं। अंग्रेजी ताकतों के आगे वो पस्त भी नजर आ रहे थे। मगर उनके अंदर की हिम्मत ऐसी थी कि अंग्रेज भी अंदर-ही-अंदर सहमे हुए थे। हर दिन कोई-न-कोई अपशकुन का सामना भी उन्हें करना पड़ता था।

"हर जोर-जुल्म की टक्कर में संघर्ष हमारा नारा है" इस रास्ते पर घर-घर का बच्चा चल रहा था। जरूरत थी, बस, अगुवाई करने वाले की, अंग्रेजों का एक बहुत बड़ा नेटवर्क था। धन-बल दोनों से सबल थे। पैसों के लालच में कुछ विभीषण भी यहाँ मौजूद थे, जो अंग्रेजों के पिट्ठू बनकर समाज में रसूखवाला बनना चाहते थे। इसलिए वो उनकी मदद करते थे। जो भी प्लान स्वतंत्रता सेनानी बनाते, उसकी अंग्रेजों को भनक लग जाती थी। नतीजा, देशभक्त लालों को अपनी जान गंवानी पड़ती थी। सब तरफ कोहराम था, मगर उस कोहराम में आवाज नहीं

थी। सभी जगह आजादी के तराने गूँज रहे थे, पर उसमें संयुक्तता नहीं थी। जाहिर सी बात है, जब मुट्ठी बनेगी ही नहीं तो किसी से दो-दो हाथ करना मुश्किल था। अपने ही बेगाने बनकर अंग्रेजों का साथ दे रहे थे! नतीजा, हिंदुस्तान गुलामी की जंजीर काट पाने में असमर्थ था।

रणबाँकुरे बाबू वीर कुँवर सिंह अंग्रेजी हुकूमत से ऊब चुके थे। उनका मन हमेशा अंग्रेजों के खिलाफ आक्रोश में जल रहा था। उम्र के इस आखिरी पड़ाव पर कभी युद्ध की कल्पना बेमानी लगती थी।

धरमन—(बाबू साहब के चेहरे पर चिंता की लकीरें देख पूछा) क्या बात है बाबू साहब, आप हम से कुछ छुपा रहे हैं क्या?

बाबू साहब—नहीं, नहीं, ऐसी बात नहीं है, लेकिन…

धरमन—लेकिन…कुछ तो बात है बाबू साहब, क्या बात है।…बताइए तो सही…

बाबू साहब—(उदासी के साथ) क्या बताऊँ, मैं अंग्रेजों से पूरी तरह से ऊब चुका हूँ। मेरी दिली ख्वाहिश है कि मैं इन लुटेरों से दो-दो हाथ करूँ…और अपने मुल्क को आजाद कराऊँ…मैं अपने आजाद मुल्क में खुली साँसें लेना चाहता हूँ।

धरमन—(हँसते हुए) तो, इसमें चिंता की कौन सी बात है?…आपने तो मेरे मन की बात छीन ली, हमारी जनता अब गुलामी नहीं सहेगी।

बाबू साहब—परंतु इस लड़ाई में आखिर इतनी बड़ी सेना से हम कैसे निबटेंगे? हमारी जनता को भारी नुकसान उठाना पड़ सकता है। ये लोग हमारे अपने हैं। मैं इन्हें जान से भी ज्यादा प्यार करता हूँ।

धरमन—हाँ बाबू साहब, मैं भी समझती हूँ…और आपकी जनता भी…जनता को तो इस बात को लेकर ज्यादा ललक है कि बाबू साहब जब इस उम्र की ढ़लान पर कमर कस चुके हैं तो हम भी उनके साथ हैं!…

धरमन बाबू साहब के साथ युद्ध करने जाने के लिए उतावली हो रही थी। कुँवर सिंह से जब भी बात करती तो उनकी आवाज में देशभक्ति के जज्बे का स्वर होता था। जब भी मंच पर या फिर कोई कार्यक्रम पेश करतीं तो मानो हर गीत में आजादी का जुनून, तो थिरकते पाँव आवेग में नजर आते थे। ऐसा महसूस हो रहा था जैसे एक वीरांगना फड़क रही है। उसे बस, जरूरत है छेड़ने की, फिर क्या, अंग्रेजी हुकूमत की चूल हिलाने की खुद में इतनी ताकत भर आई थी।

सबसे अहम बात तो ये थी कि चारों तरफ से आजादी के तराने गूँज रहे थे। इसकी अगुवाई कौन करे, इस बात की सबको पड़ी थी। आखिर इतने भागों में

बँटी रियासतों को मोती की माला की तरह सबको एक साथ कैसे पिरोया जाए? इस जस के बीड़े को कोई उठाना नहीं चाहता था। इस बात से भी इनकार नहीं किया जा सकता था कि आज नहीं तो कल, गुलामी रूपी बम का विस्फोट होना ही था। हुआ भी ऐसा ही, वो दौर भी आया, इसकी धधकती लौ में क्या तरुणाई, क्या बुजुर्ग, सभी एक हो चुके थे, सभी एक स्वर में बोलने लगे थे। उसी दरम्यान गुलामी की जंजीरों को तोड़ने की धमक मेरठ तक जा पहुँची। अंग्रेजों की नीति और आक्रामक तेवर से सभी ऊब चुके थे। मेरठ में सिपाहियों ने बम फोड़ने से इनकार कर दिया। इन सबके बाद तो जैसे आजादी की लड़ाई ने तूल पकड़ लिया, सभी ने इसका समर्थन किया।

बिहार के दानापुर छावनी में भी इसकी लपट पहुँची, पूर्वोत्तर राज्यों का नेतृत्व बाबू वीर कुँवर सिंह को करने का न्योता मिला, धरमन ने तो पहले से ही मशाल जला रखी थी। उस आग को आखिरकार उम्र के चौथे पहर में, जब सभी घर में अपने जिंदगी के आखिरी समय की प्रतीक्षा करते हैं, वैसे में बाबू साहब की भुजाएँ फड़कने लगी। उनके शांत पड़े शरीर में जवानी का खून दौड़ने लगा था। उनके चेहरे पर मानो तेज दिखने लगा। उन्हें देखकर ऐसा प्रतीत होने लगा कि एक अठारह साल का युवा अपनी जवानी की लहरों के साथ अंग्रेजों के खिलाफ तलवार उठाने को व्याकुल हो रहा है! लगता है, उनकी तलवार में वो चमक पैदा हो गई हो, जो कितनों को जलाकर जमींदोज कर देगी!

प्यार एक अमृत है। बस, जरूरत है इसके अहसास को महसूस करने की। यह किसी के कहने से नहीं, बल्कि कब हो जाता है, किसी को पता ही नहीं चलता। कुँवर सिंह और धरमन बीबी का प्यार भी कुछ ऐसा ही निश्छल है। उनका प्यार युद्ध भूमि में साथ देने के लिए अपनी जान की बाजी लगाने को तैयार था। सल्तनत अपनी समस्याओं से घिरा हुआ था। कोई इसे पूछने और जानने के लिए आगे आने को तैयार नहीं था। अंग्रेजों की दमनकारी नीति के खिलाफ बाबू साहब के फन निकालते ही अंग्रेजी हुकूमत उसे कुचलने की भरपूर कोशिश कर रही थी। बावजूद इसके, देशप्रेमी नर्तकी और बाबू साहब की हरदिल अजीज धरमन बीबी ने तो रानी के लिबास को छोड़ जंग-ए-मैदान में लड़ने को तैयार एक क्षत्राणी का रूप धारण कर लिया। ऐसा लगने लगा कि अब इनके तेज के आगे कोई नहीं टिकने वाला है। धरमन के हाव-भाव को देख बाबू साहब भी दूर से ही मंद-मंद मुसकरा रहे थे। जब उनकी नजर अपनी भुजाओं पर गई तो उन्हें भी अपनी जवानी

का अहसास हुआ और वो भी भारी-भरकम कदमों के साथ उठ खड़े हुए और अपने कमरे से बाहर चहलकदमी करने लगे।

बस! युद्ध के मैदान में निकलने की देर है, फिर क्या पूरा मैदान अपने कब्जे में होगा।

धरमन की नजर बाबू साहब पर पड़ी, देखा, बाबू साहब अपने बरामदे में ही टहल रहे हैं।

पास जाकर धरमन ने पूछा—ये क्या बाबू साहब, अभी से ही युद्ध की तैयारी?

बाबू साहब—अब, जो समझ लीजिए।

धरमन—गुस्ताखी माफ, बाबू साहब, आप बिल्कुल युवा योद्धा की तरह दिख रहे हैं, क्या बात है?

बाबू साहब—(मुसकराते हुए) आप अतीत में मत खोइए···

धरमन—नहीं, मैं वर्तमान में हीं जी रही हूँ और आप जान लीजिए बाबू साहब, मेरे जीवन में पहली बार तो ऐसा वक्त आया है, जब मैं आपका साथ निभा सकूँगी।

बाबू साहब—अरे! क्या बात करती हैं, ये तो बस, एक संयोग है। जब हमें अपनी प्रजा के लिए अंग्रेजों के खिलाफ तलवार उठानी होगी।

धरमन—हाँ, बाबू साहब, इस जीवन का कर्तव्य भी कुछ यही कहता है। जरा सोचिए ना, मेरे जैसी नर्तकी को आपने इतना महत्त्व दिया है! इसलिए मैं आपके साथ-साथ युद्ध के दौरान बनी रहूँगी···

बाबू साहब—ये कैसे हो सकता है?

धरमन—क्यूँ, आखिर क्या कमी है मेरे में?

बाबू साहब—नहीं धरमन, आपमें कमी किसने कहा, मैं तो कह रहा था।··· (बात काटते हुए धरमन)

धरमन—तो, फिर क्या है, मैं एक नर्तकी हूँ इसलिए?

बाबू साहब—ऐसा कहाँ कहा मैने आपसे? बस, ये कह रहा था कि मेरे रहते आप युद्ध करेंगी?

धरमन—हाँ बाबू साहब, मैं युद्ध में आपका साथ निभाऊँगी, माना, मैं राजघराने में पैदा नहीं हुई, मैं युद्ध कौशल में निपुण नहीं हो सकती, युद्ध महिलाएँ नहीं कर सकती हैं, शायद यही सोच रहे हैं न आप? लेकिन···

बाबू साहब—राजघराने में जन्म लेने से नहीं, इंसान अपने कर्मों से बड़ा

होता है और आपने तो मेरे अंदर सोई हुई देशभक्ति को जगाया है। आपसे बड़ा शुभचिंतक इस राजघराने के लिए इस देश के लिए भला कौन हो सकता है?

धरमन—नहीं बाबू साहब, यह तो मेरा फर्ज है। आप जैसे इंसान ने एक नर्तकी को राजघराने की रानी का दर्जा देकर हमारे साथ-साथ हमारे समाज को जो सम्मान दिया है, इसे इतिहास याद करेगा, समाज की परवाह किए बगैर आपने वो दे दिया, जो इस जन्म में तो क्या, आने वाले कई जन्मों में मुझे नसीब नहीं हो सकता था।

बाबू साहब—ये कैसी बातें कर रही हैं आप?

धरमन- (डबडबाई आँखों से) बाबू साहब, आपने तो हमें अमर कर दिया। वरना मैं तो समाज का वो अंतिम पायदान हूँ, जहाँ जाकर भी लोग हमसे परहेज करते हैं। समाज की नजरों से ओझल होकर आते तो जरूर हैं, मगर हमारे साथ नाम जोड़ने से कतराते हैं। ऊपर से आप जैसे राजा ने मुझ जैसी सामान्य सी नर्तकी को अपनी रियासत की शोभा बना डाला।

बाबू साहब—(धरमन को चुप कराते हुए) नहीं धरमन, ऐसी बात नहीं, हमारा तो यह कर्तव्य था। माना, मेरा आपसे थोड़ा ज्यादा लगाव हो गया। मैं आपसे जुड़ गया। जब हम जुड़ गए तो फिर एक-दूसरे से दूर कैसे रह सकते थे? जब दिल ही लग गया तो इसे किसी से छुपाना क्या? मैंने वही किया, जो एक इंसान और ईमानदार राजा को करना चाहिए।

धरमन—हाँ बाबू साहब, हम तो इस जिंदगी में सोच भी नहीं सकते थे कि हम एक पूरी नारी भी बन सकते हैं। एक कोठे पर नाचने वाली को आपने उसके जीवन की पूरी कायनात दे दी। हम सात जन्मों तक आपके इस एहसान को नहीं भूल सकते।

बाबू साहब—आप कैसी-कैसी बातें करने लगी हैं आज···जब आपको अपना बना ही लिया तो इसमें एहसान की कौन सी बात! यह तो हमारा फर्ज है। देखिए ना, आप हमारी जिंदगी में नहीं आए होते तो शायद मेरे अंदर अंग्रेजों के खिलाफ भड़कती आग मेरे अंदर ही जलकर भस्म हो जाती।

धरमन—वाह, बाबू साहब वाह! (हँसते हुए) आपने तो मुझे ही सारा श्रेय देने की ठान ली है!

बाबू साहब—नहीं, ऐसी बात नहीं···लेकिन इस सच से इनकार भी तो नहीं किया जा सकता कि इसके मूल में आप हैं। आज यह पूरी जमात, जो मेरे साथ खड़ी है, उसमें आपकी भूमिका को हमेशा याद किया जाएगा।

धरमन—सब आपकी छत्रच्छाया का नतीजा है। वरना हमारी क्या बिसात, जो इतनी बड़ी बात सोच भी लें!

धरमन के आजादी के आगाज के साथ बाबू कुँवर सिंह के अंदर जलती मशाल को जैसे हवा मिल गई। धरमन बीबी के चेहरे पर रौनक दौड़ गई। वह बाबू साहब के साथ साए की तरह चलने को तैयार हो गईं। इस बात की जानकारी जैसे ही रियासत में पहुँची, हर घर की महिला-पुरुष के अलावा युवाओं ने भी बाबू साहब के साथ युद्ध में भाग लेने की ठान ली। वहीं दानापुर छावनी के सैनिकों ने भी इनके साथ चलने का ऐलान कर दिया। इस खबर के मिलने के बाद कुँवर सिंह अपनी उम्र को भूल गए। उनके अंदर आजादी के तराने गूँज उठे। बाबू साहब अपने राजसी लिबास को धारण कर सभी को युद्ध के लिए प्रेरित करने लगे।

बाबू साहब के यहाँ एक मजलिस लगी थी, सभी अपनी-अपनी बातों को रख रहे थे। इस सभा में सबको अपनी-अपनी राय देने की छूट थी, जिसको जो समझ में आ रहा था, वो अपने ढंग से अपनी बातों को रख रहा था। बाबू साहब चुपचाप सबकी बातें सुन रहे थे। वहीं धरमन को देखकर सभी के अंदर एक चिनगारी ने आग की लपट का रूप धारण कर लिया, जो भी वहाँ उस सभा में मौजूद थे, सभी को देश की आजादी की ललक सवार हो चुकी थी।

सभा में सबने अपनी राय रखी, परंतु बाबू साहब का पोता बाबू वीर भंजन सिंह किसी के सवाल का जवाब दिए बगैर सभी की सुन रहे थे। कुछ बोल नहीं रहे थे। घंटों चली इस बैठक में जब सबने अपनी बातें रख लीं तो बाबू वीर भंजन सिंह उठे और अपनी बातों को रखने लगे। युद्ध की बारीकियों के बारे में जब उन्होंने अपनी रणनीति को बताया तो उसे सुनकर सभी अवाक् रह गए। किसी ने उस पहलू के बारे में नहीं सोचा था। सभी उनकी तारीफ करने लगे, सबने बाबू साहब के बाद किसी को तरजीह दी, तो वो थी धरमन बीबी और बाबू साहब का पोता बाबू वीर भंजन सिंह। युद्ध कौशल पर चर्चा होने के बाद सभी अपने गंतव्य को लौट गए। चारों तरफ तैयारी शुरू हो गई, लेकिन बाबू साहब के साथ पूरी रात धरमन और वीरभंजन योजनाओं पर विस्तार से विमर्श करते रहे। आखिर किस तरह से युद्ध को जीता जा सकता है, इस गुढ़ विषय पर एक कुशल रणनीति पूरी रात तय कर ली गई।

चिनगारी सुलग उठी थी। धीरे-धीरे लपटें उठने लगी थीं। मशाल जनजागरण के साथ अंग्रेजों के खिलाफ सभी भारतीयों के दिलों में धधकने लगी। खिलाफत की आग तो पहले से ही भारतीयों के अंदर जल रही थी। उस चिनगारी को साथ

लेकर चलने की जरूरत थी। कुँवर सिंह ने उस मशाल को लेकर आगे चलने की ठान ली। प्रतिशोध की उस जलती आग में बिना किसी परिणाम की सोचे बाबू साहब ने सबसे पहले अपनी सल्तनत को ही आजादी की इस आग में झोंक दिया। लगा दी अपनी जान की बाजी, राजसी सुख-सुविधा को पूरी तरह से त्याग दिया।

कुँवर सिंह—(युद्ध के लिए बाबू साहब के सैनिकों के साथ-साथ प्रजा भी मौजूद थी) अरे, वाह···जब इस तरह आप लोगों का साथ रहेगा···तो भला कौन सी जंग नहीं जीती जा सकती है!···

धरमन—हाँ, एक और प्लान है हम लोगों के पास···

कुँवर सिंह—क्या प्लान है भाई···बताएँ···हम भी सुनें कि क्या खास है।

धरमन और वीरभंजन—(साथ-साथ ही बोले) गुरिल्ला युद्ध···

सिपाही—ई का होला सरकार (ये क्या होता है सरकार)

कुँवर सिंह—अब तो यही लोग बताएँगे कि क्या होता है गुरिल्ला युद्ध··· हाँ-हाँ, बताइए···

धरमन—जब युद्ध के मैदान में हमारी संख्या कम पड़ जाएगी, उस वक्त हम अलग-अलग पेड़ों पर छुप जाएँगे···और जैसे ही अंग्रेजी सेना आगे बढ़ेगी···उन पर हम टूट पड़ेंगे···इससे वो घबराकर भाग खड़े होंगे···और जो बच जाएँगे, हम उन पर वार कर देंगे···जिससे उनके हौसले पस्त हो जाएँगे···उन्हें लगेगा कि हमारे पास बहुत सारे सैनिक हैं और वो मारे जाएँगे, हमारी जीत होगी।

ग्रामीण—(सामूहिक तौर पर) वाह सरकार वाह!···आपने तो कमाल का तरीका निकाल लिया है।···

कुँवर सिंह—राजा बहादुर···हम आपके सुझाव से प्रभावित हुए···अब आगे क्या होगी रणनीति, आप दोनों मिलकर रणनीति बनाएँ···

ग्रामीण—हाँ···हाँ···बाकी हम लोग लड़ने के लिए तैयार हैं।···(इसी बीच एक ग्रामीण बोला)

धरमन—बाबू साहब, वो देखिए···विद्रोही सिपाहियों का दल हमारी तरफ ही आ रहा है।···

कुँवर सिंह—अच्छी बात है, आने दीजिए···

सिपाही—(समूह जैसे ही सामने आया, कुँवर सिंह को अभिषेकी सलामी देते हुए कहा) बाबू साहब, आज से हम लोग आपके नेतृत्व में अंग्रेजी सेना से लोहा लेंगे···

धरमन—बाबू साहब, अपने इन साथी सिपाहियों को दबाने के लिए गोरी फौज निकली है।···हमें भी बिना देर किए हुए आगे बढ़ना चाहिए···

कुँवर सिंह—तो, क्या भाइयों चला जाए?···

सिपाही—(समूह में) हाँ···हाँ···भारत माता की जय हो···

कुछ देर तक दोनों के बीच संवाद हुआ, उसके बाद बाबू साहब की सेना निकल पड़ी। घंटों चलने के उपरांत (दोनों सेनाएँ कुल्हड़िया में आमने-सामने आ गई गंगा नदी के दोनों छोर पर जमकर मुठभेड़ हुई। इस मुठभेड़ में अंग्रेजों के सेनापति डनवर मारा गया। वीर कुँवर सिंह को शासक घोषित करते हुए महाराजा की उपाधि दी गई···)

कुँवर सिंह—(कंपनी के ऑफिसरों की जगह भारतीय लोगों ने कमान सँभाल ली, कुँवर सिंह की जयकार होने लगी। सोन नदी की नावों पर कुँवर का पताका लहराने लगा, आरा छावनी घेर ली गई) मित्रो···अब हमें बैठने की जरूरत नहीं···बल्कि पटना पर चढ़ाई कर देनी चाहिए।

सिपाही—बिल्कुल सही···हमें बढ़ना ही होगा।

धरमन—तो देर किस बात की?···सुनने में आया है कि अंग्रेजी फौज आरा के लिए रवाना हो गई है।···वो भी गंगा मार्ग से···

(इधर भी अंग्रेजों के खिलाफ ज्वाला भभक उठी थी। बीबीगंज में कुँवर सिंह की सेना गुप्त सूचना के आधार पर अंग्रेजी फौज के इंतजार में खड़ी थी···)

मेजर विंसेंट आयर—डेखो (देखो)···वो दूर पर कोई डिख (दिख) रहा है।···कुँवर सिंह की सेना बहुट चटूर (चतुर) है।···इससे स्ट्रेटजी के टहट (तहत) हमला करना होगा···ओके···

कुँवर सिंह—भाइयों···वो दूर अंग्रेजी फौज गोले दागने की तैयारी कर रही है।···इसलिए खुद को बचाते हुए लड़ाई लड़नी है।···

कुँवर सिंह की सेना के अलावा गाँव की जनता भी टुकड़ियों में शामिल थी। इन इलाकों से वो पूर्व परिचित थे। कहीं छुप गए तो, किसी के पता लगाने से बाहर की बात थी।

(जंगल में छुपकर कुँवर की सेना ने जमकर युद्ध किया, मगर अंगेजी फौज भारी पड़ी···और जगदीशपुर पहुँचकर आसपास के राजाओं से सहायता माँगी, जो कभी न मिली। कुछ दिन बाद)

कैप्टन रेडरे—(सेना लेकर जगदीशपुर आ धमके। बीबीगंज की तरह दुलौर

में कुँवर सिंह की देहाती सेना से भिड़ गई) किसी भी कीमट पर हमें बाबू कुँवर को छोड़ना नहीं है।···

कुँवर सिंह—(अपनी सेना से) भाइयो, समय अभी भी अनुकूल नहीं है।··· हमें जंगल की तरफ कूच करना चाहिए···सभी ने हाँ में हाँ मिलाई।

(बाबू साहब अपनी सेना के साथ जंगल की ओर निकल गए।···चलते-चलते घंटों गुजर गए)

(शाम ढलने को आई···सभी थक चुके थे।···फिर भी कुँवर सिंह और धरमन आपस में बात करते हुए चले जा रहे थे)

धरमन—बाबू साहब, पल-पल अंग्रेजी सेना हमें खोखला करने से बाज नहीं आ रही है।···

बाबू साहब—आप गजब बात कर रही हैं!···विरोधी तो केवल चाल का इंतजार करते ही हैं।···

धरमन—(बात को बदलाते हुए) क्या बात है बाबू साहब, आप तो नई पीढ़ी को भी मात दे रहे हैं! आपके हौसले से देखिए न किस तरह से लोग युद्ध के मैदान में डटे हुए हैं!···

बाबू साहब—(गंभीर मुद्रा में) आप बिल्कुल सही कह रही हैं इन लोगों के बारे में, लेकिन एक बात तो तय है कि उनके हौसले से मैं मैदान में डटा हुआ हूँ।

धरमन—नहीं, बाबू साहब, ऐसी बात नहीं है। बस, ऐसे ही···

बाबू साहब—अरे! क्या बात है, जो आप हमसे छुपा रही हैं? अरे, कुछ हमें भी बता दीजिए···

धरमन—कुछ छुपा नहीं रही आपसे बाबू साहब, भला आपसे क्यों छुपाऊँगी? अब तो जिंदगी आपके नाम है, आपके साथ अपने देश के लिए शहीद होने का सौभाग्य हमें भी मिलेगा। इसलिए मैं तो खुद को इस बात के लिए सौभाग्यशाली मानती हूँ।

बाबू साहब—अरे, ये तो आपका बड़प्पन है। आप तो मेरे साथ इतना परेशान हुईं कि मैं क्या बताऊँ, इसीलिए मैं एक बार फिर आपसे कहता हूँ कि आप लौट जाइए···कितना परेशान करूँ आपको, हमें आपको जो सम्मान देना चाहिए, वो दे नहीं पाए।

धरमन—ये कैसी बातें कर रहे हैं बाबू साहब···अरे, मेरी महफिल में तो सिर्फ मेरे जिस्म के नुमाइंदे ही आए, एक आप ही ऐसे व्यक्तित्व आए, जिसने मेरे हूनर और मेरे अंदर की औरत को पहचाना है।

एक बात और आग्रहपूर्वक कहना चाहूँगी कि आप लौटने का कहकर हमें शर्मिंदा न करें, (मुसकराते हुए)। मेरे युद्ध कौशल पर आपको भरोसा नहीं है क्या?

बाबू साहब—नहीं-नहीं, आप पर पूरा भरोसा है, मैं तो कह रहा था।…(बात काटते हुए धरमन)

धरमन—तो फिर क्या है, मैं एक नर्तकी हूँ, इसलिए?

बाबू साहब—ये कहाँ मैने कहा है आपसे, बस, ये कह रहा था कि मेरे रहते आप युद्ध करेंगी?

धरमन—हाँ बाबू साहब, मैं युद्ध में आपका साथ निभाऊँगी। एक नर्तकी भी देश के लिए कुछ कर सकती है, इसकी मिसाल बनूँगी, ताकि आने वाली पीढ़ियाँ हमारे हूनर के साथ-साथ देशभक्ति को भी याद कर सकें।

बाबू साहब—नहीं, नहीं, ऐसा मत सोचिए…अरे, आप मेरी जिंदगी की वो तारा हैं, जिसने अँधेरे मन में रोशनी जलाकर संपूर्ण अंधकार को ही मिटा दिया। मेरे बारे में भला कौन जान पाता! अगर जानता भी तो बस, इतना कि मैं जगदीशपुर रियासत का राजा हूँ, राजघराने का आपसे बड़ा शुभचिंतक भला कौन हो सकता है!…

धरमन—नहीं, बाबू साहब, यह तो मेरा फर्ज है।…आप महान् हैं।…समाज की परवाह किए बगैर वो दिया, जो हमने सपने में भी नहीं सोचा था।

बाबू साहब—ये कैसी बातें कर रही हैं आप?

धरमन—(रोते हुए) बाबू साहब, आपने तो हमें अमर कर दिया।…वरना मैं तो समाज का वो अंतिम पायदान हूँ, जहाँ दूर-दूर तक लोग जाने से कतराते हैं।… आपने तो सड़क के पत्थर को मंदिर का ठाकुर जी बना दिया।

बाबू साहब—(चुप कराते हुए) नहीं धरमन, ऐसी बात नहीं…जब दिल ही लग गया तो इसे किसी से छुपाना क्या था!…हमने आपको कुछ नहीं बनाया है, बल्कि आप हैं ही उस सम्मान के योग्य।

धरमन—हाँ बाबू साहब, हम तो इस जिंदगी में सोच भी नहीं सकते थे कि हम एक पूरी नारी भी बन पाएँगे। एक कोठे पर नाचने वाली नचनिया को आपने उसके जीवन की पूरी कायनात दे दी…आपसे बस, एक ही आग्रह है कि आप हमें लौटने के लिए मत कहिएगा…क्योंकि आपके बगैर मेरे जीने का कोई औचित्य नहीं रह जाएगा, मैं एक पल के लिए भी आपसे दूर जाना नहीं चाहती हूँ।

बाबू साहब—कैसी बातें कर रही हैं आप···जब आपकी इच्छा है तो मैं मना नहीं करता···ठीक है।···

धरमन—वाह, बाबू साहब वाह! (हल्की मुसकान के साथ) बस, मैं धन्य हो गई!···

बाबू साहब—ये तो आपका बड़प्पन है।···अगर यह पूरी जमात मेरे साथ खड़ा होने को तैयार न होती तो मेरे लिए यह टेढ़ी खीर थी।···

धरमन—नहीं बाबू साहब, आप इतिहास रचने के लिए ही तो पैदा हुए हैं।···

वीरभंजन सिंह—(अचानक से नींद खुली) दादाजी, सुबह हो गई···अरे, आप लोग पूरी रात जगे ही रह गए!···आप भी न···

कुँवर सिंह—नहीं बेटा, आगे किस तरह से युद्ध जीत सकते हैं, उस पर हम लोग बात क्या करने लगे, नींद ही नहीं आई। ऊपर से देखो न सभी हमारे ग्रामीण और सैनिक किस तरह बेसुध सोए हुए हैं। ऐसी परिस्थिति में हमें तो जागना ही था न!

धरमन—हाँ-हाँ राजा बाबू, बाबू साहब ठीक ही तो कह रहे हैं।

कुँवर सिंह—(वीरभंजन सिंह से बोले) बेटे, आप सैनिकों को तैयार कराएँ···

वीरभंजन सिंह—ठीक है।···(सेना को संगठित होने के लिए समझाने लगे)

धरमन—बाबू साहब, आइए आगे युद्धभूमि की तरफ प्रस्थान करने से पहले विजय तिलक लगा दूँ···(पास पड़े मिट्टी से तिलक लगा दी)

कुँवर सिंह—(मिट्टी से धरमन, वीरभंजन और करमन को तिलक कर बढ़ते हैं, जैसे ही आगे बढ़ते हैं, पता चला अंग्रेजी सेना को इन लोगों के आने की भनक लग गई और आगे न बढ़ें, इसलिए घेरने के लिए पहले से मौजूद हैं···)

ब्रह्मपुर गाँव—(पता चला, अंग्रेजों ने घेर लिया है।···तब करमन यहाँ आगे आई)

करमन—बाबू साहब, आप तनिक भी चिंता ना करें···आप लोग दूसरी तरफ से आगे बढ़िए मैं यहाँ कमान सँभालती हूँ···

अंग्रेजों की फौज बड़ी सावधानी से बाबू कुँवर सिंह और उनकी सेना को अपना ग्रास बनाना चाहती थी। वो जानते थे कि एक बार कुँवर सिंह अगर अंग्रेजों के हाथ लग गए तो फिर विद्रोह की धधकती आग पूर्वोत्तर इलाके में कमजोर पड़ जाएगी। बागियों की रीढ़ की हड्डी टूट जाएगी, वैसे रणबाँकुरे बाबू कुँवर सिंह उम्र की ढलान पर होते हुए भी किसी से डरने वाले नहीं थे। इनके जज्बे को सभी सलाम करते थे, इनकी बातें सभी मानते थे। इसलिए अंग्रेज ऑफिसर चाहते थे कि

कुँवर को ही इस रास्ते से हटा दिया जाए, ताकि आगे लड़ाई कमजोर पड़ जाए।

कुँवर सिंह को बाहर निकलने का शिवपुर दियारा ही एक सुगम रास्ता था, जिससे वो गंगा के रास्ते उस पार निकल सकते थे। विरान दियरांचल की भूमि पर दो–दो हाथ करने में भी कोई दिक्कत नहीं होती, साथ ही दूर से ही किसी आक्रमण का अंदाजा लग जाता था, जिससे अपनी कमान को कसने में सफलता मिल जाती थी। अंग्रेज भी उस वीरान भूमि में लड़ने के लिए तो तैयार रहते थे, लेकिन उनके अंदर भी भय हावी था। अंग्रेज भले ही हथियारों से लैस थे, पर कुँवर सिंह के लड़ने की कला से सभी का कलेजा काँप उठता था।

बाबू साहब अपने लाव–लश्कर के साथ गंगा पार करने के लिए निकल पड़े। उनके साथ बड़े पैमाने पर सिपाही थे। कोई किसी तरह से कमजोर नजर नहीं आ रहा था। कुँवर सिंह के खुफिया तंत्र के मुताबिक निकल जाने का यह उचित समय था। सो बाबू साहब पूरे लाव–लश्कर के साथ निकल गए।

अँधेरा होने लगा था, सही तरीके से कोई नजर भी नहीं आ रहा था। बाबू साहब अपनी सेना के साथ रास्ते पर बढ़े जा रहे थे। सामने से आती अंग्रेजों की सेना की झलक दूर से ही करमन बाई को आ गई। वो समय की नजाकत को भाँप गई। उन्हें लगा हो न हो, अंग्रेजों की ही सेना सामने से आ रही है। इस वाकये के बाद करमन को यह समझते देर न लगी कि हमारे गुप्तचरों को पैसे का लालच देकर जरूर अंग्रेजों ने खरीद लिया है। अगर ऐसा नहीं तो इतने सटीक रास्ते पर भला अंग्रेजों का सामना कैसे हो सकता था ? अंग्रेजों को हमारी योजना का आखिर कैसे पता चल गया ? इतना सोचते–सोचते ही अंग्रेजों से कुँवर सिंह की सेना जा भिड़ी।

अँधेरा बहुत जल्द हो गया तो युद्ध का कोई तात्पर्य ही नहीं था। फिर भी अंग्रेजों ने नियम का उल्लंघन करते हुए बाबू साहब के कुछ सैनिकों को मार गिराया और वहाँ से भाग निकले। पूरी रात कुँवर की सेना को वहीं शिवपुर दियारा इलाके में विश्राम करना पड़ा।

रात जैसे–जैसे गुजरती गई, सभी सो गए। करमन चारों तरफ मोरचा सँभाले हुई थी। उसने बाबू साहब के करीब जाकर देखा तो बाबू साहब भी जगे हुए थे।

करमन—अरे, ये क्या, आप भी जगे हुए हैं ! सो जाइए, रात बहुत बीत चुकी है।

बाबू साहब—करमन, ये बात तो तुम्हारे लिए मैं भी कह सकता हूँ।

करमन—(हँसते हुए) हाँ बाबू साहब, आप सही कह रहे हैं। फिर भी आप मेरे लिए खास हैं न!

बाबू साहब—हाँ करमन, आपका जवाब नहीं···चलिए, मुझे भी नींद नहीं आ रही है, फिर दोनों बैठकर आपस में बातें करते हैं।

करमन—ये हुई न बात!

दोनों लोग एक साथ बैठकर बातें करने लगे। बातों ही बातों में बीते कल की बात आई।

करमन—बाबू साहब, आपने जो हम लोगों को दिया है, वो शायद ही किसी ने दिया होगा! हमारी और धरमन दीदी को एक नजर पाने के लिए लोग लालायित रहते थे; परंतु किसी ने हमें वो सम्मान नहीं दिया, जो आपने दिया है।

बाबू साहब—करमन ऐसी बात नहीं···बस, यूँ ही मुझे लगा कि आप और धरमन इसकी सही हकदार हैं, सो मैंने भी एक दिन धरमन के नाच को देखने की इच्छा जाहिर की थी।

करमन—फिर क्या हुआ?···

बाबू साहब—अरे, ये बात आप से छुपी हुई थोड़े ही है।

करमन—फिर भी···आपकी जुबाँ से सुनने को जी चाहता है और देखिए न, अभी पूरी रात बाकी है।

बाबू साहब—(लंबी साँस के साथ मुसकराते हुए बोले) क्या बताऊँ···नाच देखने की इच्छा तो मैंने जरूर जाहिर की थी, पर, हम उनके नाच में इस कदर खो गए कि मुझे धरमन के अलावा कुछ सूझ ही नहीं रहा था।

करमन—हाँ···फिर···

बाबू साहब—न जाने कौन सी अदा थी कमबख्त उस नाजनीन में···कि मैं पल में ही धरमन का होकर रह गया!

करमन—धरमन की आखिर कौन सी अदा ने आपको उनका मुरीद बना दिया, जो रोज-रोज उन्हें देखने की आपकी इच्छा होती रहती थी?

बाबू साहब—किस अदा की तारीफ करूँ और किसकी चर्चा करूँ···खैर! इन सबके अलावा अगर बात करूँ तो उनकी बस, एक ही देशभक्ति की अदा ने हमें बरबस अपनी ओर खींच लिया। जिसमें उन्होंने मेरे अंदर के कुँवर को इस कदर जगाया कि मैंने देश को गुलामी की जंजीरों से मुक्त कराने की ठान ली। चाहे इसके बदले में मेरा सबकुछ बर्बाद ही क्यों न हो जाए!

करमन—आपको और धरमन को एक साथ जोड़कर कई बातें कही जाती रही हैं,···इससे आप कभी विचलित नहीं हुए?

बाबू साहब—कैसी बातें कर रही हैं आप? आपको एक कहावत के माध्यम से समझाने की कोशिश करता हूँ।

भोजपुरी में एगो कहावत कहल जाला—'लोगवा का कही' इसका मतलब यही होता है कि जो लोग यह पहले ही सोच लेते हैं कि लोग उनके बारे में क्या कहेंगे और उसके पीछे भागते रहें तो, वो दुनिया में किसी भी मुकाम को नहीं पा सकते हैं। और मैंने कभी इसकी परवाह नहीं की···जो सही लगा, उसके लिए जान तक की बाजी लगा दी।

करमन—यह तो आपका बड़प्पन है, वरना एक नाचने वाली को भला कौन इतनी तरजीह देता है!···

बाबू साहब—(करमन की बात काटते हुए) क्या बात करती हैं? धरमन इंसान के रूप में मेरी प्रेरणा हैं, वो मेरे लिए किसी देवी से कम नहीं हैं। आप सोचिए, जिस बुरे दिन में लोग अपनों से भी दूर भागते हैं, उस परिस्थिति में धरमन ने अपने जीवन की पूरी कमाई को न्योछावर कर दिया।···इतना ही नहीं, मेरे साथ हर मुश्किल में साथ निभाने को संकल्पबद्ध हो गई, उस देवी का मेरे जीवन में सहयोग और समर्पण तो है ही, वह मेरी सच्ची सारथी भी हैं।···

करमन—(आँख पोंछते हुए) आप महान् हैं बाबू साहब! काश! सबकी सोच आपकी तरह हो जाती, हमारी बिरादरी को भी समाज में कोई दर्जा मिलता! पर, ऐसा नहीं हुआ, लेकिन आपकी लड़ाई में हम लोगों ने अपना तन-मन-धन तक हँसते-हँसते न्योछावर करने से कोई परहेज नहीं किया है।

करमन—बाबू साहब, चिड़ियों के चहचहाने की आवाज आने लगी है, लगता है, सुबह होने वाली है।

कुँवर सिंह—हाँ, आप सही कह रही हैं।

करमन—अब आप लोग आगे की तैयारी करें, सुबह होने वाली है और मंजिल तक पहुँचना है।

कुँवर सिंह—अरे, ये कैसी बातें कर रही हैं!···आपको अकेला छोड़कर हम कैसे जा सकते हैं?···वो भी युद्धभूमि में···!

धरमन—(नींद खुलती है तो देखती हैं कि करमन और बाबू साहब आपस में बातें कर रहे हैं) बाबू साहब, करमन ठीक कह रही है।···अगर हमें जंग जितनी है तो ये फैसला लेना ही होगा···

कुँवर सिंह—क्या बकवास कर रही हैं?…अकेली करमन को छोड़ आगे बढ़ जाएँ…वाह रे वाह…!

करमन—आप चिंता ना करें बाबू साहब, आपके दामन पर आँच नहीं आने दूँगी…

कुँवर सिंह—(करमन के करीब पहुँचकर) हमें मालूम है।…आप आँच नहीं आने देंगी, फिर भी आपको अकेले छोड़कर जाने से पता नहीं क्यूँ मन घबरा रहा है।…

करमन—बाबू साहब…ये वक्त भावनाओं में बहने का नहीं है।…आप बूरा न मानें…आपकी भावनाओं की कदर करती हूँ…मगर शायद यही बेहतर होगा…आप लोग आगे बढ़ें…

करमन की बात बाबू साहब को माननी पड़ी। करमन को मैदान में डटे रहने के लिए शुभकामनाएं देकर बाबू साहब की पलटन आगे बढ़ने को तैयार थी।

दोनों बहन आज पहली बार एक-दूसरे से जुदा होने वाली थीं।

धरमन—(बहन से मिलते हुए) करमन, आज जिंदगी में पहली बार हम दोनों अलग हो रहे हैं।…

करमन—हाँ दीदी, क्या पता फिर मिलेंगे भी…या फिर…

धरमन—कैसी बातें करती है!…(दोनों बहन फफक पड़ीं)

करमन—दीदी, शायद हमारा आपका यहीं तक सफर रहा हो…खुदा हाफिज…

धरमन—(नम आँखों से) खुदा हाफिज…अपना ख्याल रखना…

कुँवर सिंह—(लंबी साँस खींचते हुए, बाबू साहब करमन को सैल्यूट करते हुए) आप कह रही हैं तो हम लोग आगे बढ़ते हैं।…लेकिन अपना ख्याल जरूर रखिएगा…

कुँवर सिंह—आपके युद्ध कौशल पर हमें नाज है करमन, आपके साथ ये फौज रहेगी, आप हिम्मत बनाए रखिएगा।

करमन—(हँसते हुए) बाबू साहब, आप विश्वास रखिए, आपकी प्रतिष्ठा पर कहीं से आँच नहीं आने दूँगी। मैं अपनी मिट्टी की सौगंध खाती हूँ, हिंदुस्तान की रक्षा करने के लिए अपने जान तक की बाजी लगा दूँगी।

कुछ सिपाहियों को करमन के साथ छोड़कर कुँवर सिंह, धरमन, वीरभंजन सिंह वहाँ से आगे के लिए रवाना हो गए।

अंग्रेजों को लगा कि हम लोगों ने कुँवर सिंह की सेना को तो आगे बढ़ने से

रोक लिया। उस अंग्रेजी पलटन को क्या पता कि कुँवर सिंह की योजना के आगे अंग्रेजी सेना बौनी पड़ जाएगी! अंग्रेजी पलटन करमन से दो-दो हाथ करने में लगी रही और बाबू साहब बहुत आगे निकल गए।

करमन को मोरचे पर डटे कई दिन बीत चुके थे। पास में रहा सहा राशन भी कम पड़ने लगा था। युद्ध के लिए आगे जाने की योजना थी। अचानक से इस जगह पर अंग्रेजों के हमले के कारण यहाँ कैंप करना पड़ा, वरना आगे की सारी योजना पर पानी फिर जाता। युद्ध में डटे रहने की खबर चारों तरफ जंगल में आग की तरह फैल गई। यह खबर दुल्हपुर गाँव में भी पहुँची। गाँव में सिर्फ महिला और बच्चे ही बचे थे। सभी पुरुष वर्ग, जो देशभक्त थे, वो सारे लोग बाबू साहब के साथ हो लिये थे।

युद्ध करते-करते एक सप्ताह गुजरने को आया, राशन खत्म हो गया, भूख से सभी बिलबिलाने लगे··· तब पीरो गाँव से 28 कहांरिन (चंद्रवंशी परिवार) महिलाओं ने यश का बीड़ा उठाया और अपने माथे पर मिट्टी के मटके में पानी लिये, कपड़े की पोटरी में गोईठा (उपला) पर बनी लिट्टी लेकर उनके पास पहुँच गईं। उन लोगों के युद्ध स्थल पर पहुँच जाने से करमन की पूरी सेना में एक नई उमंग आ गई। सबकी उम्मीदें जग गईं। भूख से व्याकुल कुँवर सिंह की सेना को लिट्टी खिलाया गया, जिसे खाकर सैनिकों की भूख मिटी। यहाँ सहयोग में आईं महिलाएँ भी करमन के सहयोग में खड़ी हो गईं। उन लोगों से करमन ने पुनः अपने गाँव लौट जाने का आग्रह किया, लेकिन उन लोगों ने जाने से इनकार कर दिया और इन लोगों ने भी हथियार उठा लिये, उनकी भुजाएँ भी फड़कने लगीं।

फिर इसी तरह सेना के साथ वहीं डटी रहीं। बाबू साहब वहाँ से रवाना हो ही चुके थे, सो वहाँ करमन ही रानी या फिर सेना नायक, जो भी कहें, बच गई थी। अंग्रेजों के पास भले ही मैन पॉवर कम थी, मगर संसाधन के मामले में वो बहुत आगे थे। उनकी योजना एक थी, हुक्म एक था। एक आदेश पर सेना एक जगह से दूसरी जगह के लिए रवाना हो जाती थी, परंतु भारतीय सेना अंसगठित थी। जगह-जगह विभीषण थे, जो कभी भी देशवासियों को अपने रसूख की खातिर जलती आग में झोंक देते थे। उन्हें बस, अपनी सुविधा से मतलब था।

कहांरिन महिला—अरे, देखो फिरंगियों की सेना इधर ही आ रही है।···

करमन—घबराने की कोई जरूरत नहीं···हम हैं न···(हिम्मत देते हुए टिकी रहीं, तब तक सैनिक भी खाना खाकर मैदान में आकर डट गए)

सिपाही—करमन बीबी, आप थोड़ी किनारे होइए···अब हमारा वक्त आ गया है।···

(एक-एक करके सारे सिपाही और सभी कहांरिन महिलाएँ अंग्रेजों से युद्ध करते-करते वीरगति को प्राप्त हो गईं···खून से लथ-पथ करमन अकेले मैदान में डटी रही। लड़ते-लड़ते मैदान में जब पीछे मुड़कर देखा, तब खुद को अकेला पाया···)

करमन—(चिल्लाते हुए) अरे, जालिमों तुम्हें शर्म नहीं आती···जिस मिट्टी के अन्न को खा रहे हो, उसी के साथ गद्दारी कर रहे हो···(लाशों के बीच से उठती करमन को देखकर बचे अंग्रेज भाग खड़े हुए···)

करमन युद्ध कौशल में इतनी निपुण निकली कि उसने अंग्रेजों की सेना पर रार मचा दी। सभी भाग खड़े हुए। इसके बाद करमन भी घबराई नहीं, उसने पहले से भी ज्यादा अपनी सेना को मजबूती के साथ मुस्तैद रहने की हिदायत दी।

करमन—आओ···हिंदुस्तानी मिट्टी है।···कभी हार नहीं मानूँ···आओ···अब नहीं आओगे···(और चिल्लाते-चिल्लाते मैदान में गिरकर हमेशा के लिए शांत हो गईं···)

दूसरी तरफ···

(बाबू साहब भी युद्ध के मैदान में लगातार डटे हुए थे, उनके साथ धरमन और वीरभंजन भी साथ ही चल रहे थे। कुँवर सिंह अपने लोगों के साथ आराम कर रहे थे।

सिपाही—(तभी खबर आई कि करमन शहीद हो गई) सरकार, अभी खबर आई है कि छोटी मालकिन···

कुँवर सिंह—क्या हुआ···

धरमन—(घबराकर) अरे, बोलते क्यूँ नहीं···जल्दी बोलिए न···

कुँवर सिंह—हाँ···बताओ ना..सब ठीक तो है न··· ?

सिपाही—सरकार (डरते हुए) छोटी मालकिन···ने युद्ध में अंग्रेजों के होश तो उड़ा दिए···मगर भागते अंग्रेज सिपाही के बारूदी हमले में वो शहीद हो गईं···

(धरमन बिलख पड़ी, ग्रुप में मातमी सन्नाटा पसर गया।···)

धरमन—(कुँवर सिंह के कुरते को पकड़कर रोते हुए) बाबू साहब, ये क्या हो गया ?···मैंने बड़े जतन से अपनी छोटकी को पाला था।···कभी एक खरोंच तक नहीं आने दी।···जिंदगी भर उसे बच्चा ही समझती रही···लेकिन आज तो, वो हमसे बहुत बड़ी निकली···

कुँवर सिंह—(रुँआसी आवाज से) क्या करेंगे···

धरमन—बाबू साहब···अभी वो किस हाल में होगी···

कुँवर सिंह—आप थोड़ी हिम्मत रखो···उन्होंने तो वो किया है,···जो एक सच्चा सेनानी ही कर सकता है।···

वीरभंजन सिंह—ये वक्त विलाप करने का नहीं है।···हम सब एक सिपाही हैं।···धरती मईया की रक्षा ही हमारा फर्ज है।

कुँवर सिंह—हाँ बाबू, ठीक कह रहे हो···कब किससे कौन बिछड़ जाएगा··· ये किसी को मालूम नहीं···

धरमन—(आँख पोंछते हुए) बाबू साहब, छोटे सरकार ठीक कह रहे हैं।··· चलिए, आगे बढ़ते हैं।···

दिल्ली उस समय तक अंग्रेजों के हाथों में आ चुकी थी और परिस्थिति बिल्कुल बदल चुकी थीं। लेकिन युद्ध के माहिर खिलाड़ी बाबू साहब ने अपनी योजनाओं में शीघ्र बदलाव कर दिया। अक्तूबर का महीना बीतने को आया, नवंबर महीना अब शुरू हो चुका था। फिर बाबू साहब कानपुर से होते हुए दूसरे हमले में भाग लेने के लिए बांदा से कालपी पहुँचे। हम निशान सिंह की बातों पर यकीन करें तो कानपुर की उस लड़ाई में नाना साहेब उपस्थित थे, जिसमें तात्या ने यादगार जीत हासिल की थी, लेकिन सर कॉलिन के हाथों तात्या की हार के बाद कुँवर सिंह मराठा सरदारों के साथ कालपी नहीं गए। इसकी बजाय वे लड़ाई के सबसे महत्त्वपूर्ण स्थान लखनऊ की तरफ कूच कर गए।

एक रोटी पकाई गई

गंगा किनारे संन्यासी के डेरे में रानी लक्ष्मी बाई, तात्या टोपे, नाना साहेब द्वारा अंग्रेजों के हार के लिए मन्नत माँगी गई, गंगा किनारे एक रोटी पकाई गई। इसकी सुगंध दिल्ली से लेकर पेशावर तक जा पहुँची। इसका तात्पर्य यह रहा कि यहाँ जो योजना बनाई गई, उसकी धमक चहुँओर फैल गई सभी लोग इस आंदोलन का हिस्सा बनने के लिए आगे आने के लिए तैयार थे।

सन् 1855 ई. में हरिद्वार के कुंभ मेले में शिखा पर्वत पर लक्ष्मी बाई ने आसन जमा लिया था। दशनाम संन्यासियों के आश्रम में अंग्रेजों की चूल हिलाने वाली पहली बैठक हुई, जिसमें नाना साहेब देशमुख, बाजीराव पेशवा, तात्या टोपे, लक्ष्मी बाई, बाहदूर शाह के बेटे वीरु शाह, जगदीशपुर के वीर कुँवर सिंह यहाँ छुपकर आए। गंगा की सौगंध खाकर और दश स्वामी पूर्णानंद को साक्षी मानकर

एक नारा दिया गया—'मारो फिरंगी को' साथ ही एक कोडवर्ड बनाया गया। किसी तरह का गुप्त संदेश देने के लिए—'कमल का फूल' और आम जनता में आजादी की आग लहराने के लिए 'रोटी'।

सरकार को ऋण के लिए दिया गया अभ्यावेदन दिनांक 22 मई, 1857 पर बाबू कुँवर सिंह

"10 मई, 1857 गदर की तारीख तय हुई। रोटी और कमल फूल रुहेलखंड और अवध के घर-घर में पहुँचने लगे। दो साल में बुंदेलखंड और मेरठ होते हुए दिल्ली तक पहुँच गई। एक कमल का फूल बंगाल के बैरकपुर में सिपाही मंगल पांडेय के पास भी पहुँच चुका था।"

□

5

गुरिल्ला युद्ध

शूरवीर व अप्रतिम योद्धा बाबू वीर कुँवर सिंह ने नौ माह के युद्ध में कुल 15 भयानक लड़ाइयाँ लड़ीं। इस दौरान उन्होंने एक भी लड़ाई नहीं हारी। बेशक उनकी वीर गाथाएँ तो अद्‌भुत हैं ही, साथ ही उन्होंने जो युद्ध जीतने की पद्धति अपनाई, वो उस समय बाबू साहब के कुशल नेतृत्वकर्ता होने का भी प्रमाण है।

दुनिया के इतिहास में यह पहला उदाहरण है, जब इतने वृद्ध योद्धा ने इस तरह तलवार उठाकर फिरंगी सेना को युद्ध के लिए ललकारा!

हुकूमत की बुनियाद ढहाए चला जा।
जवानों को बागी बनाए चला जा॥
बरस आग बनकर फिरंगी के सर पे।
तकब्बुर की दुनिया ढहाए चला जा॥

विद्रोह की आग संपूर्ण भारत में अंदर-ही-अंदर जल रही थी। इस बात से सभी वाकिफ थे। मगर कोई इसके खिलाफ आवाज उठाने को तैयार नहीं था। कोई यह सोचने की भी हिमाकत नहीं कर सकता था कि इतने बड़े विद्रोह को आखिर कौन सी दिशा दी जाए? आखिर कौन बनेगा इसका ग्रास? सभी खुद को सुरक्षित रखते हुए इस जंग को जीतना चाहते थे। किसी अन्य के माथे इसका ठीकरा फोड़कर अपनी रियासत सुरक्षित रखना चाहते थे।

जगदीशपुर में भूसी की आग तरह कभी मंद, कभी धधकती विद्रोह की यह अग्नि आगे चलकर देशभर में सुलगती ज्वाला बन गई। इसमें विद्रोह की विशेष भूमिका रही। अंग्रेजी शासन के आरंभिक काल में ही 1772 ई. में रामगढ़ के राजा मुकुंद सिंह ने विद्रोह को दबाने के लिए बंगाल जा रही अंग्रेजों की फौज

के लिए रसद, छावनी और चकले का प्रबंध करने से इनकार किया, जिससे उन्हें पलामू (झारखंड) में निर्वासित होना पड़ा; पर इसी निर्वासन से विद्रोह की चिनगारियों को दक्षिण बिहार में बिखेर दिया। तमाड़ में यह आग 1789 से 1820 ई. तक जलती रही। 1831 ई. की 'कोल क्रांति' और 1853 ई. की 'संथाल क्रांति' इसी की कड़ियाँ थीं और इसी पृष्ठभूमि में आती है 1857 की महान् क्रांति।

10 मई, 1857 को मेरठ के भारतीय सैनिकों की स्वतंत्रता का उद्घोष बिहार में भी सुनाई दिया। पटना का कमिश्नर टेलर बहुत ही धूर्त ऑफिसर था। उसने हर गतिविधि से निबटने के लिए माकूल उपाय रच डाले थे। जैसे ही मेरठ की क्रांति का समाचार उसे मिला, उसने पटना में जासूसों का जाल बिछा दिया। इसके बाद तो जैसे चारों तरफ अंग्रेजी हुकूमत के खिलाफ भी लोग गोलबंद होने लगे।

देश में चारों ओर विद्रोह की ज्वाला फूट रही थी। उस वक्त कुँवर सिंह की उम्र लगभग 80 वर्ष थी, पर वह युवा योद्धा की तरह नजर आने लगे थे। स्वास्थ्य भी कुछ खास उनका साथ नहीं दे रहा था, मगर दिल में जज्बा देशभक्ति का था। अंग्रेजी हुकूमत के खिलाफ दिल में विद्रोह था। वैसे कुँवर सिंह की रियासत भूमि के मामले में संपन्न थी। एक बहुत बड़ी मुश्किल उनके साथ थी, तो वो ये कि वो अपने रियासती जागीर के प्रति बहुत ही उदासीन थे।

एक जगह तो अंग्रेज कमिश्नर टेलर ने कुँवर सिंह के बारे में लिखा है—'बाबू कुँवर सिंह जिला शाहाबाद की कीमती और लंबी-चौड़ी जागीरों के मालिक हैं। वे पुराने और भद्र परिवार से संबंध रखते हैं। सहृदय और लोकप्रिय कुँवर सिंह को उनके बटाईदार बहुत प्रेम करते है। जिले के देशी और यूरोपीय सभी उनकी इज्जत करते थे। शिक्षा के अभाव की वजह से कई बार रियासत अंग्रेजों की एक छोटी सी चाल में उलझ जाती थी और एजेंटों के हाथ की कठपुतली बनकर रह जाते थे। इन राजाओं में एक आदत हमेशा बनी रही, जिसमें पूर्वजों से मिली शाहखर्ची की आदतों के कारण उनके खर्च बहुत हुआ करते थे। यही वजह रही कि वे हमेशा उधार में दबे रहते हैं।'

अंग्रेजी सल्तनत का प्रभुत्व काफी हद तक जुल्म और आतातायी से भरा हुआ था। वैसे इतिहास गवाह है कि सन् 1857 से पहले भी आजादी के स्वर बिहार में अंग्रेजों के खिलाफ सन् 1845-46 में बुलंद हुए थे। प्रथम आंग्ल-सिक्ख युद्ध के दौरान अंग्रेज पश्चिमोत्तर सीमांत में व्यस्त थे, तो बिहार में कंपनी की सेना में शामिल सैनिकों को विद्रोह के लिए उकसाने के लिए षडयंत्र रचा जा रहा था। इसमें

अनेक मुसलमान जमींदार सक्रिय थे। जब वर्ष 1846 में इसकी जानकारी ब्रिटिश अधिकारियों को मिली तो अंग्रेजों ने उस उठते फन को ही कुचल डाला, जो आगे आजादी की लड़ाई को बढ़ा पाते।

देश में अंग्रेजी हुकूमत चरम पर थी। सब तरफ उनकी तूती बोलती थी। उनके खिलाफ उठती आवाज को हमेशा के लिए बंद कर दिया जाता था, ताकि उठती आवाज समूह में तब्दील न हो और अंग्रेजी हुकूमत के लिए घातक न बन जाए। अंग्रेजों के जुल्म से चारों तरफ दहशत थी। लोग आवाज उठाने से पहले अपनी और अपने परिवार की चिंता करने लग जाते थे। जो एक आम इंसान के अंदर हुआ करता है, लेकिन जुल्म सहते–सहते विद्रोह की ज्वाला एक दिन फूट पड़ी। नतीजा, अंग्रेजों की सत्ता को भारत में सबसे सशक्त जन–आंदोलन का सामना सन् 1857 में करना पड़ा। राष्ट्रीय भावना के जागरण के पहले, ब्रिटिश–विरोध की आंदोलन की शृंखला में 1857 का आंदोलन सबसे महत्त्वपूर्ण और अंतिम चुनौती भी सिद्ध हुआ। बिहार में भी इसका व्यापक प्रभाव पड़ा।

कहते हैं कि हर बार जुल्म और अतातायियों से निबटने के लिए गुलाम हिंदुस्तान में आवाज तो उठ रही थी। गुलामी की बेड़ियों से बाहर निकलने के लिए कसमसाहट हर किसी के दिल में पैदा हो रही थी, मगर इसकी अगुवाई कौन करे यह एक यक्ष प्रश्न था। वैसे इसकी लपट बिहार में सबसे अधिक देखने को मिल रही थी, तभी तो बिहार प्रांत में अंग्रेजों के चँगुल से मुक्त कराने की तैयारी सन् 1855 से ही शुरू हो चुकी थी। उस जमाने में वहाबी मुसलमानों की गतिविधियों का केंद्र भी बिहार बना हुआ था। इसी बीच नाना साहब पेशवा का संदेश मिलने के साथ ही संपूर्ण बिहार में गुप्त बैठकों का दौर शुरू हो गया। बैठकें भले ही गुप्त होती थीं, मगर अपने ही बीच कुछ ऐसे लोग भी थे, जो अंग्रेजों की मुखबिरी करते थे। इन्हीं बैठकों में शामिल क्रांतिकारी वारिस अली के तेवर इतने तल्ख थे कि उससे सभी को बड़ी उम्मीदें थीं, लेकिन होनी को कुछ और ही मंजूर था। क्रांतिकारी वारिस अली अंग्रेजों की गिरफ्त में आ गया। उनके घर से कुछ सेनानियों के नाम और पते, जो योजना के तहत तय थे, मिल गए। फिर क्या था, अंग्रेजों ने सेनानियों को पकड़कर सारी योजना पर पानी फेर दिया, इससे संगठन कमजोर पड़ गया।

अंग्रेजी हुकूमत के द्वारा 1857 में जब्त रियासतों में जगदीशपुर भी बड़ी रियासत थी। कुँवर सिंह और अमर सिंह के 528 महालों को जब्त किया गया, जिसमें आरा के 85, बिहिया के 53, पंवार के 53, पीरो के 248, नोनउर के

128, भोजपुर के 06, सासाराम के 10 और रोहतास के तीन महाल शामिल थे। इतना ही नहीं, वर्ष 1858 तक अमर सिंह के कब्जे वाले 40 गाँवों पर भी कब्जा कर लिया गया था। यह एक बड़ा कारण बना अंग्रेजों से मुकाबला करने का। बहुत दिनों तक किसी तरह काम चलता रहा। जब अंग्रेजों ने चाप चढ़ानी शुरू की, तंग करने लगे तो भला और कितना कोई सहेगा! और इस तरह विद्रोह का बिगुल बज गया।

आम लोग से लेकर विद्रोही तक धरमन बीबी की काफी इज्जत करते थे। धरमन एक नर्तकी भर नहीं, बल्कि एक पूरी नारी थी। वो हर मर्ज की दवा थी। हमेशा मंद मुसकान के साथ हर समस्या को सुलझाने वाली महिला थीं। इन पर कोई ऐसे हीं नहीं फिदा था। धरमन की भूमिका ही ऐसी होती थी कि इज्जत और मोहब्बत दोनों ही उसके दामन में खुद-ब-खुद भर जाती थीं। दुलौर के युद्ध में शिकस्त के बाद कुँवर सिंह और उनके छोटे भाई अमर सिंह के बीच कुछ अनबन हो गई थी, जिसे धरमन ने अपनी पहल से दूर किया। उन्होंने दोनों भाइयों के बीच बढ़ती खाईं को पाटते हुए फिर से संबंध में मिठास घोलने का काम किया। यही वजह थी कि अमर सिंह धरमन को अपनी भाभी से कम इज्जत नहीं देते थे। सच तो यह है कि धरमन सैनिकों और सिपहसालारों के बीच एक सशक्त कड़ी थी।

राज रियासत की अपनी अलग परंपरा होती है। किसी भी युद्ध में जाने से पूर्व बड़ों से आशीर्वाद स्वरूप राजतिलक, अस्त्र-शस्त्र की पूजा-अर्चना की जाती है। जगदीशपुर रियासत की भी अपनी परंपरा के अनुसार बाबू साहब जब कभी भी युद्ध लड़ने या किसी अन्य शुभ कार्य के लिए जगदीशपुर से बाहर के लिए निकलते थे, तो झझरिया पोखरा (तालाब) से पश्चिम अपने द्वारा बनवाए गए भव्य देवादिदेव महादेव के मंदिर में पूजा-अर्चना करने के उपरांत ही कदम को लक्ष्य की तरफ बढ़ाते थे। यह वही मंदिर है, जहाँ बाबू साहब प्रथम स्वतंत्रता संग्राम में अंग्रेजों से दो-दो हाथ करने के लिए निकले थे। मंदिर में पूजा करके जैसे ही निकले; अंग्रेजों को इसकी भनक लग गई और आनन-फानन में अंग्रेजी फौज वहाँ आ गई। जब बाबू साहब को वहाँ नहीं देखा तो खिसियानी बिल्ली खंभा नोचने की तरह बाबू साहब की आस्था के मंदिर को ही तुड़वा दिया। वर्तमान समय में इस मंदिर का अस्तित्व भी वहाँ मौजूद नहीं है। अब तो उस जगह पर सरकारी दफ्तर बना दिए गए हैं।

युद्ध और रणनीति

युद्ध लड़ने से ज्यादा उसके लिए माकूल रणनीति का होना बहुत जरूरी है। युद्ध के किन पहलुओं पर किस तरह से किससे लड़ना होगा, यदि कहीं मुसीबत आ जाए तो उससे कैसे निबटना होगा, जैसी अनेक बातों को ध्यान में रखकर आगे कदम को बढ़ाया जाता है। इसी लिहाज से बाबू कुँवर सिंह ने सेना को पाँच भागों में बाँटने का निर्णय लिया। सेना के लिए एक ट्रूप (ग्रुप) का होना बहुत जरूरी है। बाबू साहब ने अपनी सेना को पाँच भागों में बाँटकर रखा था, जिसमें—

(1) राणा कमान, (2) शिवा कमान, (3) टीपू कमान, (4) बजरंगी कमान और (5) चंडी कमान थीं।

जबकि सभी पाँचों सेना की टूकड़ियों के लिए हरेकृष्ण को सेनापति बनाया गया और उन्हें 'सलार-ए-जंग' की पदवी प्रदान की गई। इतना ही नहीं, युद्धनीति को और मजबूत करने के लिए कई ब्रिगेडों को भी बनाया गया। ब्रिगेडों की पहचान के लिए इनका विभिन्न गाँवों के नाम पर नामकरण कर दिया गया। इस तरह से बनाए गए संगठन ने हीं बाबू साहब को उनकी हर लड़ाई में परचम लहराने में सफलता प्रदान की।

"धरमन की फौजी काबिलियत की किसी को जानकरी नहीं थी। उन्हें सभी एक नर्तकी और बाबू साहब की प्रेयसी के रूप में ही जानते थे। लेकिन जब वो बाबू साहब के साथ युद्ध में चलने को जिद्द कर बैठीं तो बाबू साहब को भी उस जिद्द के आगे झुकना पड़ा। फिर, युद्ध करने के लिए धरमन बीबी बाबू साहब के साथ निकल पड़ीं। देश को गुलामी की जंजीर से मुक्त कराने के लिए, कल की नृत्यांगना अपने नृत्य से सबके दिलों पर राज करती थी। बाबू साहब को अपना मुरीद बनाने वाली धरमन भला युद्ध के मैदान में क्या कर सकती हैं! कई लोग इन बातों को सोच रहे थे। मगर किसी की हिम्मत नहीं होती कि बाबू साहब से इस सवाल को पूछ सकें, सभी अपनी-अपनी तैयारी में जुट गए।"

बाबू साहब ने धरमन की तरफ आँख उठाकर देखा तो अवाक् रह गए। धरमन की आँखों में तेज था, उसके अंग-अंग जैसे फड़क रहे थे। मानों वह उस शेरनी की तरह दिख रही थी। जैसे शेरनी के बच्चे को किसी ने छेड़ दिया हो, वह उसका बदला लेने के लिए फुँफकार मार रही थी। वैसे भी नारी को शक्ति माना गया है। जब वह उठ खड़ी होती है तो धरती भी हिल जाती है। उसकी हर बात मानने को चारों दिशाएँ भी आतुर होती हैं। किसी को पता भी नहीं चला और पल में बाबू साहब की नजर

पड़ी तो देखा कि लड़ाकू वेश में धरमन उनके सामने खड़ी हैं। बस, एक छलाँग लगाकर घोड़े पर सवार होकर निकलने भर की देर है।

बाबू साहब युद्ध करते-करते जैसे ही बनारस की तरफ बढ़े, उनके बढ़ते वर्चस्व को देखते हुए लखनऊ क्षेत्र के तमाम विद्रोही सैनिक बाबू कुँवर सिंह के साथ कदम-से-कदम मिलाकर चलने के लिए उनकी सेना में आकर शामिल हो गए। बाबू साहब बनारस के उत्तर किनारे बढ़ रहे थे। इसी बीच 6 अप्रैल को अहले सुबह लॉर्ड मार्कर की सेना ने बाबू साहब की सेना के रास्ते को रोकने के लिहाज से उनपर हमला कर दिया। लखनऊ क्षेत्र की रियासतों के सहयोग के बाद कुँवर सिंह की सेना पहले से बहुत ज्यादा मजबूत हो चुकी थी। ऐसे में किसी भी स्तर पर बाजी बाबू साहब के हाथ में ही नजर आ रही थी। युद्ध के दौरान कुछ हुआ भी ऐसा ही और युद्ध में लॉर्ड मार्कर बुरी तरह से पराजित हो गया। युद्ध में पराजित होने के बाद लॉर्ड अपनी जान बचाने के लिए आजमगढ़ की तरफ भाग निकला। सभी अंग्रेज नायकों की कुटनीति से गुस्साए बाबू साहब ने मार्कर का आजमगढ़ किले की तरफ भागते हुए पीछा किया। जैसे ही उसने किले में पनाह ली, उसके बाद कुँवर सिंह ने किले की जबरदस्त घेराबंदी कर दी।

10 मई, 1857 से इस महासमर के कुछ दिन गुजरने के बाद दिल्ली पर अंग्रेजों ने फिर से एक बार अधिकार कर लिया। इसके कुछ दिन बाद ही 1857 के महासमर की लपट अवध और बिहार क्षेत्र में धधकने लगी। दानापुर से क्रांतिकारी सेना जैसे ही जगदीशपुर पहुँची, योद्धा कुँवर सिंह ने शस्त्र उठाकर सबका स्वागत करते हुए नेतृत्व को सँभाल लिया। सेना जब एकजुट हुई तो एक ताकत के रूप में उभरी और उभरने के साथ ही सबसे पहले आरा पर हमला बोल दिया। इस हमले में अंग्रेजी सेना के खजाने को अपने कब्जे में ले लिया। यह लड़ाई यहीं तक आकर ही नहीं थमी, बल्कि जेलखाने से कैदियों को भी रिहा करा दिया। सरकारी दफ्तरों को ढाहकर आरा किले को अपने कब्जे में ले लिया। जब किले के अंदर प्रवेश किया तो वहाँ मौजूद सिपाही सिक्ख और अंग्रेज थे।

घेराबंदी के तीन दिन गुजर गए। इसकी खबर जंगल में आग की तरह फैल गई। दानापुर से कैप्टन डनवर और उनके चार सौ सिपाहियों ने कुँवर सिंह की सेना से लोहा लिया। युद्ध में डनवर मारा गया। इस घटना के बाद बाकी के सिपाही भाग खड़े हुए। पूरे आरा और उसके किले पर बाबू साहब का कब्जा हो गया। इस कब्जे के बाद बौखलाई अंग्रेजी सेना एक पल भी चैन से नहीं बैठी और उसने मेजर आयर के नेतृत्व में आरा पर कुछ दिनों के बाद ही चढ़ाई कर दी। इस चढ़ाई में बाबू साहब

की सेना को मुँह की खानी पड़ी और अंग्रेजों ने आरा के किले पर फिर से एक बार कब्जा जमा लिया।

मजिस्ट्रेट ने कुँवर पर लगाया आरोप

12 जून, 1857 को देवघर जिले के रोहिणी गाँव में सैनिक विद्रोह के साथ संघर्ष आरंभ हुआ। दो अंग्रेज अधिकारी मारे गए, मगर विद्रोह विफल रहा और उन तीन आरोपी भारतीय सैनिकों को मृत्यु दंड दिया गया, जो उस विद्रोह में शामिल थे।

दूसरी तरफ जून 1857 में ही वहाबी नेताओं को गिरफ्तार किया गया और विद्रोहियों को फाँसी दे दी गई। तब शाहाबाद के मजिस्ट्रेट वेक ने खुलेआम कुँवर सिंह पर सिपाहियों के साथ मिलीभगत का आरोप लगाया। इन खबरों पर बातचीत करने के लिए जुलाई में टेलर ने उन्हें पटना बुलाया। खराब स्वास्थ्य का बहाना बनाकर कुँवर सिंह ने यह यात्रा रद्द कर दी। वहाबी नेताओं के साथ जो हुआ, उसके आधार पर कुँवर सिंह जानते थे कि टेलर का न्योता उनकी गिरफ्तारी का षडयंत्र भी हो सकता है! वेक के आरोपों और टेलर के न्योते ने कुँवर सिंह को चौकन्ना कर दिया था। वे विद्रोह में अपनी भूमिका पर विचार कर ही रहे थे कि विद्रोहियों ने आरा से आकर उनसे नेतृत्व करने की प्रार्थना की। ज्यादातर सिपाही राजपूत थे और उनके बटाईदार भी थे।

उनकी सैनिक शिक्षा न के बराबर थी, लेकिन राजा होने के कारण उन्हें अपने आप पर पूरा भरोसा था। कुँवर सिंह के मुख्य सेना नायकों में उनके भाई अमर सिंह, उनके भतीजे रिपुभंजन सिंह, उनके तहसीलदार हरकिशन सिंह और उनके मित्र निशान सिंह शामिल थे।

अंग्रेजो द्वारा दिल्ली पर पुनः फतह करने के बाद भी महासमर की ज्वाला बिहार और अवध के क्षेत्र में धधकती रही। दानापुर छावनी की क्रांतिकारी सेना के जगदीशपुर आगमन के साथ ही आजादी के दीवाने योद्धा कुँवर सिंह ने शस्त्र उठाकर इस सेना का भव्य स्वागत किया। इसके साथ ही इनके नेतृत्व करने का जिम्मा भी सँभाल लिया। कमान सँभालते ही इस सेना ने सबसे पहले आरा पर धावा बोल दिया। हमला कर इस कदर कोहराम मचाया कि अंग्रेजी सेना पर क्रांतिकारी सेना इतनी हावी हो गई कि आरा के अंग्रेजी खजाने पर कब्जा कर लिया। जेल में बंद कैदियों को भी रिहा करा दिया। इससे भी जब जी नहीं भरा तो अंग्रेजी दफ्तरों को ढाहकर आरा के छोटे से किले को अपने घेरे में ले लिया।

फिर, वे यूरोपियों की तलाश में निकले और आरा हाउस पर हमला कर दिया। यहाँ घिरे अंग्रेजों को बचाने के लिए बंगाल तोपखाने के मेजर विंसेंट को भेजा गया। विंसेंट को जिस जंगल को पार करना था, उसके साथ जोरदार लड़ाई हुई। विंसेंट के तोपखाने और एनफील्ड राइफलों के सामने सिपाहियों की हर कोशिश निष्प्रभावी साबित हुईं।

इस हार से कुँवर सिंह विचलित होने की बजाए एक बार फिर से नए तेवर में लौट आए। वे आरा से अपने पूर्वजों के किले जगदीशपुर में आ गए, जहाँ विंसेंट ने उनका पीछा किया। यहाँ भी कड़ा मुकाबला हुआ, लेकिन आरा की तरह यहाँ भी अंग्रेजों को अपने उन्नत हथियारों का लाभ मिला। दुश्मन की बढ़ी हुई शक्ति देखकर कुँवर सिंह एक रात जगदीशपुर से 1700 सैनिकों को साथ लेकर निकल गए।

लाख मुश्किलों के बाद भी विद्रोहियों का उत्साह नहीं थमा। समस्त पश्चिमी बिहार में उपद्रव फैल गया। कैमूर की पहाड़ियों में मोरचाबंदी करके बाबू अमर सिंह अंग्रेजी हुकूमत के खिलाफ संघर्ष करते रहे।

इसी बीच बाबू साहब ने मिर्जापुर (उत्तर प्रदेश) के निकट विजयगढ़ में पड़ाव डाला। वहाँ से रीवाँ और बांदा के क्षेत्रों से होते हुए वे काल्पी पहुँचे। उन्होंने तात्या टोपे से संपर्क बनाने का प्रयास किया। उसके बाद वे लखनऊ पहुँचे, जहाँ अवध के दरबार से उन्हें सम्मान और सहयोग मिला। अवध के शाह ने कुँवर सिंह को आजमगढ़ जिला के लिए एक फरमान दिया था। दिसंबर 1857 में कुँवर सिंह ने नाना साहब के साथ मिलकर कानपुर में अंग्रेजों से युद्ध किया। तत्पश्चात् उन्होंने आजमगढ़ में अंग्रेजों को पराजित किया। गवर्नर जनरल लॉर्ड कैनिंग ने कुँवर सिंह के विरुद्ध सैनिक काररवाई का कड़ा आदेश दिया और अंग्रेजों का सैनिक दबाव उनपर बढ़ने लगा था। 1857 के महासंग्राम को छोड़कर अन्य ऐसे सभी विद्रोहों का प्रभाव भी सीमित क्षेत्रों में ही रहा था। 1857 के संघर्ष का भी प्रभाव उत्तरी और मध्य भारत तक सीमित क्षेत्रों में ही रहा था। वहाबी आंदोलन, सीमित विद्रोहों और 1857 के संग्राम ने बिहारवासियों पर गहरा प्रभाव छोड़ा था।

(स्त्रोत—बिहार एक परिचय, लेखक- कमर अहसन, इमतियाज अहमद)

नवाब अली बहादुर द्वितीय ने 1857 के विद्रोह के दौरान अंग्रेजों के खिलाफ स्वतंत्रता-संग्राम में सक्रिय रूप से भाग लिया, तब बांदा जिले के निवासियों ने पूर्वी जिलों से आने वाले स्वतंत्रता सेनानियों से प्रेरित होकर ब्रिटिश शासन के खिलाफ बड़ी संख्या में हथियार उठा लिये। 14 जून को ब्रिटिश अधिकारियों ने बांदा छोड़ दिया और नवाब ने खुद को स्वतंत्र घोषित कर दिया। बांदा के नवाब ने न केवल

बांदा में अपने शासन का आयोजन किया, बल्कि बुंदेलखंड में कई और क्रांतिकारी प्रयासों में सहायता की। इस बीच 1857 विद्रोह के महानायक बाबू कुँवर सिंह उम्र के इस पड़ाव पर भी आगे बढ़ते ही जा रहे थे। इनसे सभी लोग प्रभावित होकर इनका साथ निभा रहे थे। इनके रणनीति कौशल की चारों तरफ चर्चा होने लगी थी कि आखिर कौन बना रहा है बाबू साहब की रणनीति? इस बात को अंग्रेज भी जानना चाह रहे थे।

19 जून, 1857 को पटना के तीन प्रतिष्ठित मुसलमानों मो. हुसैन, अहमदुल्लाह और वायजुल हक को धोखे से बंदी बना लिया था और घर को पूर्णतः ढाह दिया और उस स्थान पर एक कत्बा (तख्ती) लगाकर लोगों को विद्रोह करने के भयानक परिणामों की चेतावनी दी। पीर अली के साथ-साथ 16 और विद्रोहियों को भी मृत्युदंड दिया गया। इसके बाद पटना में किताब बेचने वाले पीर अली को क्रांतिकारी संगठन का मुखिया बनाया गया।

3 जुलाई, 1857 को पटना सिटी में अंग्रेजों के विरुद्ध संघर्ष पुनः आरंभ हुआ। इसका नेतृत्व गुरहट्टा मोहल्ला के एक पुस्तक-विक्रेता पीर अली द्वारा ग्रहण किया गया। निर्धारित तिथि को लगभग दो सौ क्रांतिकारी अस्त्र-शस्त्र, जो उनके पास उपलब्ध थे, को लेकर पटना की सड़कों पर उतर गए। चारों तरफ कोहराम मच गया। अंग्रेजों ने बिगड़ती स्थिति को देखते हुए सिख सैनिको की सहायता से उन्हें परास्त कर दिया। पीर अली सहित कई क्रांतिकारी गिरफ्तार कर लिये गए। इसके बाद स्थिति कहीं बिगड़ न जाए, इसको ध्यान में रखते हुए सभी को फाँसी पर लटका दिया गया। बिहार में अफीम व्यापार के एजेंट, लायल ने विद्रोह के दमन का प्रयास किया, मगर अपने सैनिकों सहित मारा गया। पटना के कमिश्नर टेलर ने विद्रोह के दमन के कठोर उपाय किए। उसने पहले ही पटना के निवासियों पर अनेक प्रतिबंध लगा रखे थे।

पीर अली को मृत्यदंड दिए जाने की सूचना दानापुर छावनी पहुँची। छावनी के भारतीय सैनिक तो पहले से लड़ाई के लिए तैयार बैठे थे। 25 जुलाई, 1857 को मुजफ्फरपुर में भी अंग्रेज अधिकारियों की असंतुष्ट सैनिकों ने हत्या कर डाली। उसी दिन दानापुर में तीन रेजीमेंटों के सैनिक विद्रोही हो गए और इन्होंने शाहाबाद जिले में प्रवेश कर जगदीशपुर के जमींदार बाबू वीर कुँवर सिंह से मिलकर विद्रोह आरंभ किया।

छावनी में जितने भी अंग्रेज सिपाही और ऑफिसर थे, उन सबको मौत के घाट उतारकर मतवाले हाथी की तरह जगदीशपुर की तरफ बढ़ने लगे। इन सैनिकों

को लगा कि देशभर में फैले अंग्रेजों से युद्ध करने के लिए किसी योग्य नेतृत्वकर्ता का होना जरूरी है। इसी सोच के साथ जगदीशपुर बढ़ चले, क्योंकि इन्हें भरोसा था कि एकमात्र वीर योद्धा कुँवर सिंह ही इनका बेहतर नेतृत्व कर सकता है। दानापुर के विद्रोही सैनिक जैसे ही जगदीशपुर पहुँचे, कुँवर सिंह ने इनका भव्य स्वागत किया और इनके अंदर के जज्बे को देखकर अंग्रेजों को सबक सिखाने के लिए रणभूमि में खड़े हो गए।

विवरण बताते हैं कि फाँसी चढ़ने वालों के चेहरों पर शहादत की खामोश आभा थी। गिरफ्तारी के समय पीर बख्श ने कहा था—'आप मुझे क्या, सैकड़ों और लोगों को भी फाँसी दे दें, पर उससे आपका मतलब पूरा नहीं होगा। एक-एक शहीद के बदले सौ-सौ दूसरे शहीद उठ खड़े होंगे।' वीर कुँवर सिंह के प्रतिनिधि हरकिशन सिंह और रणबलन सिंह दानापुर छावनी गए। हिंदुस्तानी पलटन के जवानों से खुफिया बातें कीं। सुगबुगाहट हुई, अंग्रेज अधिकारियों का विश्वास हिंदुस्तानी जवानों से उठ गया। उन्हें निःशस्त्र करने का निर्णय हुआ। 25 जुलाई को ही प्रातःकाल छावनी-मैदान में ज्योंही शस्त्र जमा करने का हुक्म हुआ, उसके बाद इन्होंने खुला विद्रोह कर दिया। लॉयड जान बचाकर भागा, मुक्ति पलटन जगदीशपुर की ओर चली। 26 जुलाई को आरा पहुँचकर वीर कुँवर सिंह को अभिषेकी सलामी दी और उन्हें अपना नेता स्वीकार किया। तब से बाबू साहब ने जो उनका काम सँभाला तो अंतिम साँस तक लड़ते रहे। विद्रोहियों को दबाने के लिए दानापुर से डनवर के नेतृत्व में जो गोरी फौज चली, उससे कुल्हड़िया के पास गांगी नाला पर विद्रोही सैनिकों से मुठभेड़ हुई। डनवर मारा गया और इसकी लगभग पूरी फौज नष्ट हो गई। वीर कुँवर सिंह शासक घोषित हुए और विभागों में कंपनी के अफसरों और अमलों की जगह वीर कुँवर सिंह द्वारा संस्थापित प्रथम स्वतंत्र भारतीय सरकार के अधिकारी और सेवक बैठे। सभी कार्य बिना प्रतिरोध हो गए और जन कार्य इस सामान्य और सुचारु रूप से चलने लगे, जैसे यह नई सरकार सदा के लिए स्थापित हो गई हो! आरा छावनी घेर ली गई थी। बड़ी संख्या में स्वयं सैनिकों के आ जाने से एक बड़ी सेना भी स्वतः बन गई। सेना की नावों पर महाराजा कुँवर सिंह की पताका लहराने लगी। पटना पर चढ़ाई की तैयारी हुई, अन्न तो इतना जमा हुआ कि दस हजार आदमी छह महीने खा सकें, पर तभी गंगा मार्ग से स्टीमर द्वारा इलाहाबाद जा रही बंगाल की तोप-सेना मेजर विंसेंट आयर के साथ सूचना पाकर आरा की ओर मुड़ी।

30 जुलाई, 1857 को सरकार द्वारा तत्कालीन सारण, तिरहुत, चंपारण और पटना जिलों में सैनिक शासन लागू कर दिया गया। अगस्त महीने में भागलपुर में

विद्रोह भड़क उठा, विद्रोहियों ने गया पहुँचकर वहाँ कैद 400 लोगों को मुक्त करा लिया। टिकारी राज पर भी हमला हुआ और वहाँ से दस हजार रुपए लूट लिये गए। उसके उपरांत सैनिक रोहतास और सहसराम क्षेत्र के विद्रोही जमींदारों से जा मिले। राजगीर, बिहारशरीफ, गया और अन्य क्षेत्रों में भी विद्रोह आरंभ हो गया, मगर उन्हें जल्दी ही दबा दिया गया।

बीबीगंज में 2–3 अगस्त को वीर कुँवर सिंह की नवगठित सेना के साथ उसका भीषण युद्ध हुआ। जवानों ने शौर्य और दक्षता का अपूर्व प्रदर्शन किया, लेकिन गोरी फौज की तोपों के सामने लड़ना संभव न था। पटना प्रमंडल के आयुक्त विलियम टेलर बहुत ही क्रूर और साहसी था, उसमें आतंक और हिंसा की भावना भरी हुई थी। हर बागी की सजा उसके विचार से मौत हुआ करती थी। उसने पटना में कई विद्रोहियों को फाँसी पर लटका दिया था और कई विद्रोहियों का घर जमींदोज कर दिया था। पटना के नवाब एवं प्रतिष्ठित बैंकर लुफ्त अली खान को विलियम टेलर ने बहुत ज्यादा परेशान किया था, मगर वे हर बार कोर्ट से बरी हो गए थे। टेलर ने उनके केस को दुबारा खुलवाया, मगर फिर वे कोर्ट से बरी हो गए थे। विलियम टेलर के हिंसक व्यवहार से लेफ्टिनेंट गवर्नर फेडरेक हालिडे उससे बहुत ही खफा रहते थे। उसके इस व्यवहार से दु:खी होकर, बंगाल के लेफ्टीनेंट गवर्नर फेडरेक हालिडे ने अंत में 4 अगस्त, 1857 को टेलर का पटना से तबादला कर दिया था।

नि:सर्ग-सिद्ध संचालक महाराजा कुँवर सिंह ने जंगल में छिपकर तत्काल युद्ध जारी रखने और विद्रोह को अखिल भारतीय स्तर पर संगठित करने का निर्णय किया। उन्होंने जगदीशपुर आकर नगर की गढ़बंदी की, कुछ तोपें इकट्ठी करने, तोप बनाने का कारखाना खड़ा करने तथा आसपास के जमींदारों से सहायता माँगने (जो उन्हें कभी नहीं मिली) की पेशकश की, पर इसी बीच 12 अगस्त को कैप्टन रेडरे तोपों से सज्जित एक फौज लेकर जगदीशपुर की ओर आ धमका। विद्रोही सिपाहियों और भोजपुर, छपरा तथा बलिया के देहाती जवानों से बनी वीर कुँवर सिंह की सेना ने दलौर में इससे घमासान युद्ध किया और उनके हाथी तोप खींचने के काम में लाए गए और एक बार फिर तोपों के सामने विद्रोहियों का टिकना असंभव हो गया। वे फिर हटकर जंगलों में आ गए और वीर कुँवर सिंह के सबसे छोटे भाई अमर सिंह समेत सबने आजीवन बागी रहकर वीर कुँवर सिंह के नेतृत्व में लड़ने का संकल्प लिया।

अपनी बची सेना के साथ बाबू साहब जगदीशपुर वापस लौट आए, अभी आगे की रणनीति बनाते, इससे पहले ही मेजर आयर ने उनका पीछा किया।

कुँवर सिंह की सेना से जमकर युद्ध किया और जगदीशपुर को भी कब्जे में ले लिया। इस हार से बाबू साहब घबरा गए। अपने 122 सैनिकों और परिवार के बच्चों और स्त्रियों के साथ बाबू साहब को जगदीशपुर छोड़कर भागना पड़ा। आयर जगदीशपुर 12 अगस्त, 1857 को पहुँचा, परंतु कुशल योद्धा कुँवर सिंह जगदीशपुर छोड़ चुके थे तथा नोखा की ओर बढ़कर क्रांति का शंखनाद करने के लिए आगे चले गए। आयर ने जगदीशपुर को लूटा, कुँवर सिंह के गढ़ को ढहा दिया, मंदिरों को नष्ट करवा दिया, कुँवर सिंह द्वारा निर्मित शिव मंदिर गिरा दिया, जहाँ आज नगर पंचायत कार्यालय अवस्थित है। आयर ने अपना रोष कुँवर सिंह के भाई दयाल सिंह के गढ़ दलीपपुर पर प्रकट किया। मिठहाँ जाकर अमर सिंह के मकान को नष्ट किया, उसे जला डाला, मानो उसने भरपूर बदला ले लिया; परंतु स्वाधीनता के पुजारी बाबू कुँवर सिंह पर इसका कोई प्रभाव नहीं पड़ा। वे निराश होने वाले व्यक्ति नहीं थे। बाबू साहब अदम्य उत्साह एवं साहस के प्रतीक थे। वे संपूर्ण क्षेत्र में निर्भीक भावना एवं स्वातंत्र्य की दीपशिखा प्रज्जवलित करते गढ़ नोखा क्षेत्र की ओर बढ़ते हुए आजादी के सूरमाओं के साथ स्वातंत्र्य का अलख जगाने के लिए पश्चिमी उत्तरी प्रदेश के नेताओं से मिलने निकल पड़े। अविभाजित बिहार के हजारीबाग के देशी सैनिकों ने भी उनका साथ दिया। 15 नवंबर, 2000 को बिहार से झारखंड राज्य अलग हुआ था। हजारीबाग अब झारखंड राज्य के अंतर्गत आता है। संपूर्ण शाहाबाद स्वाधीनता की युद्धाग्नि से प्रज्जवलित हो रहा था। इसी बीच पलामू, गया, हजारीबाग, मुजफ्फरपुर, सिंहभूम में भी अंग्रेजों के विरूद्ध वातावरण तैयार हो रहा था। सदल-बल देशी सैनिकों और अपने सैनिकों के साथ बाबू कुँवर सिंह मिर्जापुर होते हुए रीवाँ पहुँचे। रीवाँ से बांदा गए तथा क्रांति के प्रचारक नेताओं से संपर्क करना तथा स्वतंत्र्य भाव की रक्षा करना उनका अग्रिम कार्य हो गया। अब वे बिहार के ही नहीं, संपूर्ण राष्ट्र के क्रांति के सूत्रधार बन गए।

आसपास की बस्तियों में जुल्म और अत्याचार की बेशुमार घटनाएँ हुई, सब जंगल-वासी हो गए। इस प्रकार इस बागी धारा के वनवास का इतिहास, जिसे हम ऊपर सांकेतित करते रहे हैं, फिर पुनरावृति होता है और आरंभ होता है वह महाभिनिष्क्रिमण (गृह त्याग), जिसे भोजपुरी भाषा आज भी 'भोजपुर के पराह' नाम से याद करती है।

अब भोजपुर से रोहतास तक फैले जंगल की छावनी से मुक्ति-अभियान का संचालन होने लगा। इसके सूत्रधार थे लंबे कद और खुले मिजाज, अडिग संकल्प

और पक्के चरित्र के सेनापति वीर कुँवर सिंह, जिनकी रग-रग में आन और वीरता कौंधती थी। उन्हीं के कद और शक्ल के उनके सबसे छोटे भाई अमर सिंह प्रमुख साथी थे, जिनके शौर्य और समर-विवेक की प्रशंसा करते तत्कालीन कवि थकते नहीं, जो अग्रज की अनुपस्थिति में भोजपुर की कमान योग्यतापूर्वक सँभालते रहे। बाबू कुँवर सिंह की मृत्यु के बाद इस मुक्ति-संग्राम के सर्वोपरि नेता रहे, बड्डीपुर के 30 वर्षीय हरकिशन सिंह, जिन्हें वीर कुँवर सिंह ने 'सालार जंग' की उपाधि दी थी, जिन्होंने 'हरजंग' और 'फतहजंग' नाम की दो फौजों का निर्माण किया था और कुँवर सिंह की मृत्यु के बाद मुक्ति-सेना के सेनापति हुए।

टिकारी राज के संदर्भ में टिकारी (गया) के रजनीश वाजपेयी लिखते हैं कि स्वाधीनता की चिनगारी टिकारी शहर में भी सुलग रही थी। इसकी आँच टिकारी राजपरिवार तक 1857 के स्वतंत्रता आंदोलन से ही लग गई थी। टिकारी राज के प्रथम राजा, महाराजा हितनारायण सिंह की पत्नी महारानी इंद्रजीत कुँवर, जो कि धार्मिक, देशभक्त महिला थीं। देश के पराधीन होने का दु:ख उन्हें बराबर बेचैन कर दिया करता था। मगध में स्वतंत्रता आंदोलन की शुरुआत महारानी के द्वारा कर दी गई थी। टिकारी राज के पास उन्नत तोपखाना था, इसलिए अंग्रेज अफसर की बिहार के किसी राज पर नजर थी तो टिकारी राज की महारानी पर थी। महारानी इंद्रजीत कुँवर के हृदय में राष्ट्रीयता की भावना कण-कण में बसी हुई थी। वह अपने देश को पराधीन नहीं देखना चाहती थी। बाबू वीर कुँवर सिंह के निमंत्रण पर महारानी स्वतंत्रता आंदोलन में भाग लेने के लिए सोन नदी के किनारे तक जा पहुँची थीं, उस समय महारानी पर्शियन योद्धा की तरह पोशाक पहनी हुई थीं। महारानी के सोन नदी तक आ जाने की सूचना पाकर, महारानी के संबंधी जमींदार और स्वतंत्रता आंदोलन के सेनानी बाबू फूल सिंह ने वहाँ जाकर महारानी को काफी समझाया। उनके समझाने पर महारानी मान गईं और अपनी सेना और तोपखाना को वहीं पर छोड़कर वापस लौट गईं। महारानी को पर्शियन पोशाक पहनने के कारण अंग्रेज उन्हें पहचान नहीं पाए थे। इस आंदोलन में टिकारी महारानी और राजपरिवार की अप्रत्यक्ष भूमिका थी। कहीं पर भी टिकारी राजपरिवार की भूमिका प्रत्यक्ष रूप में अंग्रेज ऑफिसर द्वारा नहीं देखी गई थी।

पटना के तत्कालीन आयुक्त विलियम टेलर को टिकारी राजपरिवार की भूमिका पर शक हो गया था। विलियम टेलर ने अपने जासूस टिकारी राज के आसपास लगा दिए थे। टिकारी राज उस समय बहुत बड़ी रियासत था, इसलिए स्वाभाविक रूप से उन्हें टिकारी राज के क्रिया-कलाप पर पैनी नजर रखना जरूरी था। टिकारी राज के

द्वारा अप्रत्यक्ष तौर पर स्वतंत्रता आंदोलनकारियों को मदद पहुँचाई जा रही थी और उसे आर्थिक मदद दी जा रही थी।

पटना के आयुक्त विलियम टेलर को महारानी के सन् 1857 के स्वाधीनता आंदोलनकारियों को आश्रय और आर्थिक मदद देने का पक्का यकीन हो गया था। विलयम टेलर ने उस समय कोलकात्ता में ब्रिटिश राज के प्रांतीय लेफ्टिनेंट गवर्नर फेडेरेक हालीडे को टिकारी राज के क्रिया-कलाप पर विस्तृत रूप से पत्र लिखा। पत्र के अंत में टेलर ने फेडरेक हालीडे से टिकारी किला को ढाहकर नेस्तनाबूद कर देने के लिए आदेश माँगा, पर लेफ्टिनेंट गवर्नर ने टेलर को इसकी इजाजत नहीं दी। विलियम टेलर ने इस कार्य में पटना प्रमंडल में तैनात गया जिला के मजिस्ट्रेट जे. एम. लेविस का भी सहयोग प्राप्त कर लिया था।

गया के तत्कालीन कलक्टर एलंजो मनी लिखते हैं कि—वे शेरघाटी में विद्रोहियों को कुचलने की काररवाई में लगे थे, उसी समय पटना प्रमंडल के आयुक्त विलियम टेलर का पत्र आया। उसमें उन्होंने लिखा था कि आप तुरंत टिकारी राज कुच कर जाइए, वहाँ सात आना के राजा मोद नारायण सिंह ने किले के चारों ओर करीब 200 तोपें लगा रखी हैं। एलंजो मनी ने तुरंत एक जासूस को पता लगाने के लिए टिकारी राज भेजा। जासूस के आने की खबर मिलते ही राजा ने सभी तोपों को वापस अपने किला परिसर में मँगा लिया था। उस समय टिकारी और गया में पकड़े गए विद्रोहियों के अस्त्र-शस्त्र टिकारी राज के शस्त्रागार में रखे हथियारों से मेल खाते थे। अंग्रेज अधिकारियों ने टिकारी राज के हथियार और किले में रखी 200 तोपों को जब्त कर लिया।

उस समय टिकारी राज के अंतर्गत दाऊद नगर में टिकारी राज के लिए पीतल की तोप बनाने का कारखाना था, वहाँ उन्नत और आधुनिक रूप से पीतल की तोप ढाली जाती थीं। इसके लिए टिकारी राज ने उत्तर प्रदेश के मिर्जापुर से बहुत से कारीगरों को दाऊदनगर बुलवाया था। भागलपुर में स्वंत्रतता आंदोलन के लिए सफल विद्रोह करने के बाद वापस लौटते हुए विद्रोहियों को महारानी इंद्रजीत कुँवर ने उनकी वितीय सहायता प्रदान की थी। अंग्रेजों के मुखबिर, टिकारी राज के जंगी कुमार के बेटे, जो अंग्रेजों के लिए मुखबिरी करता था, उनको मरवाने में महारानी का बहुत बड़ा हाथ था।

कुँवर सिंह को भी कमिश्नर टेलर संदेह की दृष्टि से देखता था। उसने कुँवर सिंह को पटना आकर उससे भेंट करने का निमंत्रण दिया था, मगर मौलवी अहमदुल्लाह आदि के साथ हुए विश्वासघात को देखते हुए कुँवर सिंह अलर्ट हो गए

थे। कुँवर सिंह ने लगभग 4000 सैनिकों के सहयोग से संघर्ष आरंभ किया। बाद में बढ़कर उनके समर्थक 10,000 से भी ज्यादा हो गए। बाबू कुँवर सिंह ने जगदीशपुर में बंदूकें एवं गोला-बारुद बनाने का एक कारखाना तक स्थापित करवा लिया था। सबसे पहले इन्होंने आरा नगर पर अधिकार किया। उन्होंने अनुशासन बनाए रखा और यूरोपियनों की कोई हत्या नहीं हुई। आरा को मुक्त कराने का पहला सरकारी प्रयास विफल रहा, जबकि दूसरा प्रयास सफल रहा। नगर के सभी निवासियों को निरस्त्र कर दिया गया। कुछ भारतीय सैनिकों को मृत्युदंड दिया गया। इसके बाद जगदीशपुर पर भी अंग्रेजों का अधिकार हो गया। कुँवर सिंह की हवेली और मंदिर को ध्वस्त कर दिया गया। सभी विद्रोहियों की संपत्ति जब्त कर ली गई।

विद्रोह के समय बाबू साहब की उम्र लगभग 80 के करीब हो गई थी, लेकिन वो किसी युवा योद्धा से कम नहीं दिख रहे थे। डेम्पियर और टेलर की मानें तो कुछ बेईमान एजेंटों ने बाबू साहब को ऐन मौके पर धोखा दे दिया था। इस रियासत की जमीन-जायदाद से 3 लाख की आमदनी थी, जबकि सालाना (एक वर्ष) 1 लाख, 48 हजार मालगुजारी देते थे। विश्वास पर सूद की ऊँची दरों पर बड़ी-बड़ी रकमों के पट्टे लिख देते थे, पर उन्हें क्या पता था कि जो एजेंट सलाह दे रहे हैं, वही अंग्रेज के पिट्ठू भी हैं! निश्छल स्वभाव के बाबू साहब को आखिरकार एक दिन ऐसा भी देखना पड़ा, जब इस राज पर लाखों की देनदारी हो गई।

एक तरफ अंग्रेजों से आमने-सामने की लड़ाई होना भी आगे मुसीबत की जड़ बनती जा रही थी। इसके बाद अंग्रेजी सियासतदाँ द्वारा कुँवर को टारगेट किया जाने लगा, लगातार कुँवर सिंह पर दबाव बनाया जाने लगा। कुँवर सिंह ने अपनी मुश्किलों को ध्यान में नहीं रखा, बल्कि उन्होंने अपनी मूल समस्या को गौण कर अपनी जनता और देशहित की बातों को सर्वोपरी मानकर युद्ध भूमि से पीछे नहीं मुड़ने का मन बना लिया। अंदर-ही-अंदर उन्होंने रणनीति बनानी शुरू कर दी। किससे, कहाँ, कैसे निबटना है, इसको लेकर बाबू साहब ने अपने पोते वीरभंजन सिंह और धरमन बीबी के साथ घंटों रणनीति तैयार करनी शुरू कर दी। इस बात की किसी को भनक तक नहीं लगने दी, क्योंकि कई बार ऐसा भी हुआ, जब बाबू साहब की रणनीति बनने के बाद योजना के सफल होने से पहले ही अंग्रेजी सेना रास्ते का रोड़ा बनकर पहले से ही खड़ी हो जाती थी।

तजुरबे को अपनी रणनीति में तब्दीली कर हर पल बकोध्यान लगाकर युद्ध करने वाले बाबू साहब को पीछे हटते देख अंग्रेजी फौज ने चैन की साँस ली। लेकिन उसे क्या पता था कि आगे क्या होने वाला है! मिलमैन की सेना निश्चिंत होकर जैसे

ही भोजन करने में जुटी, उसे अपने साथ होने वाली बातों को थोड़ा भी अंदेशा नहीं रहा। फिर क्या था, समय की नजाकत को भाँपते हुए कुँवर सिंह की सेना ने अंग्रेजी सेना पर हमला कर दिया। नतीजा, मिलमैन की सेना औंधे मुँह गिर गई और मैदान कुँवर सिंह के हाथ आ गया। बड़ी संख्या में अंग्रेजी सैनिक मारे गए। जो इस हमले में बचे, उन्हें मिलमैन अपने साथ लेकर आजमगढ़ की ओर भाग निकला।

इस घटना के बाद पूरे हिंदुस्तान की गोरी सेना बौखला उठी, उसे यह लगने लगा कि इस छोटी सी रियासत ने इतनी नाक में दम कर रखा है। अगर सारी रियासतें एक हो गईं तो बड़ी मुश्किल हो जाएगी। इसलिए जगह-जगह वो फिरंगियों को सबक सिखाने से बाज नहीं आते थे। अतरौलिया में अंग्रेजी सेना की पराजय की खबर पाते ही गाजीपुर से कर्नल डेम्स अपनी सेना लेकर मिलमैन की सहायता के लिए निकल पड़ा। जब इसकी भनक कुँवर सिंह को लगी तो उन्होंने आने वाले संकट को भाँप लिया और बढ़ चले। यहाँ से बाबू साहब रीवाँ से कालपी होते हुए आजमगढ़ पहुँचे। अल्प-साधन, अल्प-संगठन, अल्प सैन्य कला और धनाभाव में भी इन्होंने अवरोधों व विरोधियों के होते हुए भी अपने को सुरक्षित रखा। उनका लोहा अंग्रेज भी मानते थे। कवि अवध बिहारी ने अपनी पुस्तक 'वीर कुँवर सिंह' और अजायब महतो ने भी अपनी पुस्तक में लिखा है कि नवंबर 1857 में कानपुर के एक क्रांतिकारी युद्ध में बाबू कुँवर सिंह की एक महती भूमिका रही। इस दौरान इन्होंने तात्या टोपे, नवाब अली बहादुर, नवाब तफच्चुल हुसैन व राय साहब ने पेशवा के अधीन फिरंगियों से लोहा लिया। बाबू साहब ने अपनी कुशल रणनीति की बदौलत फिर से अपनी सेना को मजबूत बनाया।

कुँवर सिंह की फौज में धरमन बीबी और उनका पोता वीरभंजन सिंह मुख्य रूप से साथ चल रहे थे। वीरभंजन सिंह जहाँ रणनीति बनाने में माहिर थे, वहीं बाबू साहब के साथ उनकी हरदिल अजीज धरमन बीबी अपने विरोधियों के छक्के छुड़ाने से बाज नहीं आती थीं। युद्ध धीरे-धीरे विकराल रूप धारण करता जा रहा था, अंग्रेजी फौज इनके नाम से काँप रही थी।

कब, किस राह पर किस शहर की तरफ बढ़ना है, इसका भले ही प्लान तैयार किया गया था, मगर अफसोस इस बात का था कि हिंदुस्तानी गद्दारों के बूते विरोधी फौज अपनी बिसात बिछाने में कोई कसर नहीं छोड़ती थी; क्योंकि उनके पास संसाधन संपन्न सेना की बड़ी फौज थी, ऊपर से उसके खबरी चारों तरफ मुस्तैद थे। कुँवर सिंह के पास ग्रामीण हथियार और अन्य रियासतों के समर्थन थे, वो भी बहुत कारगर साबित हो रहे थे। युद्ध की राह पर चल रहे कुँवर

सिंह ने कभी भी युद्ध को बोझिल नहीं समझा, युद्ध को उत्साह से लड़ते हुए आगे बढ़े चले जा रहे थे।

युद्ध में जैसे ही मार्कर के पराजय की सूचना मिली कि उसकी हार हुई है, तब उसने कुँवर सिंह की सेना से जान बचाने के लिए आजमगढ़ के किले में पनाह ली। इसकी सूचना जैसे ही कमांडर लेगार्ड को लगी, वो पश्चिम से एक बड़ी सेना के साथ किले की तरफ बढ़ने लगा। हर युद्ध में कुँवर की सेना ने बेहतर प्रबंधन और गुरिल्ला युद्ध कौशल की बदौलत अंग्रेजों को मात दी। कुँवर साहब के पास भले ही सेना की कमी थी, लेकिन जगह-जगह भारतीय लोगों के सहयोग और रियासतों के जबरदस्त समर्थन मिल रहे थे। युद्ध में लोगों के मिल रहे समर्थन की बदौलत अंग्रेजों के छक्के छुड़ाते हुए बाबू साहब आगे बढ़े जा रहे थे। युद्ध अपनी रफ्तार में चल रहा था, अंग्रेजी सेना आजमगढ़ में मात खा गई थी। अंग्रेजी सल्तन की आँखों के नासूर बनते जा रहे थे बाबू साहब।

बात आखिर कितने दिनों तक भला किसी से छुप सकती थी, सो पता चला कि कुँवर सिंह की आँखों के तारा हैं उनके पोते वीरभंजन सिंह और दूसरी उनकी प्रेयसी धरमन बीबी, यही दोनों मिलकर बाबू साहब की सारी रणनीति तय कर रहे हैं। इन दोनों की कुशल रणनीति की बदौलत इनके सैनिक अंग्रेजों के लिए काल बनकर युद्ध में अंग्रेजों पर टूट रहे थे। अंग्रेजी सेना घबराई हुई थी, उसे बस, अपनी राजगद्दी खतरे में नजर आने लगी थी। उन लोगों के मन में यही बात चल रही थी कि जब बाबू कुँवर सिंह एक योद्धा और उनके दो रणनीतिकार इतनी तबाही मचा सकते हैं, तो आगे और इनकी ताकत बढ़ेगी और पूरा देश इनके साथ होगा तो फिर आगे हिंदुस्तान पर हुकूमत कर पाना बड़ी चुनौती होगा। इसके बाद अंग्रेजों ने यह तय कर लिया कि बाबू साहब की इन दोनों डालियों धरमन बीबी और वीरभंजन सिंह को ही रास्ते से हटाना होगा, तभी आगे कुछ बात बन पाएगी।

बांदा से बाहर निकलने के दरम्यान अंग्रेजों ने बाबू साहब को पराजित करने के लिए पूरी बिसात बिछा रखी थी। बाबू साहब की सेना भी निश्चिंत होकर बढ़ी जा रही थी। उन्हें तो किसी तरह अब रीवाँ होते हुए कालपी पहुँचना था। आजमगढ़ में अंग्रेजी सेना की बाबू साहब की पलटन ने ऐसी नसीहत दी थी, कि वो आगे आने से भय खाते थे। परंतु अंग्रेजों को अपनी रियासत बिखरती हुई दिख रही थी। वो किसी भी तरह से पीछे नहीं हटना चाह रहे थे। जंगल में आराम कर रहे कुँवर सिंह की सेना पर अंग्रेजों ने हमला करने की रणनीति बना रखी थी। पर, उन अंग्रेजों को क्या पता था कि छापामार युद्ध (गुरिल्ला युद्ध) के माहिर खिलाड़ी कुँवर सिंह की सेना को

इसमें महारत हासिल थी! जैसे ही अंग्रेजों की सेना ने हमला किया, उनके ऊपर बैठे कुँवर सिंह की सेना ने पेड़ों के ऊपर से अंग्रेजों के ऊपर हमला कर दिया। अंग्रेजों की हालत बिगड़ गई, अंग्रेजी सेना बड़ी संख्या में मारी गई।

अंग्रेजी फौज एकबार फिर से हार गई, उसके हौसले पस्त हो गए। उनकी हिम्मत ने जवाब देना शुरू कर दिया था, परंतु उनको सारे संसाधन और सोने की चिड़िया हिंदुस्तान से इतना मुनाफा था कि वे इसे किसी भी स्तर पर अपने हाथ से जाने देना नहीं चाहते थे। हिंदुस्तान की भूमि पर युद्ध हो रहा था, सो धरती मईया अपने लालों को काफी स्नेह और सहयोग दे रही थीं। कुछ चंद गद्दारों की वजह से हिंदुस्तान की ठेठ फौज अंग्रेजों का ग्रास बन जा रही थी, वरना किसकी मजाल जो भारत के सच्चे सपूतों को पस्त कर सके!

युद्ध भूमि पर युद्ध समाप्त हुआ, अंग्रेजी फौज युद्ध में मारी गई, जो बचे हुए थे, वो भाग खड़े हुए। युद्ध स्थल पर अचानक से सन्नाटा पसर गया। सबकी जुबाँ गुम-सुम हो गई, कोई किसी से कुछ कहने और सुनने की स्थिति में नहीं रह गया था। हो भी क्यों नहीं, इस युद्ध में बाबू साहब का सबसे प्रिय इकलौता पोता व कुल के चिराग बाबू वीरभंजन सिंह पर जब नजर पड़ी तो सारे लोग दंग रह गए। बाबू वीरभंजन सिंह बूरी तरह से जख्मी हो गए थे। उनका चेहरा दमक रहा था, उनके चेहरे पर कहीं से कोई शिकन नहीं आई थी। वे अपने दादाजी (बाबू साहब) को देखकर मुसकरा रहे थे। जबकि बाबू साहब की हिम्मत टूट गई, बाबू साहब की आँखों से आँसू टपक रहे थे। अपने को हिम्मत देकर किसी तरह अपने लाल के पास पहुँचे और अपने कलेजे के टूकड़े को सीने से लगा लिया।

कहने लगे—अरे, तुझे बहुत जतन से पाला था, एक हल्की चोट आने पर तू रोने लगता था और आज तेरे बदन से इतना खून निकल गया, फिर भी मुसकरा रहा है! अब मैं किसके सहारे जिंदा रह पाऊँगा मेरे लाल, मुझे इस बुढ़ापे में भला कौन सहारा देगा? तुम्हारे और धरमन-करमन के साथ निभाने की वजह से ही तो अपनी गुलाम धरती मईया को अंग्रेजों से मुक्त कराने निकला हूँ, तुमने ऐसा क्यों किया?

बाबू साहब—धरमन, देखिए न राजा बाबू कैसे-कैसे कर रहे हैं, देखिए न ये ठीक तो हैं न?

मुँह को दबाए अंदर-ही-अंदर रो रही धरमन बीबी की जुबान से भी कुछ नहीं निकल रहा था। उनका तो ये नजारा देखकर पहले ही होश उड़ गए थे। ऊपर से बाबू साहब की ऐसी हालत…

बाबू साहब—आप बोलती क्यों नहीं धरमन?

धरमन—क्या बोलूँ बाबू साहब?

बाबू साहब—मेरी गोद में आज वीरभंजन सिंह पड़े हुए हैं, जैसे मैं अपने छोटे से लाल को लेकर बैठा हूँ, पर देखिए न, आज इनके माथे और बदन पर इतना खून टपक रहा है और मैं कुछ कर नहीं पा रहा हूँ!

धरमन—बाबू साहब, राजा बाबू अब बहुत बड़े हो गए हैं। अब उन्हें दर्द सहने की आदत हो गई है।

बाबू साहब—क्या कहा, इस मासूम को दर्द सहने की आदत हो गई है? अरे ये आप क्या कह रही हैं?…

धरमन—हाँ बाबू साहब, मैं ठीक कह रही हूँ (बाबू साहब के करीब जाकर वीरभंजन सिंह को सहलाने लगीं)

इस नजारे को देख अन्य सहयोगियों की आँखों से आँसू की मानो फूटी हुई धारा रुकने का नाम नहीं ले रही थीं। फिर भी अंग्रेज कहीं इस भावुक पल का नाजायज फायदा उठाकर फिर से कहीं हमला न कर दें, इस लिहाज से सबने मिलकर बाबू साहब को बहुत समझाया।

बाबू साहब इतने दर्द में डूब गए थे कि उन्हें क्या पता था कि बस, कुछ पल के लिए ही वीरभंजन सिंह की जिंदगी शेष थी, जो बाबू साहब के सीने से लगाते ही शिथिल पड़ गई। यहीं से वीरभंजन सिंह ने बाबू साहब का हमेशा के लिए साथ छोड़ दिया। रह गई तो उनकी यादें और अपनी फौज के लिए बनाई गई रणनीति!

बाबू साहब टूटकर बिखर गए। उनकी हिम्मत बढ़ाते हुए धरमन बीबी ने कहा—बाबू साहब, आप खुद को सँभालिए। राजा बाबू का हम लोगों के साथ शायद इतने दिनों का ही सफर था। काफी ढाँढ़स दिलाने के बाद वह किसी तरह उन्हें समझाकर आगे लेकर बढ़ीं।

बाबू साहब गुमसुम पड़ गए, किसी से कोई बात नहीं कर रहे थे। धरमन ने कहा कि बाबू साहब, आप अपने मिशन को याद कीजिए, हमें इन अंग्रेजों को देश से भगाकर अपने लाल का बदला लेना है। अपनी शहादत देकर अपनी मिट्टी को आजाद कराना है। चाहे इसके लिए हम जैसे कितनों को शहीद होना पड़े। यही सिखाते थे न बाबू साहब हम लोगों को?

बाबू साहब ममता की तंद्रा से बाहर निकले और पूरे तेवर में तलवार को अपने हाथ में लेकर ऐसे आगे बढ़े, मानो आगे वो किसी पर भी काल बनकर बरसेंगे।

मध्यप्रदेश के रीवाँ से कालपी जाने के क्रम में अंग्रेजों से कुँवर सिंह का फिर सामना हुआ। कुँवर सिंह के आने की सूचना अंग्रेजों को पहले से ही मिल गई

थी। फिर क्या था, बड़ी संख्या में अंग्रेजी फौज ने कुँवर सिंह की सेना के सामने मुश्किल खड़ी कर दी, परंतु बाबू साहब की सेना की खास बात ये थी कि उनके अंदर जो जज्बा था, उससे साफ लगता था कि चाहे जो भी हो, हमें अपनी मंजिल तक पहुँचना है। आजादी लेनी है, इसलिए कभी उनके अंदर उत्सकुता में कमी नहीं दिखी। कालपी के युद्ध में कुँवर सिंह की फौज हार के कगार पर खड़ी थी। सभी के लिए एक अचंभित करने वाला पल था। चारों ओर से बाबू साहब की फौज घिर चुकी थी। लड़ने के अलावा कोई विकल्प नहीं था। इसमें क्या होगा, कह पाना मुश्किल था।

खैर! इतना सोचने का मौका भी नहीं था।

अंग्रेजी सेना हर कदम पर बाबू साहब को मात देना चाहें, पता था कि इस मुल्क में इकलौता ऐसा शेर है, जो इस मुल्क में सभी को एकजुट कर चुका है। अगर इसको नहीं तोड़ा गया तो हिंदुस्तान अंग्रेजी सल्तनत की यह आखिरी हुकूमत साबित होगी। इसलिए अंग्रेजी फौज हर कदम पर बाबू साहब को चुनौती दे रही थी। इसके पीछे की वजह ये थी कि जब एक इतना उम्रदराज राजा अकेले रार मचा सकता है तो बाकी का अगर संयुक्त सहयोग साथ आ जाए तो युद्ध खेल-खेल में हिंदुस्तानी जीत जाएँगे। सोचने का विषय यह है कि जुगाड़ के हथियार और पारंपरिक हथियार के बूते पूरी हिम्मत से लोहा लेकर अनेक धुरंधर अंग्रेज अफसरों को मौत के घाट उतार चुके हैं। अंग्रेजों को लगा कि अब ऊँट पहाड़ के नीचे आया है और बाबू साहब की फौज चारों तरफ से घिर चुकी है।

फिर भी कुँवर सिंह की सेना के चेहरे पर तनिक भी भय नहीं था। उनके अंदर तेज था, सारे लोगों के चेहरे पर अंग्रेजों के प्रति प्रतिशोध था। कब कौन सी चाल चली जाएगी, अभी इशारों में बाबू साहब लोगों को इत्तला ही कर रहे थे कि कुँवर सिंह की सेना का उस दिन धरमन ने ढाल बनकर सामने से मोरचा सँभाल लिया, दाहिनी तरफ से अपने सरदारों को घेरा कसने के लिए ललकार दिया।

धरमन—अरे, इन बुजदिलों से किस बात की खौफ, इनके अंदर हम भारतीयों से लड़ने की ताकत कहाँ हैं?

हमें अपनी ही मिट्‌टी पर भला कोई बाहरी कैसे मात दे सकता है?

मेरी धरती मईया को अगर किसी ने आँख उठाकर भी देखा तो कसम उस खुदा की, हमें अपने शहीद होने पर भी नाज होगा, मुझे लगेगा कि मैंने अपनी माँ के कर्ज को चुकाने की कोशिश की है। सो पीछे मत हटो, इनका नाम इस धरती से मिटा दो।

दहाड़ती धरमन को देख बाबू साहब भी दंग थे, आखिर ये क्या हो गया। धरमन का ये भी एक रूप है, हमने तो कभी कल्पना तक नहीं की थी। बाबू साहब की आँखों में खुशी की चमक दिखने लगी, उन्हें लगा कि फिर उनकी सेना अंग्रेजों के छक्के छुड़ा देगी और ऐसा ही हुआ।

कुँवर सिंह—किस बात का खौफ है मित्रो, इस बात का, कि जान चली जाएगी। जान को तो एक दिन जाना ही है। फिर मौत से भय कैसा, कल जो होने वाला है, आज उस नासूर को ही मिटा देने की जरूरत है। वैसे भी हमने अगर इन अंग्रेजों को मौत के घाट नहीं उतारा तो ये हमें मौत के घाट उतार देंगे।

अंग्रेजों की बड़ी फौज देखकर कुँवर सिंह की फौज एक बार तो भागने लगी। जब धरमन को लगा कि हमारी सेना अंग्रेजों की इतनी बड़ी फौज देखकर खुद को कमजोर महसूस कर रही है। इस पर धरमन को लगा कि उसे इन्हें समझाने से बेहतर है कि वो खुद आगे आएँ, वरना जीती हुई बाजी हम हार जाएँगे, जोर से अट्टहास करते हुए अंग्रेजी फौज के समक्ष चट्टान की तरह आ डटी।

धरमन—आओ बुजदिलो, तुम्हारे अंदर हिम्मत है तो आओ…अरे हम हिंदुस्तानी हैं। हमने कभी किसी का कुछ नहीं बिगाड़ा है। हमारे अंदर किसी के प्रति नफरत नहीं है। हम अनेकता में एकता की बात करते हैं।

अपनी दहाड़ में सबको उलझाकर धरमन ने युद्ध की बारीकी को समझते हुए तोप से ऐसी रार मचाई कि अंग्रेजों के हौसले पस्त हो गए। जहाँ अंग्रेजों को अपनी जीत का अहसास होने ही वाला था, वहीं उनके लिए यह युद्ध उनके अंत का कारण बना। इस कदर चंडी रूप धारण किया कि अपनी सेना को पीछे नहीं हटने दिया और अपनी युद्ध कुशलता से बाबू साहब के साथ मिलकर अंग्रेजों के दाँत खट्टे कर दिए, नतीजतन आखिरकार गोरी फौज को भागना पड़ा। अंग्रेजों में दहशत फैल गई, सभी को गाजर-मूली की तरह काट डाला, जो बचे, वो वहाँ से भाग खड़े हुए। इस युद्ध के बाद अंग्रेजी सरकार की चूलें हिल गईं।

एकबार फिर से अंग्रेजों की हिम्मत टूट गई, उनके खेमे में खलबली मच गई। आखिर इस बुढ़े शेर ने इतनी रार मचाई है तो आगे हिंदुस्तान में हुकूमत चला पाना बहुत बड़ी चुनौती होगी। इसको लेकर अंग्रेजी फौज में बड़े पैमाने पर फेरबदल और आगे बड़ी रणनीति पर चर्चाएँ भले ही शुरू हो गई हों, मगर बाबू साहब एकबार फिर से टूट गए।

कुँवर सिंह को युद्ध में विजय तो मिली, लेकिन इसकी बड़ी महँगी कीमत उन्हें चुकानी पड़ी। अंग्रेजों की लाशों के ढेर लगा दिए, जो बचे थे, उनकी आँखों में

इतना खौफ पैदा किया कि दोबारा वो युद्ध करने की हिमाकत नहीं जुटा सकते थे। मगर यह एक विडंबना हीं कही जाएगी कि एक तरफ युद्ध जीतने की खुशी थी, तो दूसरी तरफ धरमन बीबी के बुरी तरह से घायल होने का गम था। धरमन की हालत बिगड़ती देख बाबू साहब के सिपाही जल्दी से उन्हें अपनी सुरक्षा घेरे में लेकर उनके इलाज की व्यवस्था करने लगे। इस तरह अपनी सेना के स्नेह को देख धरमन की आँखें भर आईं। धरमन को इस युद्ध में बहुत ज्यादा अंदरूनी चोट आई थी। फिर भी धरमन ने हिम्मत जुटाकर अपने इलाज कराने से मना कर दिया।

बाबू साहब ने जब देखा कि सभी सिपाही एक जगह जुटे हुए हैं, तो वो भी उसी तरफ बढ़े। उन्हें इस बात की खुशी थी कि धरमन ने अपने युद्ध कौशल से आज इस जंग को और आगे बढ़ाया। वे पास आए, अपने जंगी हाथी से उतरकर देखा कि धरमन जमीन पर पड़ी हुई है। अब उनकी हिम्मत जवाब दे रही थी। सभी के चेहरे पर उदासी की लकीरें खींच गई, कोई किसी से बात नहीं कर रहा था। सभी की जुबाँ कुछ पल के लिए खामोश हो गई। बाबू साहब ने जब धरमन को देखा तो उनका चेहरा भी उदासी से भर गया। सेना को हटाते हुए जैसे ही बाबू साहब की नजर धरमन पर पड़ी, उनके होश उड़ गए। मानों कुछ देर के लिए उनकी पूरी दुनिया उजड़ गई, उनके आजादी के सपने अधूरे से प्रतीत होने लगे थे।

खैर, इन सबसे अलग उदास मन से बाबू साहब अपनी प्रिय धरमन बीबी को करीब जाकर उन्हें गोद में भरना चाहते थे। धरमन खून से लथपथ पड़ी हुई थीं। चेहरे पर उनके तेज था, कहीं से उनका चेहरा उदास नहीं था, बल्कि बाबू साहब को ही समझाने की मुद्रा में कुछ ऐसा ही अहसास करा रही थीं। बाबू साहब ने धरमन का सिर जब अपनी गोद में ले लिया तो उनका उदास चेहरा देखकर धरमन ने धीरे से कहा—'(मुसकराते हुए) बाबू साहब, हम हारे नहीं, देखा आपने, आखिरकार आपकी जीत हो ही गई।' इतना सुनकर कुँवर सिंह से रहा नहीं गया और उनकी आँखें छलक पड़ीं, उम्र के इस आखिरी पड़ाव पर जवां दिलों की तरह साथ-साथ देशभक्ति की लड़ाई लड़ने वाले आज एक-दूजे से बिछड़ने वाले थे। इतना हीं नहीं, उस दर्द भरे नजारे को देखकर सबकी आँखे नम थीं। वक्त ही कुछ ऐसा था, जिसे देखकर प्रकृति का भी दिल पसीज जाए। मानो उस घड़ी को इतिहास भी अपने पन्नों में उकेरने की बाट देख रहा हो। कुछ पल के लिए जैसे काल के चलते चक्र भी ठहर से गए हों, जीत की उमंग में बढ़ते कदम को लगता, जैसे किसी ने एकाएक रोक रखा हो। धरमन खून से लथपथ थी, मगर अपने बाबू साहब को बंद जुबाँ से शायद यह समझाने की कोशिश कर रही थी कि आप हिम्मत मत हारिएगा, हमारा

शरीर आपके साथ भले हीं न रहे, मगर आपके साथ रुह में बसकर तो रहेंगे हीं।

"ढाँढ़स भरी नजर से निहारते हुए धरमन ने बाबू साहब की दी हुई प्यार की निशानी को, जिसे कभी अपने से अलग नहीं रखती थी, उस कटार को अपनी कमर से निकाला और माथे से लगाकर चूमते हुए कुँवर सिंह की तरफ बढ़ाते हुए कहा—बाबू साहब, जरा इस कटार को जाँच लीजिए, सवांच लीजिए···फिर थोड़ा मुसकराकर···लड़खड़ाती हुई आवाज में कहा—बाबू साहब! जरा ये बताइए कि कटार का पानी कहीं कम तो नहीं हुआ है? कहीं इसकी आग कम तो नहीं हुई है न? तनिक यह भी बताइए कि आपकी थाती का मोल चुकता हुआ कि नहीं? इतना कहने के बाद कुँवर सिंह की गोद में ही धरमन का शरीर पीला पड़ने लगा, आँखें पथराने लगी, चेहरे पर मुसकान लिये रूप-कला और वीरता की त्रिवेणी काल के प्रवाह में हमेशा-हमेशा के लिए खामोश हो गई।"

बाबू साहब अकेले पड़ गए, लेकिन इन्होंने अपने चेहरे पर कभी शिकन नहीं आने दी कि धरमन के नहीं रहने का इन्हें कोई मलाल है। दिल भले ही उदासी में रो रहा हो, परंतु देश की आजादी का जो धरमन ने जज्बा जगाया था, भला उस काम को अधूरा कैसे छोड़ते? अंदर-ही-अंदर देशभक्ति की सुलगती आग से अंग्रेजी हुकूमत को जलाकर राख कर देना चाह रहे थे। बाबू साहब भले ही अपने सबसे करीबी सहयोगियों को खो दिए थे, पर उनके अंदर धरमन इस कदर समाहित हो गई थीं कि पीछे मुड़कर देखने की कोई जरूरत ही नहीं महसूस हो रही थी।

युद्ध करते-करते बाबू साहब का अब मन ऊब गया था। युद्ध में बहुत अपनों को गँवाया, दिल करता है कि अपनी मिट्टी को देखूँ! अरे, इस नौ माह के युद्ध के दौरान मैंने तो देश के लिए सबकुछ न्योछावर कर दिया! अपनी सल्तनत, घर-परिवार, जान से भी प्यारी धरमन और इस युद्ध का सबसे बड़ा रणनीतिकार दिल का टूकड़ा अपने पोता वीरभंजन सिंह को बांदा में और अपने कई नौजवान साथियों को भी इस युद्ध के दौरान खोने की टीस तो थी ही, पर क्या करता!

कुँवर सिंह—मैं अपनी मिट्टी को कभी गुलाम नहीं देख सकता, मेरे जैसे हजारो कुँवर इस मिट्टी के लिए भले ही न्योछावर हो जाएँ, मगर इन अंग्रेजों से देश को मुक्त कराकर आजाद देश बनाने की मेरी जिद्द नहीं टलेगी और मेरी लड़ाई जारी रहेगी।

जहाँ तक हो सका, बाबू साहब ने कभी पीठ नहीं दिखाई, पता नहीं क्यों, बाबू साहब को अपने घर की याद आने लगी थी। रास्ते में चले जा रहे थे, बीते कल पर सोचते हुए बचे सिपाही भाइयों के दु:ख-दर्द को बाँटते हुए जब कभी भी

अकेले पड़ते, अतीत में खो जाते थे। कभी-कभी खुद से बातें करने लगते थे, कहते थे—अपनी रियासत को जाने किसकी नजर लग गई, किसका हमने बिगाड़ा था? अरे, हमने तो दुनिया भी देखी, पर उस मासूम (वीरभंजन सिंह) का क्या कसूर था, जो बहुत ही कम उम्र में सल्तनत के लिए रणनीति बनाकर लड़ते-लड़ते शहीद हो गया? धरमन कितना अच्छा तो अपने नृत्य-गायन से अपना तथा अपनी छोटी बहन को साथ रखकर जीवनयापन कर रही थी, मगर उन लोगों ने देश की सेवा के लिए अपना सबकुछ न्योछावर कर मेरा साथ निभाया और अपने फर्ज को अदा कर मुझे अकेला छोड़ जाने कहाँ चले गए!

अचानक बाबू साहब उदास होकर चुप हो गए। साथ चल रहे एक सिपाही ने कहा, राजा साहब, आखिर क्या बात है, आप इतने उदास क्यों हो गए? हम तो साथ चल ही रहे हैं न!

बाबू साहब—नहीं, ऐसी बात नहीं, कुछ नहीं सोच रहा हूँ, सभी लोग ठीक तो हैं न?

दूसरा सिपाही—हाँ, हम सब बिल्कुल ठीक हैं। परंतु यदि आप नाराज न हों तो अपने दर्द को हम लोगों से भी बाँट सकते हैं। सुना है, दर्द बाँटने से दिल हल्का होता है।

बाबू साहब—(लंबी साँस खींचते हुए) क्या बताऊँ···यही सोच रहा था कि जंग अभी अधूरी है और हम···

सिपाही—क्या बात करते हैं, हमने ललकार दिया है, गोरी चमड़ी की रुह काँप गई हैं। हमारी तो जीत हो ही गई है।

बाबू साहब—हाँ, तुम ठीक कहते हो, हमारी जीत तो हो गई, मगर कभी-कभी जीतकर भी इंसान बहुत कुछ हार जाता है।

दूसरा सिपाही—साहब, जिंदगी के चार दिन होते हैं। हमने तो वो किया, जिसे लोग हमारे नहीं रहने के बाद भी हमें याद करेंगे। कभी सोचा है आपने उनके बारे में, जो अपने वतन के कर्ज को भी न उतार पाए?

बाबू साहब—(बड़े प्यार से) हाँ, रे! तू अब बहुत समझदार हो गया है। सच, आज मेरा दिल भर आया, तुम्हारे शरीर के जख्म अभी ताजे हैं, फिर भी दिल में जज्बा···तुम लोगों ने मुझे जीत लिया···सच! हम जंग-ए-आजादी जीत गए।

सैकड़ों की तादाद में बाबू साहब के साथ लोग थे। घर से दूर युद्ध करते-करते नौ माह गुजर चुके थे। इस दौरान 15 युद्धों में विजय भी प्राप्त की थी। इतने लंबे समय तक युद्ध से सभी थके-हारे थे। इसके अलावा, इन लोगों के पास अच्छे

हथियार भी नहीं थे। एक तो उजड़ा आशियाना, ऊपर से अपनों को खोने का गम, रियासत के बिखरने का दर्द और साथ में परछाईं की तरह साथ में रहने वाली हरदिल अजीज धरमन भी साथ नहीं है। वैसे में शेर और खूँखार हो गया था। आरा के कैप्टन लिग्रांड इसी जंगल में विंसेंट के कारनामों को दुहराना चाहता था, परंतु उत्साही अंग्रेज यह भूल गया कि मरता हुआ शेर बिजली की तरह हमला कर सकता है!

बिहार लौटने के क्रम में बाबू साहब ने अपने पीछे लगे जनरल डगलस के साथ कई शातिराना लड़ाइयाँ लड़ीं। ऐसी एक लड़ाई का मैलसन ने इस प्रकार वर्णन किया है—'अपने दस्तों के लिए, जिन्हें दो भागों में बाँट दिया गया था, पीछे हटने के दो रास्ते तैयार होने तक कुँवर सिंह ने डगलस को दूरी पर रखा, फिर वे आराम से पीछे आ गए और उनके कई आदमियों के मारे जाने के बावजूद उनके सिपाहियों के चेहरों पर शिकन तक नजर नहीं आई। अब कुँवर सिंह बनारस की तरफ बढ़े। उसके बाद कुँवर सिंह बिजली की गति से काशी की ओर बढ़ चले, रातोंरात 81 मील की दूरी तय कर क्रांतिकारियों ने वाराणसी पर आक्रमण कर दिया। लखनऊ के क्रांतिकारी भी इस समय कुँवर सिंह के साथ हो गए। तब तक लखनऊ क्षेत्र के तमाम विद्रोही सैनिक भी कुँवर सिंह के साथ हो लिये थे। बनारस से ठीक उत्तर में 6 अप्रैल के दिन लॉर्ड मार्कर की सेना ने कुँवर सिंह का रास्ता रोका और उन पर हमला कर दिया। युद्ध में लॉर्ड मार्क्कर पराजित होकर आजमगढ़ की ओर भागा, कुँवर सिंह ने उसका पीछा किया और किले में पनाह के लिए मार्क्कर की घेराबंदी कर दी। इसकी सूचना मिलते ही पश्चिम से कमांडर लेगार्ड की बड़ी सेना आजमगढ़ के किले की तरफ बढ़ी।

आजमगढ़ शहर पर फिर से कब्जा करने के लिए गाजीपुर से आए कर्नल डेम्स के बाबू साहब ने छक्के छुड़ा दिए, बड़ी संख्या में अंग्रेजों की सेना मारी गई। आजमगढ़ के हाथ से निकल जाने के कारण अंग्रेजों की इज्जत को गहरा धक्का लगा। 20 अप्रैल, 1858 को उत्तर प्रदेश के आजमगढ़ पर कब्जा जमाने के बाद रात के अँधेरे में बलिया (उत्तर प्रदेश) के मनियर गाँव में बाबू साहब अपनी सेना के साथ पहुँचे। कुँवर सिंह ने आजमगढ़ छोड़कर गाजीपुर जाने और फिर अपने पैतृक रियासत जगदीशपुर पहुँचने का निर्णय किया। साथ ही लेगर्ड की सेना को रोकने और उलझाए रखने के लिए उन्होंने अपनी एक टुकड़ी तानु नदी के पुल पर उसका मुकाबला करने के लिए भेज दी। लेगर्ड की सेना ने मोरचे पर बड़ी लड़ाई के बाद कुँवर सिंह का पीछा किया। कुँवर सिंह हाथ नहीं आए, लेकिन लेगर्ड की सेना के गाफिल पड़ते ही कुँवर सिंह न जाने किधर से अचानक आ धमके और लेगर्ड पर

हमला बोल दिया। लेगर्ड की सेना पराजित हो गई।

खेत-खलिहान और गाँव की पगडंडियों के सहारे बाबू साहब अपनी सेना के साथ आगे बढ़े जा रहे थे। इस तरह बढ़ते हुए वो 22 अप्रैल,1858 को सूर्योदय की बेला में बलिया के शिवपुर घाट से अपनी मतवाले हाथी पर सवार होकर चले जा रहे थे। उसी दरम्यान गंगा पार करने की बात सामने आई, चूँकि उस कठिन घड़ी में गंगा पार करने के अलावा कोई और दूसरा रास्ता नहीं था।

बातचीत करते-करते कब उत्तर प्रदेश के बलिया जिले के ही शिवपुर पहुँच गए, बाबू साहब को इसका पता ही नहीं चला। अपने घर की याद भला किसे नहीं सताती है? सभी के चेहरे पर अपनी मिट्टी और अपनों से मिलने की ललक साफ दिख रही थी। बस, अफसोस कि कई अपने इस लंबी जंग में अपनी धरती मईया की रक्षा के लिए इस मिट्टी में विलिन हो गए। गंगा नदी के किनारे पहुँचते ही सभी गंगा पार करने की तैयारी कर रहे थे। सबकुछ से अनजान इन सिपाहियों और बाबू साहब को अंग्रेजी हुकूमत का कुछ ख्याल हीं नहीं रहा कि अंग्रेजों का खुफिया तंत्र बहुत प्रबल हैं। अंग्रजों को इसकी भनक लग गई थी कि बाबू साहब अपनी सेना के साथ अपनी रियासत जगदीशपुर लौट रहे हैं।

हर दिन, हर पल चुनौतियों का सामना करने वाले बाबू साहब जैसे योद्धा विरले हुआ करते हैं। जिस उम्र में लोगों को आराम की जरूरत होती है, उस उम्र में बाबू साहब अपना सुख-चैन त्यागकर हिंदुस्तान की अस्मिता की रक्षा करने के लिए जान तक की बाजी लगा चुके थे। बाबू साहब अपनी सेना के साथ सकुशल गंगा पार कर अपनी जन्मभूमि जगदीशपुर जाने की तैयारी कर रहे थे। डगलस भी घोड़े दौड़ाता हुआ उनका पीछा कर रहा था। समय की नजाकत को बाबू साहब तो कुछ-कुछ भाँप रहे थे, मगर अपने सहयोगियों से कुछ जिक्र नहीं करना चाह रहे थे। यहाँ कुँवर सिंह ने धैर्य से काम लिया। उन्होंने अफवाह फैला दी कि वे बलिया के निकट हाथियों से अपनी सेना को गंगा पार कराएँगे। कुँवर सिंह की पैतरेबाजियों से परेशान हो चुके अंग्रेज फिर करारा धोखा खा गए। अंग्रेज भी कम चौकन्ने नहीं थे। इस तरह वे शिवपुर घाट पहुँच गए और डगलस के आने के पहले ही बहुत कुशलता और रफ्तार से अपनी सेना के साथ सकुशल लौटना चाह रहे थे।

बाबू साहब से खार खाई अंग्रेजी सेना भला इन्हें कहाँ बख्शने वाली थी! वो जहाँ भी हो, जैसे भी हों, इन्हें अपना ग्रास बनाना चाहती थी। बाबू साहब को भला कैसे अंग्रेजी सरकार छोड़ती! जिस एक रियासत ने कई अहम अंग्रेजी ऑफिसरों

को मौत के घाट उतार दिया था। देश को एक सूत्र में बाँधने का सूत्रपात् किया हो, अंग्रेजों के खिलाफ फन काढ़ने की कोशिश की हो, भला उसको कैसे छोड़ेगी अंग्रेजी सरकार? और किसी भी कीमत पर उन्हें गिरफ्तार करना चाहती थी या फिर उन्हें मौत के घाट उतारना चाहती थी।

सभी लोगों को नाव में बैठाकर बाबू साहब बड़ी सावधानी के साथ विदा कर रहे थे। अलग-अलग नावों में सभी सवार होकर अपने गंतव्य के लिए प्रस्थान कर गए। सबसे आखिरी नाव में बाबू साहब भी सवार होकर चल पड़े। जाने कैसे इस बात की अंग्रेजों को भनक लग गई कि बाबू साहब अपनी फौज के साथ अपनी रियासत के लिए रवाना हो गए हैं। चूँकि यह बात देर से पता चली थी, मगर अंग्रेज अपनी लगातार हुई क्षति से बाबू साहब से काफी खफा थे। देर से ही सही, वो पता करते-करते नदी के किनारे पहुँच गए। देखा, तो सभी अवाक् रह गए। उनको मिली खबर पूरी तरह से पक्की थी। बाबू साहब भी नाव में सवार नदी के छोर से आगे निकल चुके थे।

अभी नाव बीच भँवर में ही थी। बाबू साहब को सिर्फ जगदीशपुर अब दिखने लगा था। अपनी मिट्टी ने उन्हें इतना भाव विह्वल कर दिया कि उन्हें तनिक भी अंग्रेजी हमले का ख्याल न रहा। आनन-फानन में अंग्रेजों ने लगातार गोलियाँ बरसानी शुरू कर दीं, नदीं में जा रही फौज चूँकि बाबू साहब से आगे निकल गई थी, लेकिन बाबू साहब अभी अंग्रेजों की नजर से ओझल नहीं हुए थे। अपनी चाल

में मात खाते अंग्रेजों ने ऐसा निशाना साधा कि बाबू साहब के बाएँ हाथ में गोली जाकर लग गई और वो गंभीर रूप से जख्मी हो गए।

नदी के बीचोबीच ऐसी घटना हुई तो सभी लोग घबरा गए।

अब क्या होगा?

फिर भी बाबू साहब की सहायता के लिए अपने-अपने तरीके से सभी दिमाग लगाने लगे, ताकि बाबू साहब सुरक्षित हो जाएँ। बाबू साहब ने सबको इशारा किया कि ये वक्त सोचने का और दया करने का नहीं है, सभी लोग आगे की तरफ जितना जल्दी हो, निकल चलें, क्योंकि अंग्रेजी फौज आगे भी कोई रणनीति बनाकर हमें अपना शिकार बना सकती है।

इतनी बड़ी घटना होने के बाद भी बाबू साहब के चेहरे पर शिकन तक नहीं आई थी। उनके हौसले तनिक भी कम नहीं दिख रहे थे। बीच गंगा नदी में नाव थी। कोई चाहकर भी उनकी सहायता उस वक्त नहीं कर सकता था, क्योंकि अंग्रेजों की टोली ने उनपर हमला किया था। सभी को बचाना भी था। वैसे भी होनी को भला कौन टाल सकता था! जो होना है, वो तो होकर ही रहेगा, इंसान को कुछ पता भले ही न हो, मगर किसी भी घटना के लिए ईश्वर द्वारा समय तो निश्चित रहता है। गंगा नदी को पार करते हुए इस घटना को होना था। किसी को इसकी भनक कैसे लग सकती थी? कही-न-कहीं किसी देशद्रोही ने ही इसकी सूचना दी होगी कि कुँवर साहब की टोली इस मार्ग से लौट रही है।

खैर! पतवार नाव को रफ्तार दिए जा रही थी। किसी तरह अपने बाबू साहब को किनारे तक समय से पहले पहुँचाना चाह रहा था, ताकि बाबू साहब का सही तरीके से इलाज हो सके। बाबू साहब के जख्म को देखकर सभी परेशान हो रहे थे। बाबू साहब को इसकी थोड़ी भी परवाह नहीं थी। शायद, वो यही सोच रहे थे कि मेरे शरीर में अंग्रेजों के दाग मौजूद हैं और मैं कुछ कर भी नहीं पा रहा हूँ, अन्य लोगों के द्वारा कोई माकूल उपाय इसके लिए की जाती, उससे पहले ही बाबू साहब ने अपनी कमान से चमचमाती तलवार निकालकर अपने बदन से बाँह को एक झटके में काट डाला। तलवार लगते ही शरीर से हाथ अलग हो गया। किसी को कोई कीड़ा काट ले, कहीं जख्म हो जाए, कट जाए तो दर्द से इंसान कराहने लगता है, घबरा जाता है, और एक बाबू साहब थे, जिनके चेहरे पर तनिक भी लेश मात्र के निशान नहीं थे! गंगा में बाँह को काटकर गिराने के साथ बाबू साहब ने कहा—हे, गंगा मईया यह मेरा अर्पण स्वीकार करो!

अंग्रेज किसी भी स्तर पर बाबू साहब को छोड़ना नहीं चाहते थे, सो हर कदम पर उनके लिए पहले से रणनीति के तहत उनके पहुँचने के पहले मौजूद रहते थे। वो तो बाबू साहब इतने बड़े देशभक्त थे कि उनका बाल बाँका कर पाना किसी के वश की बात नहीं थी। बिहार के आरा के समीप जगदीशपुर जाने के लिए बाबू साहब जैसे ही रवाना हुए तो अंग्रेजों को इसकी भी सूचना लग ही गई थी। पहले से घात लगाए अंग्रेजी फौज ने बाबू साहब की सेना पर हमला कर दिया। इस दौरान ग्रामीणों ने उनका भरपूर सहयोग किया। जख्मी हुए बाबू साहब अपने कटे हुए अंग के साथ आरा पहुँचे। एक हाथ कटा होने के बाद भी बाबू साहब ने 22 अप्रैल, 1858 को जगदीशपुर और उसके किले पर पुनः अधिकार जमा लिया। 199 गोरों में से मात्र 80 सैनिक ही युद्ध के भयंकर संहार से जिंदा बच सके। 22 अप्रैल की इस जीत के बाद जगदीशपुर में कुँवर सिंह का शासन पुनः स्थापित हो गया। किंतु कुँवर सिंह के कटे हाथ के घाव का जहर तेजी से बढ़ रहा था। 23 अप्रैल, 1858 को ली ग्रांड की सेना आरा से जगदीशपुर की तरफ बढ़ी। ग्रांड की सेना तोपों व अन्य अत्याधुनिक शस्त्रों के साथ आगे बढ़ रही थी। जबकि कुँवर सिंह की सेना के पास अस्त्र-शस्त्र की भारी कमी थी, ऊपर से नौ माह तक लगातार युद्ध लड़ने के बाद वह पूरी तरह से थक चुकी थी।

जगदीशपुर पहुँचे उन्हें अभी 24 घंटे भी नहीं बीते थे कि अंग्रेजी सेना से एक बार कुँवर की थकी-हारी सेना फिर आमने-सामने हो गई; लेकिन उनके अंदर जो जोश था, वो अभी भी जिंदा था। इसी का नतीजा रहा कि युद्ध भूमि में ली ग्रांड की

सेना पराजित हो गई, यानी अंग्रेजों की एक बार फिर से हार हो गई। चार्ल्स वाल की 'इंडियन म्युटनी' में उस युद्ध में शामिल एक अंग्रेज ऑफिसर ने इस युद्ध की चर्चा करते हुए लिखा है कि—वास्तव में जो कुछ हुआ, उसे लिखते हुए मुझे अत्यंत लज्जा आती है। लड़ाई का मैदान छोडकर हमने जंगल में भागना शुरू किया। शत्रु हमें पीछे से बराबर पीटता रहा, स्वयं ली ग्रांड को छाती में गोली लगी और वह मारा गया।

ओजस्वी व्यक्तित्व तथा छापामार युद्ध में अपनी अद्भुत प्रवीणता तथा अनेक सैनिक सफलताओं से बाबू वीर कुँवर सिंह विद्रोह के प्रमुख स्तंभ बन गए थे। अनेक इतिहासकारों ने स्वीकार किया कि उनमें वीर शिवाजी जैसा तेज था। कुँवर सिंह की प्रशंसा करते हुए मेजर विंसेंट आयर ने स्वयं कहा था—"बाबू कुँवर सिंह युद्ध कला के जादूगर हैं। हम लोग उनके सामने असहाय हैं।"

बाबू साहब की आँखों में आँसू...

कुँवर सिंह गोली लगने और हाथ काटने से बुरी तरह जख्मी हो गए थे, तब वे जगदीशपुर चले गए थे। उनके भाई अमर सिंह के नेतृत्व में छापामार युद्ध चल रहा था। अमर सिंह अंग्रेजों के छक्के छुड़ा रहे थे। अस्वस्थ कुँवर सिंह ने अपने एक खास सहयोगी से कहा—"बुझावन सिंह, अमर युद्ध में अकेले पड़ रहे हैं। मैं उसे बहुत प्यार करता हूँ, इस समय मैं उनके साथ जाने की स्थिति में नहीं हूँ, इस धर्म युद्ध में तुम मेरी जगह जाओ।"

बाबू साहब का आदेश बुझावन सिंह के लिए किसी फरमान से कम नहीं था। बुझावन सिंह अमर सिंह के साथ हो लिये, बाबू साहब पर हमले से बौखलाए अमर सिंह ने अंग्रेज ऑफिसर लूथर की हत्या कर दी, लेकिन अमर सिंह को दूसरे अंग्रेज के प्रहार से बचाने में बुझावन सिंह खुद शहीद हो गए।

अमर सिंह—भईया, हमने अंग्रेज ऑफिसर लूथर को मौत की घाट उतार दिया, मगर बुझावन सिंह मेरे सामने आकर अपनी छाती नहीं करते तो अंग्रेजों का भाला मेरी छाती में लग जाता और मैं आपके सामने आज नहीं होता! लड़ाई के इस अभियान को बुझावन सिंह ने ही पूरा किया। इसलिए यह मेरी जीत नहीं, बल्कि बुझावन सिंह की जीत है।

यह सुनकर बाबू साहब की आँखें आँसुओं से डबडबा गईं।

कुँवर सिंह—"अमर! इसी अहाते में पश्चिमी छोर पर कहीं शहीद बुझावन सिंह के शव को दफना दो, ताकि शहीदों के निशान भविष्य में भी रहें। मेरा

इतिहास केवल कागज के कुछ पन्नों में सिमटा रहेगा, लेकिन बुझावन सिंह की यह कब्र सभी शहीदों की कब्र होगी।" इसलिए बुझावन सिंह के शव को उनके किले के अंदर ही दफनाया गया, जो कब्र आज भी मौजूद है। बुझावन सिंह भी राजपूत थे, लेकिन औरंगजेब के जमाने में उनके पूर्वजों को मुसलिम धर्म अपनाना पड़ा था। खैर, जो भी हो, बुझावन सिंह सच्चे देशभक्त और स्वतंत्रता संग्राम के अमर वीर सिपाही थे।

एक तो पहले से ही हाथ कटा हुआ था, ऊपर से दो-दो युद्ध लड़ने पड़े, लड़ते-लड़ते बाबू साहब के पूरे शरीर में जहर फैलकर उन्हें जख्मी बना दिया था। साँसें थमने लगी थीं। अब किसी को भी देखकर उनकी आँखे भर आती थीं। उनका चेहरा देखकर ऐसा प्रतीत होता था, जैसे बीते कल को यादकर उनकी आँखें भी कभी-कभी नम हो रही हैं और आखिरकार जिस भूमि पर बचपन गुजरा, प्यार की लौ जली थी, आज उस भूमि की एक ऐतिहासिक लौ बुझने के कगार पर था। पूरे शरीर में जहर फैलने की वजह से आखिरकार वो दिन भी आया और 26 अप्रैल, 1858 को अत्यधिक रक्तस्त्राव होने कि वजह से इस महान् वयोवृद्ध पराक्रमी विजेता का जीवनदीप हमेशा-हमेशा के लिए बुझ गया। अंग्रेजों को उनकी लाश तक हाथ नहीं लगी। इसका प्रमाण शाहाबाद के कलक्टर एच.आर. मैडॉक्स एसक्वॉयर का वह पत्र है, जिसमें वह लिखते हैं कि जगदीशपुर से 8 मील दूर बाबू साहब की अंत्येष्टि कर दी गई है।

कुँवर सिंह ने अंग्रेजों के विरुद्ध केवल निरंतर संघर्ष ही नहीं किया, बल्कि उन्होंने देशभर के राजाओं, जमींदारों, विभिन्न जाति और धर्मों के बिखरे हुए लोगों को एक राष्ट्रसूत्र में पिरोने का भी काम किया। वे एक जमींदार थे, उन्होंने आम लोगों की सुविधा को ध्यान में रखते हुए नहर खुदवाई, जरूरत की जगहों पर बाँध बनवाए, पर्यावरण की रक्षा के लिए वृक्षारोपण कराया, बच्चों को अच्छी तालीम देने के लिए विद्यालय, तो लोगों के बेहतर इलाज के लिए अस्पताल तक बनावाए। कुँवर सिंह इतने लोकप्रिय हैं कि भोजपुर जिले का बच्चा-बच्चा उनके बलिदान को खेल-खेल में गीतों के माध्यम से स्मरण करता है। हमारे समाज की नई पीढ़ी उनके आदर्शों से प्रेरणा लेकर इस आजादी को अक्षुण्ण बनाए रखने में हरसंभव त्याग करती आ रही है, क्योंकि जो समाज अपने इतिहास, पूर्वजों के त्याग, बलिदान, सत्यपरायणता, शौर्य, वीरता, देशभक्ति, मातृभूमि से प्रेम एवं अन्य अवदानों को भूल जाता है, वह अपने वर्तमान के प्रति कृतघ्न होता है तथा अपने भविष्य को सुरक्षित नहीं रख पाता है।

जो सभी के लिए जीते हैं, वो हमेशा के लिए अमरत्व की श्रेणी में शामिल हो जाते हैं। बाबू साहब जब तक थे, हर किसी का बराबर ख्याल रखते थे। रोज किसी-न-किसी समस्या के समाधान के लिए लड़ते रहे, कभी किसी से कोई शिकायत नहीं रही, शिकायत थी तो अपने उन लोगों से, जिन्होंने अपनी खुशी की चाहत में दुश्मनों से मिलकर अपनों की ही जागीर मिटाने को आतुर थे। सभी लोग एक तरह के नहीं होते हैं, सभी की विचारधारा को हम एक साथ जोड़ भी तो नहीं सकते। पर, जो हुआ, उसे आगे बढ़ाते रहना, अपनी धरती मईया को अंग्रेजी चँगुल से मुक्त कराना होगा, वरना तब और दुःख होगा, जब हमारी नश्लें गुलाम पैदा होंगी! ये बातें उस धर्मात्मा बाबू कुँवर सिंहजी के दिल से निकली थीं, जिनकी पूरी जिंदगी गुजर गई, संघर्ष करते-करते, दे गए आजादी को बुलंद आवाज!

लोकभाषा में रचित रचनाएँ बहुत कुछ बयाँ करती हैं—

"भर-भोजपुर में कुँवर बिरजलें
हाट बजरिया कवन बिसारे
के कहल सब गुनवा नूँ
बेतिया अवरु दरभंगा बाड़े
आउर बाड़े टेकारी नूँ
जैपुर, जोधपुर दूर बसेलें
छोटे राजा मझवली नूँ
भोजपुर में डुमराँव बसेला
उहो बाड़ें फिरंगी नूँ.. "

लोकगीतों में छाए रहने वाले रणबाँकुरे बाबू वीर कुँवर सिंह समय के साथ राष्ट्रीय गाथा में भी शामिल हो गए। बिहार के डुमराँव (बक्सर) स्टेट निवासी मनोरंजन प्रसाद सिन्हा (प्रधानाचार्य, छपरा कॉलेज) ने रणबाँकुरे वीर कुँवर सिंह की वीरता का बखान अपनी लेखनी के माध्यम से किया था।

'खूब लड़ी मर्दानी' की तरह ही कुँवर सिंह भी बड़े वीर मर्दाना योद्धा थे। इनके सम्मान में एक कविता को प्राचार्य मनोरंजन प्रसाद सिन्हा ने लिखा था, जो वर्ष 1929 में रामवृक्ष बेनीपुरी के संपादन में निकलने वाली 'युवक' पत्रिका में छपी, तो ब्रिटिश सरकार ने इसे तत्काल प्रतिबंधित कर दिया।

जिस कविता पर ब्रिटिश सरकार ने प्रतिबंध लगाया था, वो थी—

था बूढ़ा पर वीर बाँकुड़ा कुँवर सिंह मर्दाना था।
मस्ती की थी छिड़ी रागिनी आजादी का गाना था॥

भारत के कोने-कोने में होता यही तराना था।
उधर खड़ी थी लक्ष्मीबाई और पेशवा नाना था॥
इधर बिहारी-वीर बाँकुड़ा खड़ा हुआ मस्ताना था।
अस्सी बरस की हड्डी में जागा जोश पुराना था।
सब कहते हैं, कुँवर सिंह भी बड़ा वीर मर्दाना था॥

और अंतिम पद…

दुश्मन तट पर पहुँच गए, जब कुँवर सिंह करते थे पार।
गोली आकर लगी बाँह में, दायाँ हाथ हुआ बेकार।
हुई अपावन बाहु जान, बस, काट दिया लेकर तलवार।
ले गंगे यह हाथ आज, तुझको ही देता हूँ उपहार॥
वीर-भक्त की वही जान्हवी को मानो नजराना था।
सब कहते हैं कुँवर सिंह भी बड़ा वीर मर्दाना था॥

□

6

आखिरी मुगल बादशाह

मशाल जल चुकी थी, धीरे-धीरे उसकी लपट गाँव से निकलकर सल्तनत होते हुए देश भर में फैलने लगी थी, मगर एक बात आड़े आ रही थी। आखिर कौन होगा विद्रोहियों का नेतृत्वकर्ता? ऐसे में याद आई मुगल बादशाह बहादुरशाह जफर की। उनके नेतृत्व को सबने अपनी सहमति जताई। यहाँ से शुरू हुई अंग्रेजी सल्तनत के खिलाफ सामूहिक विद्रोह की। शुरुआत असंगठित देशवासियों को एक साथ जुड़ने का मौका मिला, जो अंदर-ही-अंदर अंग्रेजी ताकत से अकेले लड़ पाने में रियासत असमर्थ महसूस कर रही थी, वो सभी एकजुटता के साथ मजबूत हो गए। राख के नीचे दबी आग फिर से लपट में बदलने लगी, फिर क्या, सभी अपनी-अपनी रणनीति बनाने में जुट गए।

दिल्ली के बारे में बादशाह के ख्यालात भी कुछ अलग ही थे, वो हमेशा कहा करते थे कि उर्दू का जन्म ही दिल्ली में हुआ था। इसकी सुंदरता और लालित्य मनमोहक है, जो बरबस किसी को भी अपनी ओर खींच लेती है। इस संदर्भ में मौलवी अब्दुल हक का कहना था, "जो व्यक्ति दिल्ली में नहीं रहता, वह उर्दू का गुणग्राहक नहीं हो सकता"। जेम्स बेली फ्रेजर कहते हैं—दिल्ली जैसा कोई शहर नहीं था। दिल्ली के हर घर में शायरी की चर्चा होती थी और बादशाह स्वयं उम्दा किस्म के शायर थे।...सदियाँ गुजर जाने के बाद भी दिल्ली को भारत के आखिरी मुगल बादशाह बहादुरशाह जफर का इंतजार रहता है। दिल्ली और बादशाह एक-दूसरे के पूरक हैं, एक सिक्के के दो पहलू हैं पर दिल्ली को उर्दू की जन्मस्थली मानने वाले बादशाह का दिल्ली के प्रति कुछ अलग ही ख्यालात थे—

"इतना है बदनसीब जफर दफन के लिए
दो गज जमीन भी न मिली कू-ए-यार में!"

आगे उन्होंने कुछ इस तरह लिखा—

बात करनी मुझे मुश्किल कभी ऐसी तो न थी
जैसी अब है तेरी महफिल कभी ऐसी तो न थी

न थी हाल की जब हमें अपने खबर रहे, देखते औरों के ऐब-ओ-हुनर
पड़ी अपनी बुराइयों पर जो नजर तो निगाह में कोई बुरा न रहा,

'जफर' आदमी उस को न जानिएगा,
वो हो कैसा ही साहब-ए-फहम-ओ-जका।
जिसे ऐश में याद-ए-खुदा न रही जिसे तैश में खौफ-ए-खुदा न रहा।

अंग्रेजों से लड़ाई लड़ने के लिए अपनी-अपनी रणनीति बनने लगी थी। अंग्रेजों को कानोकान खबर न लगे, इसको लेकर काफी सतर्कता बरती जा रही थी। अंग्रेजी सल्तनत एक बहुत बड़ी सल्तनत थी। उसके पास सभी अत्याधुनिक संसाधन जो उस जमाने में हुआ करता था, वो मौजूद था। चूँकि देश को पूरी तरह से अंग्रेजों ने अपने अधीन कर रखा था। वो जो चाहते थे, उसे मानना पड़ता था। नहीं मानने वालों को शहीद होना पड़ता था। बावजूद इसके, एक बार फिर आग भड़क चुकी थी। किसी भी हालत में वो दबने वाली नहीं थी। घर-घर से आवाज उठने लगी थी। देश को गुलामी की जंजीर से मुक्त कराना है, चाहें इसके लिए कितनी भी कुर्बानी क्यों न देनी पड़ जाए!

जो भी राजा होगा, देश का, उसकी तो इच्छाएँ होंगी ही, उसी तरह आखिरी मुगल बादशाह बहादुर शाह जफर की ख्वाहिश थी कि मौत के बाद उन्हें अपने शहर दिल्ली में ही दफनाया जाए। इसके लिए उन्होंने 13वीं सदी के मशहूर सूफी संत ख्वाजा कुतुबुद्दीन बख्तियार काकी की दरगाह के नजदीक जगह भी तय कर रखी थी, मगर अंग्रेज नहीं चाहते थे कि उनकी औपनिवेशिक सत्ता के खिलाफ पहली बगावत की निशानी जफर की मौत के बाद भी हिंदुस्तानियों की नजरों के सामने रहे, इसलिए उन्होंने जफर की यह तमन्ना पूरी नहीं होने दी; लेकिन हैरानी की बात है कि महरौली में संगमरमर की जालीदार दीवारों से घिरा जफर का सर्दगाह देश के आजाद होने के बाद भी वर्षों तक खाली रहा।

मिर्जा अबू जफर सिराजुद्दीन मुहम्मद बहादुर शाह का तखल्लुस भले ही जफर (विजय) रहा हो, बदनसीबी ने उम्रभर उनका पीछा नहीं छोड़ा। अपने वालिद अकबर सानी के 1837 में इंतकाल के बाद जब उन्होंने दिल्ली का तख्त सँभाला, मुगलिया सल्तनत लाल किले की चहारदीवारी के अंदर तक ही सिमटकर रह गई

थी। असली सियासी और फौजी ताकत ब्रिटिश ईस्ट इंडिया कंपनी के हाथों में जा चुकी थी। बादशाह को कंपनी की थोड़ी सी पेंशन पर गुजारा करना पड़ रहा था और उसे टैक्स वसूलने और फौज रखने के मामूली हक ही दिए गए थे।

सन् 1857 में गदर की नाकामी के बाद जफर अगर अंग्रेजों के हाथ नहीं आते तो हिंदुस्तान की तसवीर शायद कुछ और ही होती! अंग्रेजों के लंबे समय तक राज करने के पीछे का राज था, हमारे देश के गद्दार। अगर वो गद्दारी नहीं करते अपने सुख के लिए तो शायद शहीदों की कुर्बानियाँ जाया नहीं जातीं। अब आगे क्या बताऊँ, जफर को ही देख लीजिए, एक राजा को भी उनके नजदीकी गद्दारों ने ही उनके साथ गद्दारी कर दी! जिसकी वजह से जिंदगी के आखिरी पड़ाव पर जफर को पराए देश में अंग्रेजों के कब्जे में काफी तकलीफें उठानी पड़ी थीं। जब इतने से भी क्रूर अंग्रेजों का जी नहीं भरा तो मौत के बाद भी जफर को अपने मुल्क की मिट्टी तक नसीब नहीं हो सकी।

ब्रिटिश हुकूमत के खिलाफ सिपाहियों की बगावत के समय जफर 78 साल के हो चुके थे। वह किसी फौजी मुहिम की सदारत करने की हालत में नहीं थे। लेकिन मजहबी एकता के हिमायती जफर में हिंदुओं और मुसलमानों को मुश्किल हालात में एकजुट रखने की कुव्वत थी। इसीलिए बागी सिपाहियों ने 11 मई, 1857 को दिल्ली पहुँचने के बाद उन्हें अपना नेता चुना। आजादी की पहली लड़ाई भले ही नाकाम रही, मगर उनकी अगुवाई में हिंदू और मुसलिम सिपाही अंग्रेजों के खिलाफ कंधे से कंधा मिलाकर लड़ने के लिए एकजुट हो गए। दिल्ली की आबादी एकजुट हो गई और दिल खोलकर जफर का साथ दिया।

जफर की माँ लाल बाई हिंदू राजपूत थीं। लिहाजा उन्हें हिंदू और इस्लाम दोनों मजहबों को नजदीक से जानने और समझने का मौका मिला। उनका मानना था कि हिंदू और मुसलिम दोनों ही मजहब एक-दूसरे से प्रेम करना सिखाते हैं। उनके विचारों का दिल्ली के समाज पर बहुत जबरदस्त असर पड़ा। उस जमाने में सूफी संत हजरत निजामुद्दीन औलिया की दरगाह पर हिंदू समूदाय का भी ताँता लगा रहता था। मुसलिम बिरादरी के लोग और जफर खुद भी हिंदुओं के पर्व-त्योहार में बढ़-चढ़कर हिस्सा लेते थे।

जफर को कभी जाति के दायरे में बाँधकर पूरी जिंदगी नहीं रखा जा सका, तभी तो हिंदुओं की तरह वो भी गंगाजल पीते थे। हिंदुओं के पावन पर्व होली पर वह सात कुँओं के पानी से नहाने के बाद दरबारियों, बेगमों और हरम के लोगों के साथ रंग खेलते थे। हिंदू धर्म में इतनी रुचि थी जफर को कि राममलीला देखने के लिए

वो जरूर जाया करते थे, या फिर अपने यहाँ विशेष आयोजन करके रामलीला देखते थे। इसमें उनकी खास दिलचस्पी थी और दशहरे के मौके पर वह हिंदू दरबारियों को भरपूर मात्रा में नजराना देते थे। दीपों के त्योहार दीपावली पर वह खुद को अनाज, सोना-चाँदी और कौड़ियों से तौलवाते थे। तौल किए गए सभी सामान को गरीब-गुरबों में बँटवा देते थे।

लंबे संघर्ष, लाखों कुर्बानियाँ, चारों तरफ वीरानगी का मंजर, अपने ही मुल्क में एकबार फिर से पराए हो गए। असंगठित लड़ाई आखिरकार मुकाम तक पहुँचने से पहले ही बीच रास्ते में कुंद पड़ गई। गद्दार देशवासियों की वजह से अंग्रेजों की हुकूमत हावी हो गई। 14 सितंबर, 1857 को दिल्ली पर फिर से अंग्रेजों ने कब्जा कर लिया। लाल किला जफर की कमान से निकलकर अंग्रेजों के हाथ आ गया, अंग्रेजों ने लाल किला पर अपनी फतह कर ली। इसके बाद जफर के सामने लाल किला छोड़कर भागने के अलावा और कोई दूसरा रास्ता भी तो नहीं था। वह 17 सितंबर, 1857 को बरसात के मौसम में, जब दरिया में पानी उफान पर था, उसी रात दरिया (जमुना) में कश्ती पर सवार होकर महरौली के लिए निकल पड़े। उनका पहला पड़ाव निजामुद्दीन औलिया की दरगाह था, जहाँ पहुँचकर उन्होंने सदियों से सहेजकर रखी गई अपने पुरखों की निशानियों को पीरजादाओं को सौंप दिया, जिनमें पैगंबर मोहम्मद साहब की दाढ़ी के बाल भी शामिल होने की बात कही जाती है।

भागते-भागते अपने सभी काम को निबटाने के बाद भूख भी लग गई थी। मिली-जुली संस्कृति के पोषक जफर को यह पूरी तरह से अहसास हो गया था कि वो अब सल्तनत के राजा नहीं, एक फकीर हो गए हैं। बावजूद इसके वो घबराए नहीं और दरगाह पर कलमा पढ़ने के बाद पीरजादाओं की दी हुई ताहिरी खाकर अपनी भूख मिटाई। भूख तो मिट रही थी, परंतु उनकी आँखों से बहते आँसू थमने का नाम नहीं ले रहे थे।

उन्होंने भरे गले से कहा—"मुगल सल्तनत का चिराग अब हमेशा-हमेशा के लिए बुझने वाला है। महज कुछ ही घंटों में उसकी लौ खत्म हो जाएगी। अब मुगलिया सल्तनत इतिहास के पन्नों तक सिमटकर रह जाएगी, जब इतना सबकुछ हमें पता ही है तो और खून-खराबा करने की जरूरत ही क्या है? क्यों किया जाए किसी को कत्लेआम? इसीलिए मैं लाल किले को छोड़ आया, अब यह देश अल्लाह के हवाले है और वह जिसे चाहें, उसे इसकी बागडोर सौंप दें।"

बहादुर शाह जफर के शासनकाल के दौरान, उर्दू कविता विकसित हुई और अपने चरम पर पहुँच गई। उनके दादा और पिता भी कवि थे और उन्हीं से प्रभावित

होकर उन्होंने भी इस रचनात्मक कौशल को विकसित किया। बहादुर शाह ने साहित्य के क्षेत्र में भी योगदान दिया। उनकी कविता ज्यादातर प्रेम और रहस्यवाद से संबंधित हैं। उन्होंने अंग्रेजों द्वारा झेले गए दर्द और दुःख के बारे में भी लिखा। वह अपने समय के मिर्जा गालिब, जौक, मोमिन और दाग जैसे प्रख्यात और प्रसिद्ध उर्दू कवियों के एक महान् संरक्षक भी थे। माना जाती है कि उनकी अधिकांश उर्दू गजलें 1857 के युद्ध के दौरान खो गईं। उनमें से कुछ जो बच गईं, उन्हें संकलित कर 'कुल्लियात-ए-जफर' नाम दिया गया, जो इतिहास बन गई। जफर साहित्य के इतने बड़े सेवक थे कि रंगून में अंग्रेजों की कैद में रहते हुए भी उन्होंने ढेर सारी गजलें लिखीं। जफर को जब कलम तक नहीं दी गई तो उन्होंने जली हुई तीलियों से दीवार पर गजलें लिख डाली थीं।

बहादुर शाह जफर की रचना आज भी हैं चरितार्थ—

"उम्र-ए-दराज माँग के लाए थे चार दिन,
दो आरजू में कट गए-दो इंतजार में,
ये मुबारक शहर तुम्हें अपना,
हम तो मेहमान थे चार दिन के।"

बहादुर शाह जफर महरौली के लिए निकल पड़े। अभी जफर की पालकी कुछ दूर ही पहुँची थी कि पालकी के झरोखों से बाहर झाँककर देखा तो कोई व्यक्ति इधर ही चला आ रहा था। इतनी दूर था कि आँखों से इन्हें सूझ नहीं रहा था। धीरे-धीरे वो आदमी इन्हीं की तरफ बढ़ता दिख रहा था। इस नजारे को देखकर जफर भी सोच में पड़ गए, आखिर कौन हो सकता है? तभी उनके करीब वो इंसान आ गया। बाहर जब नजर पड़ी तो देखा, ये उनके अपने समधी मिर्जा इलाही बख्श हैं। जब पास अपनों को पाया तो थोड़ा दिल को सकून आया। इतने में इनके दर्द को भाँपते हुए इलाही बख्श ने बताया कि महरौली के रास्ते में गुज्जरों का गिरोह लूटपाट कर रहा है, इसलिए आप रास्ते को बदल दें। जफर ने रास्ता तो बदल दिया, मगर उन्हें क्या पता था कि उनका अपना समधी हीं उनके लिए गद्दार बनकर अंग्रेजों से मिला हुआ है और उसे बादशाह को महरौली पहुँचने से रोकने की जिम्मेदारी सौंपी गई है! उन्होंने वापस निजामुद्दीन दरगाह की ओर लौटने का फैसला कर लिया और लौटने लगे।

जैसे ही जफर निजामुद्दीन दरगाह पहुँचे, वहाँ अपनी छोटी बेगम जीनत महल का इंतजार करने लगे; परंतु उन्हें क्या पता था कि उनकी छोटी बेगम खुद भी अंग्रेजों के साथ हो गई है! किसी तरह जान बचाने के लिए नजदीक ही हुमायूँ के मकबरे

में जाकर पनाह ली। अभी साँसों ने राहत भी न पाई थी कि चारों तरफ से अंग्रेजों ने हमला बोल दिया। जफर चारों तरफ से घिर गए। अब उनके पास अंग्रेजों के सामने हथियार डालने के अलावा कोई रास्ता नहीं बचा था और 21 सितंबर, 1857 को उन्होंने खुद को ब्रिटिश कमांडर विलियम हडसन के हवाले कर दिया। चारों तरफ नजर दौड़ाई, कल तक साथ रहने वाले पराए हो गए थे। खून के रिश्ते खून के प्यासे हो गए थे, दो कौड़ी के लालच में अपने मुल्क का सौदा कर चुके थे! ये मुल्क मेरी माँ है, माँ का कभी सौदा नहीं करते। बस, एक बात सभी से कहा कि अरे ये सब करने की क्या जरूरत थी ? मैं खून-खराबा नहीं चाहता था, आप लोग बोलते, गद्दी छोड़ देता! आप तो अपने थे, फिर…

दिल्ली एक बार फिर से अंग्रेजों के कब्जे में आ गई। दिल्ली पर झंडा लहराने के साथ ही अंग्रेजों ने देश में जमकर तबाही मचाई, हजारों बेगुनाहों को मौत के घाट उतार दिया। चाँदनी चौक की हर गली के सिरे पर फाँसी का तख्ता लगा दिया गया था। अकेले पुरानी दिल्ली के कूचाँ चालान में कुछ ही घंटों में लगभग 1500 लोगों को मार गिराया। जो बच गए, उन्हें शहर छोड़ने के लिए मजबूर कर दिया गया। अपनी शानो-शौकत और रंगीन शामों के लिए मशहूर शाहजहाँनाबाद की हर बड़ी इमारत को जमींदोज कर उनके वजूद को मिटा दिया, ताकि उनका इतिहास फिर से कोई दोहरा न सके।

हुमायूँ के मकबरे से पकड़े जाने के बाद जफर को लाल कुआँ इलाके में जीनत महल की हवेली में रखा गया। अंग्रेजों ने उनके साथ बहुत बूरा सलूक किया। उस दौर के सिविल कमिश्नर सांडर्स की पत्नी मेटिल्डा ने लिखा है— 'आखिरी मुगल बादशाह दालान में एक टूटी सी चारपाई पर सिर झुकाए चुपचाप बैठा था।' एक ब्रिटिश सैनिक के मुताबिक, 'बूढ़ा बादशाह किसी खिदमतगार की तरह दिख रहा था। उससे मिलने के लिए जूते उतारने की जरूरत नहीं थी। उसे हर तमाशबीन को सलाम करने के लिए मजबूर किया जा रहा था। एक राजा के साथ ऐसा व्यवहार बहुत घृणित है। मानवता पर बहुत बड़ा कुठाराघात है। कम-से-कम जफर के साथ इस तरह की ओछी हरकत तो नहीं हीं की जानी चाहिए; क्योंकि जफर जैसा राजा और इंसान विरले मिलते हैं। अगर उन्होंने अपने हक की लड़ाई लड़ी तो यह कौन सा जुर्म है ? जब इतने से भी जी नहीं भरा तो एक सैनिक ने आगे बढ़कर उनकी लंबी सफेद दाढ़ी को ही खींच लिया।' इस कदर जुल्म ढाया कि उन बातों को सुनकर और यादकर किसी का भी दिल दहल उठता है।

कैद में आने के बाद जफर को उनके हरम की 82 औरतों, 47 बच्चों और 2 हिजड़ों के साथ लाल किले में कैद कर दिया गया। इसके बाद जफर को एक गंदी और तंग कोठरी में कैद करके रख दिया गया। खाने के नाम पर प्रतिदिन सिर्फ दो आने दिए जाते थे। इतना ही नहीं, अपने रसूख तो दूर, हुकूमत की कौन बात करे, अपने समय के हकीम, नाई और धोबी तक को उनसे मिलने की इजाजत नहीं थी। ब्रिटिश सैनिक तो इतने बेकाबू हो गए कि जफर की बेगमों और शहजादियों को बेपर्दा कर नसीहत कर मजे लेते थे। जब जी में आता था, उनकी कोठरियों में घुस जाते थे और जो मन में आए, उनके साथ व्यवहार करते थे। कभी उन शहजादियों की हुकूमत चलती थी और आज ये दिन भी आ गए कि अपनी अस्मत बचाना भी मुश्किल हो गया था! कौन किसकी रक्षा करे, सबके साथ तो वही हाल था। अपनी जिंदगी से ऊबकर भी तो कुछ कर पाना मुनासिब नहीं था। वो इस कदर अपने से ऊब गए थे, की उन्हें खुद से ही नफरत होने लगी। उनकी जुबाँ भले ही नहीं खुले पर उनकी बद्दुआएँ एक-न-एक दिन उन्हें जमींदोज जरूर करेगी, जैसी बद्दुआ से इनकार भी नहीं किया जा सकता है।

सूफियों ने दिल्ली को सादगी, भाईचारे, प्रेम और करुणा की जो तहजीब दी थी, जफर उसकी निशानी थे। समय के साथ जफर भले ही हिंदुस्तान के बादशाह नहीं रह गए थे, मगर उनका खौफ अंग्रेजों के दिलों में बना हुआ था। अंग्रेजों को यह डर हमेशा सता रहा था कि जफर की मौजूदगी नजरों के सामने और दिलोदिमाग में हिंदुस्तानियों को अंग्रेजी हुकूमत के खिलाफ कभी भी भड़का सकती थी। जफर के खिलाफ चालीस दिनों तक मुकदमा चलता रहा। अंग्रेजों ने गदर की भयावहता को याद करते हुए उन्हें अंग्रेजों के खिलाफ बगावत, 49 ब्रिटिश नागरिकों के कत्ल और बागियों की मदद करने का गुनहगार करार देते हुए जीनत महल और परिवार के बचे सदस्यों के साथ रंगून निर्वासित कर दिया।

अंग्रेजों ने हिंदुस्तानियों में भय पैदा करने के लिए जफर को बर्मा की राजधानी रंगून में एक साधारण ब्रिटिश ऑफिसर के मोटर गैराज में रख दिया। जिंदगी पहाड़ हो गई, आँखों में दर्द की गहराई लिये हिंदुस्तान का आखिरी मुगल बादशाह 07 नवंबर, 1862 को आखिरकार जिंदगी की जंग हार गया। जिंदगी ने ऐसी नसीहत सौंपी कि उस बादशाह को श्वेदागोन पैगोडा के नजदीक दफना दिया गया। इतने से भी अंग्रेजों का जी नहीं भरा तो क्रूरता की हद पार कर दी और उनकी कब्र को बाँस से घेरकर उस पर घास उगा दी, ताकि उसे खोजा नहीं जा सके। देश के आजाद होने के लंबे समय गुजर जाने के बाद आखिरकार वर्ष 1991

में जफर के असली कब्र को खोज निकालने का दावा किया जाता है। 'द लास्ट मुगल' में विलियम डेरिम्पल लिखते हैं—"जब 1882 में बहादुर शाह जफर की पत्नी जीनत महल की मौत हुई, तब तक बहादुर शाह जफर की कब्र कहाँ थी, ये किसी को याद नहीं था। इसीलिए उनके शव को अंदाजन उसी जगह एक पेड़ के करीब ही दफना दिया गया।"

अंग्रेजों का जुल्म : दिल्ली का पतन

प्रथम स्वतंत्रता संग्राम में गुड़गाँव के मेवात के रणबाँकुरों ने भी हँसते-हँसते अपने प्राणों की आहुति दे दी। अंग्रेजों ने कई गाँवों को जलाया और एक हजार से भी ज्यादा लोगों को फाँसी पर चढ़ा दिया। 1939 वर्गमील में बसे गुड़गाँव की उस जमाने में जनसंख्या छह लाख, 62 हजार, 500 हुआ करती थी, जिसमें मेवात समुदाय की संख्या एक लाख, दस हजार, चार सौ थी। 10 मई, 1857 की बगावत में अंग्रेजों के खिलाफ मेरठ छावनी में पहली गोली मेवात के एक सैनिक चाँद खाँ ने ही चलाई थी। इसलिए मेवात की 1857 गदर में प्रासंगिकता प्रभावी हो जाती हैं।

गुड़गाँव दक्षिण का बड़ा भाग मेवात कहलाता था, मेवात क्षेत्र चारों तरफ से अंग्रेजो की पिट्ठू रिसायतों से घिरा हुआ था, फिर भी वीर मेवों ने साहस नहीं छोड़ा। प्रत्येक युद्ध में वीरता की छाप छोड़ी। इतना ही नहीं, रायसीना गाँव में मेवों ने अंग्रेजों से न केवल काँटों की बाड़ खुदवाई, बल्कि अंग्रेज अधिकारियों व सिपाहियों के सिर कलम कर चौपाल की सीढ़ियों में दफना दिए। इतिहासकार राजकिशोर राजे के अनुसार, आगरा में 1857 की क्रांति को कमजोर करने के लिए अंग्रेज अधिकारियों ने 18 मेवातियों को फाँसी के फंदे पर चढ़ा दिया, जिसके बाद क्रांति की आग कुछ दिनों के लिए धीमी भी पड़ गई थी। क्रांति की विफलता के बाद अंग्रेजों ने ऐसे गाँवों को भयानक सजाएँ दी। अंग्रेजों ने रायसीना व आसपास के गाँव नूँनेहरा, मुहम्मदपुर, सांपकी नंगली, हरियाहेड़ा, बाईकी और हिरमथला की भूमि को अपने भक्तों को पुरस्कार स्वरूप दे दिया, जिसकी प्रशंसा अंग्रेज सेना के अधिकारियों ने भी की।

लॉर्ड केनिंग ने लिखा है कि मेवात क्षेत्र में रहने वाली मेव कौम ने मुसलिम बादशाहों को भी तंग किया था और हमें तो बहुत अधिक परेशान किया। मेवाती किसानों की तलवार, बल्लम, बंदूकों और लाठियों से जिस युद्ध कौशल का परिचय दिया, उससे अंग्रेज भी हैरान थे। इस गदर में मेवाती क्रांतिकारियों ने सोहना, घासेडा

नूँह, फिरोजपुर झिरका, रूपडाका, पिनगँवा तथा तावडू को अपनी गतिविधियों का केंद्र बनाया। जहाँ से उन्होंने न केवल अंग्रेजों के विरुद्ध संघर्ष किया, बल्कि दिल्ली के क्रांतिकारियों की सहायता के लिए भी सैनिक तथा आर्थिक मदद भेजी। दिल्ली-पतन के बाद शांति कायम करने के बहाने अंग्रेजों ने क्रांतिकारियों को कुचलने के लिए भारी जुल्म किए।

□

7

रजवाड़े का इतिहास

जिंदगी हर बार एक नई इबारत लिखने के लिए होती है, लेकिन किसे पता वह इबारत कब और किसके हाथों लिखी जा सकेगी! आने वाले कल के बारे में सभी कोरी कल्पनाएँ जरूर करते हैं, मगर बहुत लोगों के सपने यूँ ही पूरा होने से पहले ही बिखरकर रह जाते हैं, तो कई ऐसे लोग होते हैं, जो जीवन के आखिरी पड़ाव में भी कुछ कर गुजरते हैं। प्रतिदिन आँखों के सामने लोग जिन चीजों, घटनाओं को देखते हैं, उन्हें क्या पता, वही कल का इतिहास हैं। अगर कोई भी इंसान समाज से हटकर कुछ सामाजिक योगदान के लिए करेगा तो लाजिमी है, उसका महत्त्व अलग होगा। अब राज-रजवाड़े की ही बात करें तो यह साफ हो जाता है कि कहीं-न-कहीं उनकी कार्यशैली, राज-काज राजा को भी किसी-न-किसी रूप में स्थापित करने का काम करता है।

पौराणिक काल में उत्तर में गंगा, पूरब और दक्षिण में सोन तथा पश्चिम में कर्मनाशा नदी से घिरा हुआ था एक भू-भाग, जिसे 'करुष प्रदेश' के नाम से जाना जाता था। करुष प्रदेश अपने को मगध एवं काशीराज से खुद को अलग रखता था। यह एक स्वयंशासी प्रदेश था। सूझ-बूझ से दोनों प्रदेश अपना बेहतर संबंध बनाकर रखते थे। इसी भू-भाग के दक्षिण में ऐतिहासिक किला रोहतास तथा उत्तरी भाग में आरा और बक्सर था।

भारतीय इतिहास में बागियों की अनेक ऐसी धाराएँ हैं, जिन्होंने विदेशी शासन को कभी स्वीकार नहीं किया। बागियों की ऐसी ही एक प्रबल धारा परमार (उज्जैन) राजपूतों की रही है। इसके सदस्य अदम्य साहसी और अक्खड़ रहे हैं। वे या तो शासन करेंगे या जंगलों में भटकेंगे। वीरता इनका सबसे बड़ा मूल्य और मरना सबसे सहज खेल था। ये विदेशी शासकों से भी लड़ते थे और अपने अधिकारों के

लिए आपस में भी कट मरते थे। यह अंतर्विरोध उस काल की जीवनदृष्टि का ही अंतर्विरोध था। परमार राजपूत अपने को राजा भोज का, जिनका यश उपख्यानों में वर्णित है, वंशज मानते हैं। राजा भोज की 7वीं पीढ़ी में राजा उदयादित्य उत्पन्न हुए, जिन्होंने अपने वंश की मूल भूमि धार को अपनी राजधानी बनाया। इन्हीं के वंशजों से बगावत का जो सिलसिला शुरू हुआ, वह वीर कुँवर सिंह तक अटूट चला। धार के बाद शताब्दियों तक विद्रोह का केंद्र बिहार का जगदीशपुर (भोजपुर जिलांतर्गत) रहा।

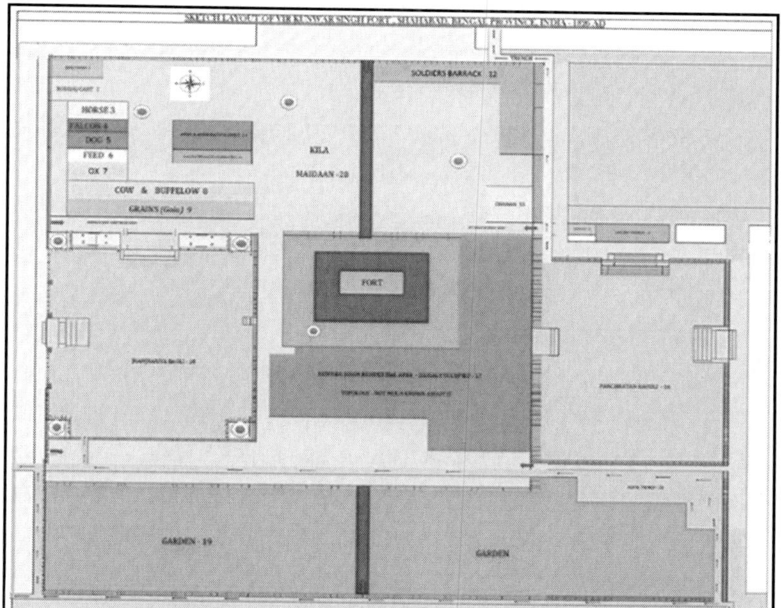

जगदीशपुर रियासत का पुराना नक्शा

14 वीं शताब्दी में खिलजी वंश के बादशाहों से होने वाले युद्धों के परिणामस्वरूप उदयादित्य के पुत्र रणधीर के वंशज को धार छोड़ना पड़ा। आक्रमण-प्रत्याक्रमण का लंबा क्रम चला। अनवरत चल रहे संघर्षों के रूप में धार राजाओं के अंतिम वंशधर मुकुलदेव के छोटे भाई भोजराज पूरब आए और शाहाबाद में एक नया राज्य कायम कियाी। उनकी ये यात्रा बिहार और उत्तर प्रदेश का सीमावर्ती इलाका 'शाहाबाद' जो, अब चार जिलों (रोहतास, कैमूर, भोजपुर और बक्सर) में विभक्त हो गया है। हालाँकि, इस इलाके में उस दौर में चेरो-खरवारों का शासन हुआ करता

था। इनकी व्यथा सुनकर चेरो शासक मुकुंद ने उन्हें आश्रय दिया। बाहर से आए अतिथियों से राजा मुकुंद के संबंध बहुत बेहतर थे, लेकिन कुछ ही दिनों के बाद राजा मुकुल का निधन हो गया। उनकी सत्ता का अधिकारी उनका बेटा सहस्त्रबल बना, जो बहुत खूँखार, लोभी शासक के रूप में मशहूर हुआ।

धार के अंतिम राजा मुकुलदेव के छोटे भाई भोजराज ने इस इलाके में खुद को स्थापित कर लिया था। सन् 1333 ई. में एक दिन भोजराज की बेटी पर चेरो शासक सहस्त्रबल की नजर क्या पड़ी, उसने उनकी बेटी से शादी करने की ठान ली, जो भोजराज को कतई पसंद नहीं था। इसकी भनक लगते ही उसने अपने आश्रय में रहने वाले भोजराज की हत्या करवा दी। इधर भोजराज के पुत्र देवराज अपने पिता के हत्यारे से बदला लेने के लिए बड़े ही कुटनीतिक तरीके से अपने सरदार के साथ मिलकर साजिश रचकर उन्होंने सहस्त्रबल को अपनी बहन से शादी करने के लिए आमंत्रण देकर बुलवाया। फिर क्या लोभी शासक सहस्त्रबल अपने सैनिकों के साथ पहुँचा। उसकी खातिर भाव में देवराज ने जमकर मदिरापान कराया। मदिरा का नशा इन लोगों पर चढ़ गया, फिर क्या था, देवराज ने अपनी सोची-समझी रणनीति के तहत सहस्त्रबल को मौत के घाट उतार दिया।

समय की नजाकत को पहचानते हुए देवराज ने शाहाबाद जिले में एक नया प्रदेश स्थापित किया और अपने पिता भोजराज के नाम पर इसका नाम 'भोजपुर' रखा। ये गाँव आज भी पटना-बक्सर (एनएच-84) मार्ग पर डुमराँव के करीब अवस्थित है, जो अब डुमराँव नगर परिषद् के अंतर्गत आता है। धीरे-धीरे इनका भी विस्तार होता गया। अब इस इलाके में इनका भी वर्चस्व बढ़ा, ताकत बढ़ी तो भोजराज के वंशजों की फिरोज शाह तुगलक की फौज से मुठभेड़ हो गई। इन्हें गढ़ छोड़कर एक बार फिर जंगलों में जाना पड़ा; पर कभी न हार मानने वाले इन चिर विद्रोही उज्जैन के राजपूतों ने जंगलों में ही संग्राम सिंह के नेतृत्व में संगठित होकर अपने युद्धकौशल के बूते एक बार फिर से भोजपुर पर अधिकार कर लिया। इसके बाद 'दावाँ' (बिहिया के पास) को अपनी राजधानी बनाया। शाही सेना के दबाव में उन्हें दावाँ को भी छोड़ना पड़ा और ओंकारदेव का नेतृत्व पाते ही उन्होंने आक्रमण करके दावाँ पर पुनः अधिकार स्थापित कर लिया।

यहाँ से उज्जैनी दो विरोधी गुटों में बँट गए। अलग-अलग पत्नियों से बिहटा के शासक ओंकारदेव के पौत्र और दुर्लभदेव (1519 में निधन) के तीन बेटे-बादल, शिवराम और महिपाल थे। इनके बीच आपसी विवाद अक्सर होता रहता था। एक बार दूसरी पत्नी के कहने पर दुर्लभदेव ने अपने सबसे बड़े बेटे बादल के

दावे को नजरअंदाज करते हुए दूसरी पत्नी के पुत्र शिवराम को उत्तराधिकारी बना दिया। बादल ने अपने पिता का सम्मान करते हुए उनके जीते जी इस फैसले को तो चुनौती नहीं दी और नाराज होकर बिहटा को छोड़कर अपने समर्थकों के साथ भोजपुर के जंगल में रहने लगे। कुछ दिनों के संघर्ष के बाद बादल ने जगदीशपुर की गद्दी सँभाल ली, जगदीशपुर की गद्दी सँभालने वाले बादल की पत्नी को अपने पुत्रों–गजपति सिंह, शिवराम से गद्दी छीन ली और 1576 ई. में शहंशाह अकबर के विरुद्ध विद्रोह का झंडा खड़ा कर दिया। विद्रोह को दबाने के लिए एक बड़ी फौज लेकर अकबर का सेनापति शाहबाज खाँ आया और हमला कर दिया, फिर जगदीशपुर को अपने कब्जे में ले लिया। लेकिन महिपाल का बेटा दलपत शाही ने हुकूमत के खिलाफ उज्जैनी विद्रोह की मशाल को जलाए रखा।

जंगल में बादल के कुछ दिन गुजरने के बाद एक घटना ने उज्जैनी राजपूतों के इतिहास पर गहरा असर डाला। बादल अपने कैंप में बैठकर चर्चा कर रहे थे, उसी वक्त एक अकेला अफगान घुड़सवार सामने आकर जौनपुर (उत्तर प्रदेश) का रास्ता पूछने लगा। जब दोनों लोगों के बीच संवाद स्थापित हुआ तो पता चला कि फरीदखान नाम का ये घुड़सवार अपनी सौतेली माँ की कारगुजारियों से खफा होकर सासाराम (बिहार) में अपने पिता की रियासत को छोड़कर आया था। फरीद और बादल दोनों सौतेली माँ की प्रताड़ना के शिकार थे। फिर क्या था, इन दोनों में अच्छी दोस्ती हो गई। बादल ने फरीद खान को आदरपूर्वक खाना खिलाकर जौनपुर जाने का रास्ता बता दिया। आगे चलकर फरीद खान ही 'शेरशाह सूरी' बना, जिसने संपूर्ण भारत पर शासन किया।

दुर्लभदेव का निधन होने के बाद उनके दोनों बेटों में जमकर संघर्ष हुआ। ये लोग बिहटा, मिथिला और जगदीशपुर में स्थापित हो गए। इस संघर्ष में बादल की हार हुई और वह मारा गया। उनकी विधवा अपने दो छोटे बेटों गजपति और बंसल के साथ जंगल में चली गई। बड़ा होकर गजपति फरीद खान से मिला, जो सासाराम में अपने पिता की जागीर का उत्तराधिकारी बन गया था। शेरखान (फरीद खान) ने गजपति की मदद की, जिससे वह जगदीशपुर में अपनी खोई विरासत को हासिल कर पाया। गजपति ने अपने ऊपर अपने पिता के मित्र फरीदखान के किए गए सहयोग के बदले दो हजार सैनिकों के साथ शेरखान की ओर से 1534 में बंगाल के नवाब के खिलाफ सूरतगढ़ (मुंगेर के पास) की लड़ाई लड़ी, जिसमें बंगाल सेना के जनरल इब्राहिम खान को गजपति ने मौत के घाट उतार दिया। गजपति की इस बहादुरी से शेरखान इतने प्रभावित हुए कि बक्सर की जागीर उन्हें तोहफे में दे

दी। इस लड़ाई के बाद शेरखान बिहार और बंगाल का शासक बन बैठा। शेरखान के बढ़ते वर्चस्व को देखते हुए, मुगल शासक हुमायूँ ने शेरखान पर हमला करने का फैसला किया और वो दिन भी आ ही गया, जब हुमायूँ ने शेरखान के खिलाफ युद्ध का ऐलान कर दिया।

वर्ष 1539 ई. हुमायूँ और शेरखान चौसा (बक्सर जिला) के मैदान में आमने-सामने हुए। इस लड़ाई में जमकर युद्ध हुआ गजपति ने शेरखान का साथ दिया। युद्ध में हुमायूँ की पराजय हुई और उसे अपना साम्राज्य छोड़ना पड़ा। आगे चलकर शेरखान भारत का शासक बन गया और उन्होंने अपना नाम बदलकर 'शेरशाह' कर लिया। गजपति ने जो शेरशाह का साथ दिया, इससे खुश होकर शेरशाह ने गजपति को राजा की उपाधि तो दिया ही, सासाराम और रोहतास की जागीर भी सौंप दीं। गजपति बिहार के प्रभावशाली शासक के रूप में स्थापित हो गए। इस युद्ध को ही 'चौसा युद्ध' के नाम से भी जाना जाता है। अफगान और राजपूत सेना के संयुक्त सहयोग से शेरशाह ने हुमायूँ को हराया था। अपने को हारते देख युद्ध में अपनी जान की रक्षा के लिए हुमायूँ चौसा के करीब 'कर्मनासा' नदी में छलाँग लगाकर किसी तरह अपनी जान बचाकर भाग निकला। उसकी पराजय के बाद शेरशाह सूरी दिल्ली के बादशाह बन बैठे। शेरशाह के नाम पर उसी काल में इस भू-भाग का नाम 'शाहाबाद' पड़ा, जिसका मुख्यालय आरा शहर को बनाया गया।

शेरशाह की मृत्यु के बाद मुगलों ने उनके उत्तराधिकारियों को हरा दिया। अफगानों के प्रति अपनी सहानुभूति के साथ गजपति ने मुगलों के खिलाफ विद्रोह कर दिया। शाहबाज खान के नेतृत्व में मुगल सेना ने गजपति को हरा दिया। इस युद्ध में हारने के बाद गजपति को जगदीशपुर छोड़कर भागना पड़ा। कुछ वर्षों के बाद उनके परिवार के राजाराम नारायण ने डुमराँव राज की बुनियाद रखी और 1605 से 1622 तक यहाँ शासन किया। राजाराम नारायण की मृत्यु के बाद उनके नाबालिग बेटे प्रबल शाही और भतीजे प्रताप रुद्र के बीच रियासत को लेकर काफी संघर्ष हुआ। प्रबल शाही सम्राट् जहाँगीर से सहायता माँगने दिल्ली तक गए। वहाँ उसे इस्लाम कबूल करने के लिए विवश किया गया और उसके बाद उसने फरमान हासिल किया, जिसके जरिए उनके पिता का साम्राज्य उन्हें सौंप दिया गया। उनके चचेरे भाई प्रताप रुद्र ने इसका विरोध किया और दोनों के बीच जमकर लड़ाई हुई। इसमें प्रबल शाही की हार हो गई और वह मारे गए। इसके बाद प्रताप रुद्र ने राजकुमार शाहजहाँ का समर्थन किया, जिसने अपने पिता सम्राट् जहाँगीर के खिलाफ विद्रोह कर दिया। पर यह विद्रोह सफल नहीं हो सका। प्रताप रुद्र शक्तिशाली बन गया और ज्यादा

शक्ति व संपत्ति हासिल करने की महत्त्वाकांक्षा पूरी करने में जुट गया। पटना के मुगल गवर्नर जब बंगाल के कामों में व्यस्त थे, तो प्रताप रुद्र ने मुगलों के खिलाफ बगावत का स्तर बढ़ा दिया। उसके खिलाफ मुगलों की दो सेनाएँ, दो दिशाओं से उसकी ओर बढ़ीं, एक इलाहाबाद की ओर से और दूसरी पटना की ओर से। इस लड़ाई में प्रताप रुद्र की हार हो गई। उसके बाद उसे बंदी बनाकर पटना लाया गया। उसके बाद पटना शहर के पश्चिम दरवाजे पर उन्हें फाँसी दे दी गई।

बात वर्ष 1607 ई. की है, जब परमार राजा नारायण मल्ल ने जगदीशपुर को अपनी राजधानी बनाया। उस समय इस राज में शाहाबाद नौ महाल, रोहतास दो महाल, जौनपुर सुबा इलाहाबाद, सारण दो महाल, परगना चौसा, परगना गढ़, परगना धामिया और परगना मुहम्मदाबाद शामिल हुआ करता था।

चित्रसेनपुर कभी था मठिला राजगढ़

डुमराँव अनुमंडल मुख्यालय से लगभग 10 किमी दक्षिण मठिला राजगढ़ है, जिसका प्राचीन नाम 'चित्रसेनपुर' हुआ करता था। बाद में इसका नाम ही मठिला हुआ। मुंशी विनायक प्रसाद द्वारा 22 वर्षों के अथक प्रयास से लिखी गई पुस्तक 'तवारीख-ए-उज्जैनिया' के अनुसार, वर्ष 1640 ई. के आसपास जगदीशपुर में राजा नारायण मल्ल के निधन तक यहाँ उनका शासन हुआ करता था। राजा नारायण मल्ल के निधन के पश्चात् इनके भाई रुद्र प्रताप नारायण सिंह राजगद्दी पर बैठे। रुद्र प्रताप के हाथों में शासन आते ही वे इनकी पत्नी और दो पुत्रों अमर सिंह व प्रबल सिंह को परेशान करने लगे। उनके व्यवहार से तंग आकर दोनों भाई अपनी दादी के साथ 1651-52 ई. में चित्रसेनपुर आकर बस, गए। चित्रसेनपुर में अमर सिंह की दादी ने उनका राज्याभिषेक किया। इसके बाद अमर सिंह ने यहीं से अपना पूरा राज-पाट चलाया।

मठिला से डुमराँव आने के बाद राजपरिवारों का अपने पुराने गढ़ से बहुत कम ताल्लुकात रहे। डुमराँव आने के बाद चित्रसेनपुर राजगढ़ परिसर में स्थित 'मठिलदेई' माँ की पूजा के लिए ही राजपरिवार मठिला आता था, लेकिन अब वह भी इतिहास के पन्नों तक सिमटकर रह गया है।

प्रताप रुद्र की मौत के बाद प्रबल शाही के दो बेटों-मंधाता सिंह और सुजान सिंह बक्सर आ गए। अपने पिता की वसीयत के मुताबिक बड़े भाई मंधाता सिंह डुमराँव राज के शासक बने, जबकि छोटे भाई सुजान शाही को 800 गाँवों की संपदा मिली, ये आरा, बिहिया, पंवार, पीरो और नारायणी परगनाओं में फैला हुआ

था। सुजान ने 1702 में खुद को जगदीशपुर में स्थापित कर लिया। शाहाबाद के फौजदार से एक विवाद में उसकी मौत हो गई। मौत के बाद उनका बेटा उदवंत सिंह उत्तराधिकारी बनाया गया।

जगदीशपुर की पैतृक रियासत में उदवंत सिंह द्वारा हिस्सा नहीं दिए जाने पर उनके छोटे भाई बुध सिंह दिल्ली जाने के क्रम में बक्सर में ठहरे हुए थे। इसकी सूचना जब रानी महादेवी कुँवर को मिली तो उन्होंने बुध सिंह को दिल्ली जाने से रोक दिया और उन्हें अपनी रियासत का नायब नियुक्त कर दिया। इनकी कार्यशैली से रानी इतनी प्रसन्न हुईं कि उन्होंने इन्हें अपने निजी संपत्ति का उत्तराधिकारी भी बना दिया। साथ ही इन्होंने कुछ अन्य इलाकों पर भी नाजिमों से मिलकर कब्जा जमा लिया।

किला परिसर, जगदीशपुर

रानी महादेवी कुँवर के निधन के उपरांत इस रियासत के बुध सिंह मालिक हुए। बुध सिंह के ऐसा होने पर राजा होरिल सिंह (डुमराँव) इस बात को लेकर नाराज थे। हालाँकि, आगे चलकर बुध सिंह बक्सर रियासत के स्वामी बन बैठे।

उज्जैनियों की तीन टुकड़ियाँ—डुमराँव, जगदीशपुर और बक्सर

रियासती लड़ाई के बावजूद बुध सिंह के बड़े पुत्र दिग्विजय सिंह की पुत्री की शादी प्रतापगढ़ बाँसवाड़ा के राजा पीरथीपंत के लड़के से हुई थी। इस शादी में

अनेक राजा शामिल हुए थे, जिसमें राजा होरिल सिंह (डुमराँव), बाबू उदवंत सिंह (जगदीशपुर), चेत सिंह, भवानी सिंह (बबुआन सपही), पहलवान सिंह (बबुआन नोखा) ने विवाह समारोह में भाग लिया था। कहा जाता है कि नवाब शुजाउद्दौला (लखनऊ) ने भी वेश बदलकर इस बारात की महफिल को करीब से आकर देखा था।

बुध सिंह के दो लड़के थे—(1) दिग्विजय सिंह (2) शिवा सिंह।

अपने पिताजी की मृत्यु के बाद दिग्विजय सिंह उनके उत्तराधिकारी हुए, उनके पिता के दीवान लाला बृजलाल सिंह ने बक्सर में रामेश्वर महादेव मंदिर का निर्माण कराया था। कुछ समय गुजरने के बाद दिग्विजय सिंह के आदेश से लाला बृजलाल सिंह का कत्ल कर दिया गया था। अपने पिताजी की हत्या के कारण दीवान के पुत्रों ने रियासत का विरोध करने का निश्चय किया। जबकि 1755 ई. में राजा बलवंत सिंह (बनारस) ने सरेंजा किला (परगना चौसा) से दिग्विजय सिंह को बेदखल कर दिया।

राजा छत्रधारी सिंह (डुमराँव) ने दिग्विजय सिंह और मृत दीवान लाला बृजलाल सिंह के पुत्रों के बीच समझौता कराने की कोशिश की, लेकिन दीवान के पुत्रों ने बक्सर की नौकरी नहीं करने की सख्त कसम खा ली थी। इस नजाकत को समझते हुए राजा डुमराँव ने अपने दीवान के स्थान पर बृजलाल सिंह के तीसरे पुत्र गोपाल सिंह को डुमराँव का दीवान नियुक्त कर लिया।

दिग्विजय सिंह के तीन पुत्र थे—(1) भगत सिंह, (2) जगत सिंह, (3) मेघवरन सिंह।

अपने पिता दिग्विजय सिंह की मृत्यु के बाद उनके बड़े पुत्र भगत सिंह गद्दीनशीन हुए। 1781 ई. में वारेन हेस्टिंग्स और बनारस के राजा चेत सिंह के बीच युद्ध हुआ। इस युद्ध में भगत सिंह ने अंग्रेजों की मदद की। युद्ध में विजय के उपलक्ष्य में भगत सिंह को कंपनी सरकार से 'राजा' की उपाधि मिली और चौसा भी अधिकार में आ गया। इसके अलावा 11,000 रुपए सालाना मालिकाना उन्हें चौसा से प्राप्त होने लगे।

राजा भगत सिंह निस्संतान थे। वे संस्कृत के विद्वान् भी थे। वर्ष 1806 में राजा भगत सिंह की मृत्यु के बाद उनके छोटे भाई जगत सिंह के पुत्र गोपाल सिंह अपने चाचा की गद्दी पर बैठे। गोपाल सिंह को बहुत दिनों बाद अंग्रेजी राज से 'खिल्लत' और 'राजगी' की उपाधि प्राप्त हुई तथा मालिकाना छह हजार रुपए सालाना मिलने लगा। रियासत में व्यवस्था दुरुस्त हुई, दीवान राम नारायण सिंह के बाद उनके बड़े

बेटे मेवालाल दीवान नियुक्त किए गए। वर्ष 1836 में राजा गोपाल सिंह की मृत्यु हो गई। अपने पिता राजा गोपाल सिंह की मृत्यु के बाद उदय प्रकाश सिंह गद्दी पर बैठे। रियासत में कुव्यवस्था और अपव्यय से कर्ज बढ़ता गया और 1848 ई. में इनकी भी मृत्यु हो गई। इन्हें प्रकृति से बेहद लगाव था, सो इन्होंने बक्सर में नहर के किनारे एक सौ बीघा में बाग भी लगवाए थे।

उदय प्रकाश सिंह की मृत्यु के समय उनका पुत्र राम प्रकाश सिंह नाबालिग था। रानी अपने पुत्र के साथ डुमराँव आ गईं, महाजनों का कर्ज अदा करने के लिए महाराजा महेश्वर बख्श सिंह से उन्होंने आग्रह किया। महाराजा ने कर्ज अदायगी और मौरुसी जायदाद की रक्षा के लिए रानी को कर्ज दिया।

राम प्रकाश सिंह अच्छी सलाह पर ध्यान नहीं देते थे और फिजूल खर्च किया करते थे। इसकी वजह से बहुत से इलाके नीलाम हो गए। 1863 ई. में महाराजा महेश्वर बख्श सिंह के नाम राम प्रकाश सिंह ने 35 गाँवों को कबाला कर दिया। बाकी इलाका नीलाम हो गया। महाजनों ने कर्ज देना बंद कर दिया। हालात खराब हो गए। उनकी हालात पर तरस खाकर महाराजा डुमराँव ने उनके निजी खर्च के लिए एक सौ रुपया माहवारी निश्चित कर दिया था। 1883 ई. में राम प्रकाश सिंह की मृत्यु हो गई। वे अपने पीछे दो पुत्र और चार पुत्रियाँ छोड़ गए।

किला परिसर, जगदीशपुर

भोजपुर और राजा भोज

भोजपुर, जो राजा भोज के साम्राज्य की याद दिलाता है, यहाँ की भूमि ने समय-समय पर अनेक साम्राज्यों के उत्थान और पतन को बहुत करीब से देखा है। भोजपुर भले कभी किसी साम्राज्य की राजधानी नहीं रही हो, परंतु सभी बड़े साम्राज्यों का अंग बनकर अपने होने का अहसास जरूर कराया है। सम्राट् अशोक के शासनकाल में यह क्षेत्र आदिवासियों की आबादी से समृद्ध हुआ करता था। आदिवासियों के विकास के लिए इस इलाके में बौद्ध धर्म का प्रचार-प्रसार किया जाता था। गुप्तकाल में भी यह अपनी जातीय विशेषताओं के साथ इतिहास में उपस्थित है, लेकिन इसके बाद इसका इतिहास नहीं मिलता है।

आरा शहर से लगभग 29 किलोमीटर दूर पश्चिम की ओर बढ़ने पर आरा-मोहनियाँ मुख्य मार्ग पर जगदीशपुर है। पूर्व-मध्य रेलवे के बिहिया स्टेशन से महज पाँच किलोमीटर दक्षिण की ओर अवस्थित है, जगदीशपुर यानी बाबू साहब का जगदीशपुर! 17 वीं सदी के प्रारंभिक दौर में जगदीशपुर एक ऐतिहासिक स्थान के रूप में उभरकर सामने आया।

वैसे अगर अतीत के पन्नों को पलटकर देखें तो पता चलता है कि वर्ष 1305 ई. में मालवा का पतन हो गया। उसके बाद वर्ष 1320 ई. में उज्जैन से परमार वंशीय राजा संतनशाही अपने पितरों का पिंडदान करने के लिए गया (बिहार) आए हुए थे। राजा के साथ उनकी रक्षा के लिए सेना की एक बड़ी टुकड़ी भी साथ में आई थी। ज्ञान और मोक्ष की भूमि गया में पितरों को पिंडदान देने की पुरातन परंपरा रही है। इसके अनुसार 'पितृपक्ष' का विशेष महत्त्व है। आश्विन कृष्णपक्ष के प्रतिपदा से शुरू होकर अमावस्या तक की अवधि को 'पितृपक्ष' माना जाता है।

पुरातात्त्विक अवशेषों और उपलब्ध अभिलेखों तथा किंवदंतियों और दंतकथाओं से यह तथ्य उजागर होता है कि मध्ययुगीन काल में डुमराँव समेत पुराने शाहाबाद जिले में चेरो-खरवार की आबादी हुआ करती थी। उनका कबिलाई राज्य में अपनी सामाजिक व्यवस्था और सभ्यता-संस्कृति थी। आज भी उनके वंशज पुराने शाहाबाद जिले के पहाड़ों की तराई से लेकर समतल भूमि और दियारा क्षेत्र में फैले हुए हैं। ऐसे तो पौराणिक काल और आदिम युग से यह प्रमाण मिलता है कि भिन्न-भिन्न नामों से पुकारे जाने वाले चेरो और खरवारों के वंशज आज भी मौजूद हैं। मगर इनकी स्थिति पहले वाली नहीं है। अतीत जितना ही समृद्ध था, वर्तमान उतना ही आर्थिक विपन्नता से भरा हुआ है। बावजूद इसके, इनके वंशजों ने अपनी मेहनत को अपना हथियार बनाया और खुद के वजूद को कायम किए हुए हैं।

डुमराँव में चेरो-खरवार का इतिहास बहुत पुराना है। इनके वंशज समय के साथ कई जगहों पर अपना राज-काज कायम किए हुए थे। जिनमें डुमराँव के काव नदी के किनारे डोमा का किला, तो इससे सटे लालू का लालगढ़, अकलू का अकालूपुर और नंदू का नंदन कबिलाई राज्य हुआ करते थे। जिसके भग्नावशेष टीले के रूप में जगह-जगह पर आज भी देखे जा सकते हैं। हालाँकि, इन कबिलाई, इलाकों ने अपने वजूद को आज भी कायम रखा है। चौसा में इसी तरह के एक टीले की खुदाई करने पर मृदभांड़ के टुकड़े, मूर्तियाँ प्राप्त हुई थीं। जो इस क्षेत्र में चेरो-खरवार के इतिहास को प्रमाणित करता है। इतना ही नहीं, इन खुदाइयों में पाए गए अवशेष पटना तथा वाराणसी के संग्रहालयों में रखे गए हैं। इतिहासकारों की मानें तो ये पुरातात्विक अवशेष बुद्धकालीन युग के हैं और वहाँ 'खैरवार' नामक आदिवासी का किला था, जो बाद में अपभ्रंश होकर 'खरवार' हो गया। वहीं चेती नामक आदिवासी का किला था, जो अपभ्रंश होकर 'चेरो' हो गया।

डुमराँव मुख्यालय से लगभग 17 किमी. दक्षिण में केसठ गाँव जहाँ कभी 'केसठ गढ़' हुआ करता था। इस जगह की जब खुदाई की गई तो खुदाई में मिले अवशेषों से ज्ञात हुआ कि कभी यहाँ चेरो-खरवारों का राज हुआ करता था। इनके बारे में शोधों से पता चलता है कि पलामू (झारखंड) से लेकर सोनघाटी और गंगाघाटी से लेकर कैमूर (बिहार) तक यहाँ के मूल निवासी आदिवासी मूल के थे। जैसे-जैसे बाहर की जातियाँ आती गईं, उससे उनकी सभ्यता और संस्कृति विलुप्त होती चली गई। अगर बात करें इनके बहादुरी की, तो इनकी बहादुरी के क्या कहने! सभी इनसे थर-थर काँपते थे। 1857 के गदर में इस क्षेत्र से सटे कैमूर घाटी के वीर बाँकुरे नीलांबर और पीतांबर बंधुओं के अंग्रेजों से युद्ध को भुलाया नहीं जा सकता है। इन बहादुर नस्ल की जातियों को बाहरी जातियों ने न सिर्फ गुलाम बनाकर रखा, इनके बारे में तरह-तरह की कहानियाँ और कथा गढ़कर चेरो-खरवार को लूटेरी जातियाँ भी कहा गया। खरवार जाति ही पहले से इस क्षेत्र के मूल निवासी हुआ करते थे। इसका प्रमाण डुमराँव शहर के डुमरेजनी मंदिर इलाके में उस जमाने के बने किले का अवशेष नजर आते हैं, ये बात अलग है कि समय के साथ-साथ अवेशष भी जमींदोज हो गए, मगर इस पुस्तक की रचना किए जाने के क्रम में हमने उस इलाके को जाकर देखा था। डुमरेजनी मंदिर की पारंपरिक कथाओं में भी चेरो-खरवारों के होने की प्रमाणिकता की पुष्टि होती है। इधर इनके कबिलों पर हमला कर बाहर से आने वाले लोगों ने ही इन्हें लूटा और इन्हें ही बदनाम करने

की कोशिश की गई। चूँकि ये अपने इतिहास को सहेजने में काफी पिछड़े हुए थे, जिसका फायदा उठाते हुए बाहरी आक्रमणकारियों ने इनके वजूद को मिटाने में कोई कसर नहीं छोड़ी।

डुमराँव राजगढ़ किले की बात करें तो यहाँ का 'नकटा' दरवाजा इस बात का गवाह माना जाता है कि उज्जैन के लोग इस दरवाजे के पास लाकर जबरदस्ती अपना आधिपत्य स्वीकार करवाते थे। जो स्वीकार करते, उसे गुलाम बनाकर रख लेते थे और जो नहीं स्वीकार करते थे, उनकी नाक कटवा लेते थे। इसी वजह से इसे 'नकटा दरवाजा' कहा जाता है। तथ्यों पर अगर नजर दौड़ाएँ तो पता चलता है कि यहाँ के मूल निवासी चेरो-खरवार हीं हैं, जिन्हें विभिन्न जातियों और नामों से जाना जाता है।

(साभार : आरोह-अवरोह, खंड-1, वर्ष-मार्च 2010)

संतनशाही एक पराजित राजा थे। इसलिए वो मन-ही-मन इस इलाके में अपने राज्य स्थापित करने की संभावनाओं की तलाश में आए थे। अपने पितरों का हिंदू रीति-रिवाज से पिंडदान करने के बाद जब वह वापस लौटने लगे तो रास्ते में 'शाहाबाद' का क्षेत्र पड़ा। यहाँ चेरो-खरवारों का राज था। संतनशाही जब इस इलाके में आए तो खरवारों को लगा, किसी ने हमारी सल्तनत पर हमला कर दिया है। इससे बचने के लिए संतनशाही की सेना पर खरवारों ने हमला कर दिया। इसके बाद फिर क्या था, दोनों के बीच युद्ध शुरू हो गया। जंगल में रहने वाले चेरो-खरवार लड़ने में तो माहिर थे, परंतु इनके पास अत्याधुनिक हथियार की कमी थी। जंगल में इस कदर बिखरे हुए थे चेरो-खरवार कि उसका फायदा कोई भी उठा सकता था। चेरो-खरवार जंगल में असंगठित होने की वजह से बहुत कमजोर पड़ गए थे। इनके असंगठित होने का पूरा-पूरा फायदा संतनशाही ने उठाया। जब तक खरवार समुदाय इकट्ठा होते, इससे पहले संतनशाही समय की नजाकत को भाँपते हुए खरवारों पर हावी हो गए। अंततः युद्ध में चेरो-खरवार बुरी तरह पराजित हो गए। राजा की संभावनाओं की तलाश पूरी होती नजर आई। आसपास के इलाकों में नजर दौड़ाई तो इन्हें यह जंगल काफी पसंद आया। उसके बाद अपनी सेना और घर वालों के साथ यहीं बसने का उन्होंने निर्णय ले लिया। इस तरह भोजपुर में संतनशाही ने अपनी राजधानी स्थापित कर डाली। राज कायम होते ही यह क्षेत्र विकास करने लगा। राज-काज बड़े पैमाने पर अपना वर्चस्व कायम करने लगा। धीरे-धीरे यह एक समृद्ध राज के रूप में विकसित हो गया।

संतनशाही के मरणोपरांत हुँकारशाही भोजपुर राज के राजा बने। इनके तीन पुत्र देवशाही, दुल्लहशाही और प्रतापशाही थे। इन तीनों के वंशज चूँकि उज्जैन से आए थे, इसीलिए शाहाबाद में 'उज्जैन राजपूत' के नाम से मशहूर हुए, हुँकारशाही के मृत्यु के बाद इनके दूसरे पुत्र दुल्लहशाही राजा बने। दुल्लहशाही के बाद राजारामशाही गद्दीनशीन हुए। गद्दी पर बैठते ही इन्होंने अपनी उपाधि 'सिंह' कर ली। इस प्रकार राजाराम सिंह के बाद राजा संग्राम सिंह, उनके बाद राजा उग्रसेन सिंह राजा बने।

इस राज में उपाधि बदलने की गजब की पंरपरा थी। ये एक ही वंश के थे, मगर अपनी अलग पहचान कायम करने के लिए अपनी उपाधियाँ समय-समय पर बदलते रहे। राजा उग्रसेन सिंह के पुत्र जब गद्दी पर बैठे, तब उन्होंने अपनी उपाधि 'सिंह' की जगह 'राव' कर दी। इनके पुत्र नारायण राव ने अपनी उपाधि 'मल्ल' कर ली, जिससे इन्हें राजा नारायण मल्ल के नाम से ही जाना गया।

किले का अवशेष

उज्जैन राजाओं का पारिवारिक कलह जगजाहिर था। जैसे-जैसे राज-काज बढ़ता गया, परिवार लंबा होता गया, वैसे-वैसे इन परिवारों के बीच आंतरिक कलह बढ़ता गया। यही वजह थी कि उज्जैन राजघरानों ने तीन स्थानों पर अपनी राजधानी को कायम किया। वैसे इसका जिक्र हमने पहले ही कर दिया है, जिसमें

पहला डुमराँव राज, दूसरा जगदीशपुर राज और तीसरा बक्सर राज बना। वास्तव में अगर इतिहास उठाकर देखा जाए तो जिन्हें राजा की उपाधि थी, उन्होंने डुमराँव को अपनी राजधानी बनाया, जबकि जगदीशपुर और बक्सर में जो थे, वे जमींदार थे और उन्हें 'बाबू' की उपाधि प्राप्त थी। इसी वजह से शाहाबाद इलाके में 'बाबू' शब्द काफी मशहूर था, जो आगे चलकर 'बबुआन' के रूप में भी प्रसिद्ध हुआ।

राजा नारायण मल्ल एक कुशल और चतुर राजा थे। अपने राजत्वकाल में इन्होंने मुगल बादशाहों से भी अच्छे संबंध बनाए हुए थे। अपनी सेना और मुगल सेना को एक-दूसरे के लिए सहयोगी बनाकर रखे थे। तभी तो अपनी रियासत में मुगल सेना के साथ मिलकर शाहाबाद से चेरो का सफाया कर दिया। जब तक चेरो थे, तब तक कुछ सोचने का मौका ही नहीं मिलता था। उन्हीं से लड़ाई अक्सर चलते रहते था, लेकिन जब चेरो का सफाया हो गया तो उज्जैनी राजपरिवार में आंतरिक कलह, या यूँ कहें कि परिवारवाद ने जन्म ले लिया। राजा नारायण मल्ल के दो पुत्र थे। बड़े बेटे का नाम प्रबलशाही और छोटे बेटे का नाम अमर सिंह था। राजा नारायण मल्ल की मृत्यु के बाद उनके दोनों पुत्र अलग-अलग हो गए। अमर सिंह जहाँ डुमराँव के राजा बने, वहीं उनके अनुज प्रबलशाही जगदीशपुर के 'बबुआन' बने।

मुंशी विनायक प्रसाद ने 'तवारीख-ए-उज्जैनिया' पुस्तक में लिखा है कि इस रियासत ने कई उतार-चढ़ाव देखे। लंबे समय तक रियासत कायम रखने और उसके गौरवशाली इतिहास की कहानी बहुत पुरानी है। 16 वीं सदी के प्रारंभिक दौर में ही एक राज के इतिहास की नींव पड़ी, वर्ष 1662 ई. में प्रबल शाही के पुत्र सुजान शाही का जन्म हुआ था। वर्ष 1702 में ही अपने बड़े भाई मंधाता शाही से अलग होकर जगदीशपुर में निवास करने लगे। इन्होंने दुल्लौर और रामनगर के बाजार को इस कदर आबाद किया कि दूर-दूर तक इसकी चर्चाएँ होने लगीं, जिसका बिहिया बाजार को परगना बनाया गया।

जगदीशपुर और उससे सटे दलीपपुर के उज्जैन वंशी राजपूत इनके वंशज हैं—उदवंत सिंह, बोध सिंह और शुभ सिंह। ये तीनों सुजान शाही के पुत्र थे। समय के साथ सबकुछ बदलता गया और वर्ष 1708 ई. में शाहाबाद के नाजिम ने रानी सागर गाँव में मंधाता शाही को भेंट करने के बहाने बुलाकर उन्हें बंदी बनाना चाहा। इस बात का अहसास होते ही सुजान शाही नाजिम की बातों को सहन नहीं कर सके और दोनों के बीच जमकर लड़ाई हुई। इस आपसी लड़ाई में नाजिम मारा गया,

लेकिन नाजिम की फौज के हाथों 46 वर्षीय सुजान शाही भी मारे गए। सुजान शाही नौ वर्षों तक ही राज कर पाए थे।

वैसे तो रियासत की अपनी अलग ही पहचान हुआ करती थी। इसी कड़ी में अगर हम अध्ययन करें तो पता चलता है कि वर्ष 1669 में जनमे उदवंत सिंह को जगदीशपुर को नए एवं सुसज्जित रूप में स्थापित करने का श्रेय जाता है। वर्ष 1708 में इनके पिताश्री सुजान शाही की मृत्यु के बाद जगदीशपुर की रियासत को सँभाला। राजा मंधाता सिंह ने इन्हें पगड़ी बाँधने की रस्म अदायगी की थी। शासन की बागडोर सँभालते ही वर्ष 1712 ई. में महज 17 साल की उम्र में कुँवर धीरशाही के खिलाफ बराँव पर उदवंत सिंह ने हमला कर विजय को हासिल किया। हमेशा विकास की बात करने वाले उदवंत सिंह ने अपने राज-काज के विकास के साथ ही अपने दोनों छोटे भाइयों को बहुत अच्छी तालीम दिलवाई, जिसके परिणामस्वरूप जगदीशपुर काफी विकास किया।

समय के साथ जगदीशपुर रियासत ने भी कई समस्याओं का समाधान किया। कई उथल-पुथल देखे। दुल्हन की तरह सजी रहने वाली रियासत को जाने किसकी नजर लगी और वर्ष 1723 ई. में बिहार के सूबेदार नवाब फखरुद्दौला ने जगदीशपुर पर चढ़ाई कर दी। हमले में दोनों तरफ से कोई कसर नहीं छोड़ना चाहता था। जगदीशपुर के 53 वर्षीय उदवंत सिंह ने भी जमकर मुकाबला किया, परिणामस्वरूप इस बार भी उदवंत सिंह की जीत हुई। जबकि नवाब दाउद खाँ ने जब हमला करने की योजना बनाई तो कामगार खाँ की मध्यस्थता से यह लड़ाई होते-होते टल गई।

राजघराने में किसी खास आयोजन के मौके पर ही एक राजा से दूसरी रियासत के राजा का मिलन होता था, वो भी जिन रियासतों में आपसी संबंध मैत्रीपूर्ण रहता था। वक्त पड़ने पर वे एक-दूसरे के काम भी आते थे। मगर जिनसे अच्छा संबंध नहीं था, उनसे दूर-दूर तक का कोई रिश्ता नहीं होता था।

राजा होरिल शाह की बेटी की शादी में शामिल होने के लिए उदवंत सिंह जगदीशपुर से डुमराँव (बक्सर) आए थे। राजाओं की शान में कहीं बट्टा न लगे, इसके लिए वो अपनी जान की बाजी लगा देते थे। उसका परिणाम क्या होगा, इसकी परवाह किए बगैर युद्ध छेड़ देते थे। हुआ भी कुछ ऐसा ही, एक बार की बात है कि अजिमाबाद (अब पटना, जो कभी पाटलिपुत्र के नाम से भी जाना जाता था) के नाजिम नवाब बाकर खाँ के जमाने में उदवंत सिंह अजिमाबाद गए थे, वहीं एक तरफ से आवाज आई—वाह! एक पट्टी साफ! इतना आवाज का

आना था कि उदवंत सिंह ने कहा, जिस तरफ से आवाज आई है, उसे वीरान कर दो, फिर क्या था, दमन चक्र में तबाही मच गई। नवाब को पटनावासियों को फटकार लगानी पड़ी। पटना के कंकड़बाग से शाह अरजानी के दरगाह तक जमकर लूटमार हुई।

बराँव को जीतने के बाद परगना पीरु और ननौर को उदवंत सिंह ने अपने राज में मिला लिया। उनके दोनों भाई इस जीत के बाद इसमें से हिस्सा माँगने लगे, लेकिन रियासत को एक रखने के लिए इसमें बँटवारा नहीं हुआ। राज को सुरक्षित रखने के लिए इनकी फौज आरा, उदवंतनगर और खुंदह का बाँधकलाँ तीनों जगहों पर तैनात रहती थी। इस तरह अपनी चतुराई से कभी भी मात नहीं खाने वाले इस योद्धा की 70 वर्ष की अवस्था में वर्ष 1765 ई. में मृत्यु हो गई।

उदवंत सिंह के मरणोपरांत उनके बड़े पुत्र गजराज सिंह को वर्ष 1765 में राजगद्दी पर बैठाया गया। परंतु उत्तराधिकार व पैतृक बँटवारे के लिए भाइयों में लड़ाई शुरू हो गई। गजराज सिंह ने अपने भाइयों को हिस्सा देने से इनकार कर दिया। इसका विरोध करते हुए उनके छोटे भाई बाबू उमराव सिंह अपने परिवार के साथ जगदीशपुर छोड़कर उत्तर प्रदेश के गाजीपुर चले गए। इस परिवार के पुराने हितैषी गाजीपुर के नवाब अब्दुल्लाह खाँ के यहाँ चले गए और वहीं रहने लगे। वहीं उनकी पत्नी ने पुत्र को जन्म दिया, जिसका नाम 'साहबजादा सिंह' रखा गया था।

कुछ दिन बीतने के बाद नवाब अब्दुल्ला खाँ के पुत्र फैजाउल्लाह खाँ से गजराज सिंह ने फौजी मदद माँगी और राज पर चढाई कर दी। नतीजतन गजराज सिंह को हार मानकर अपने दोनों छोटे भाइयों को गले लगाना पड़ा। एक बार नवाब नाजिम फतह मुहम्मद खाँ ने चतुर्धारी सिंह के जमाने में 900 सिपाहियों के साथ मुगलों ने डुमराँव पर चढ़ाई कर दी, इस चढ़ाई की खबर पाते हीं बाबू गजराज सिंह ने अपने सिपाहियों के साथ मुगलों की सेना को घेर लिया। बहुत खून-खराबा हुआ। इस बीच फतेह मुहम्मद खाँ जान बचाकर भाग निकले। आगे चलकर गजराज सिंह ने कोलकाता-दिल्ली रेल मार्ग पर आरा के पास कारीसाथ स्टेशन के पास मौजा गजराजगंज को आबाद किया। इस तरह चलते हुए राज की बागडोर गजराज सिंह की मृत्यु के बाद उनके पुत्र बाबू शिवराज सिंह उर्फ लाल शाह को सौंपी गई। गद्दी पर बैठते हीं इन्होंने सारे लोगों की जागीर को जब्त कर लिया। इससे नाखुश लोग नौकरी छोड़कर इधर-उधर चले गए, जिससे ये कोई खास पहचान नहीं कायम कर सके।

अतीत के आईने में किला

महाजन के घर पले कुँवर सिंह

सन् 1779 में शिवराज सिंह भी काल के गाल में समा गए। उसके बाद उनके पुत्र बाबू भूप नारायण सिंह खानदानी गद्दी पर बैठे। अंग्रेजी शासन की वजह से काफी जाँच-पड़ताल के बाद मिस्टर आगस्टस ब्रुक ने कई परगनाओं को उनके हवाले कर दिया, जो सभी परगना शाहाबाद में ही हैं। साहबजादा सिंह ने राजसत्ता से नाराज होकर अपने बेटों बाबू कुँवर सिंह (10 वर्ष) और बाबू दयाल सिंह (8 वर्ष) को दलीपपुर के ही एक महाजन उमराव साह के पास छोड़कर तथा पत्नी को मायके छोड़कर एक प्रण करते हुए बाहर चले गए कि जब तक बाबू भूप नारायण सिंह की जिंदगी रहेगी, तब तक जगदीशपुर नहीं आऊँगा।

इस बीच राज ने आमदनी के लिहाज से काफी विकास किया। राजा ने बक्सर में मंदिर का निर्माण करवाया, चारों तरफ इनके अच्छे कामों की चर्चा भी जमकर हुई। मुलाजिमों को तनख्वाह की जगह गल्ला दिया जाता था। दो मौजा ताराचक वगैरह मुकर्ररी कायस्थों और दूसरे माफीदारों के हक में बहाल रखी गई। रियासत की तहसील उसूल के लिए चार स्थान बनाए गए थे। चार हजार बीघा जमीन की जागीर, जिसे बाबू उदवंत सिंह ने रियासत जगदीशपुर में मिला लिया था, उसे भूप

नारायण सिंह ने छोड़ दिया। बाबू उदवंत सिंह के तीन लड़के रामबख्श सिंह, बरजा सिंह, तेग बहादुर सिंह थे। रामबख्श सिंह को दो बेटे थे। एक ईसरी प्रसाद सिंह तथा दूसरा लक्ष्मी प्रसाद सिंह। बाबू भूप नारायण सिंह की मृत्यु के उपरांत दलीली खाँ, अमीर अली खाँ की मदद से तालेमंद कुँवर (विधवा बाबू भूप नारायण सिंह) 13 वर्षीय नाबालिग बाबू ईसरी प्रसाद सिंह को गद्दी पर बैठाया गया। पाँच वर्षों तक रियासत 'कोर्ट ऑफ वार्ड्स' के तहत चलता रहा। जैसे हीं 'कोर्ट ऑफ वार्ड्स' खत्म हुआ, पठान दलीली खाँ ने अपने पाँचों भाइयों के साथ रियासत में तबाही मचा दी, जनता त्राहिमाम करने लगी।

साहबजादा सिंह अपनी कसम के मुताबिक बाबू भूपनारायण सिंह के मरणोपरांत जगदीशपुर पहुँचे। रियासत में विधवा तालमंद कुँवर बहुत नाराज थीं। मगर कुछ कर नहीं सकती थीं। पठानों ने बाबू साहब से मुकाबले की ठानी। अपनी राजनीतिक चतुराई में माहिर साहबजादा सिंह ने ईसरी प्रसाद सिंह को अपनी ओर मिला लिया। शर्त भी रख डाली कि रियासत की डिग्री होने के बाद वे ही अधिकारी होंगे। इसके लिए एक 'अहदनामा' भी राजा विक्रमाजीत सिंह, राजा डुमराँव की गवाही के साथ लिखा गया।

जब किस्मत में राज लिख जाए तो इसे भला कौन मिटा सकता है! चाहे जितनी भी कठिनाइयों का सामना करना पड़े, मगर वो हासिल होती है। बस, देर इतनी होती है कि हमें और आपको निश्चित समय नहीं मालूम है। बिहार के औरंगाबाद के देव-मुंगा रियासत के राजा फतेह नारायण सिंह को अपनी दो बेटियों की शादी करनी थी। संयोग ही इसे कह सकते हैं, समय की नजाकत को भाँपते हुए साहबजादा सिंह ने फतेह नारायण सिंह की दोनों बेटियों की शादी अपने पुत्र कुँवर सिंह और दयाल सिंह से पक्की कर दी। इस रणनीति को समझते हुए फतेह नारायण ने साहबजादा सिंह के मुकदमे में होने वाले सारे खर्च का जिम्मा ले लिया। मुकदमा चला, दलीली खाँ के पास कोई सबूत नहीं था। नतीजतन बाबू साहबजादा सिंह की डिग्री हुई। इतने के बाद भी यह सिलसिला जारी रहा और मामला अपील तक कोलकाता जा पहुँचा।

खैर! राजसिंहासन के करीब पहुँचने वाले बाजीगर बाबू साहबजादा सिंह और ईसरी प्रसाद सिंह के कमरे के बीच एक ईंट की दीवार का फासला था। एक रात साहबजादा सिंह ने किसी तरह एक ईंट निकालकर बाबू ईसरी प्रसाद सिंह को समझाया, कहा, हमारी रियासत और दूसरा राज करेगा? बात ईसरी बाबू को समझ में आ गई, दोनों मिल गए। आखिरकार वादे के मुताबिक बाबू साहबजादा सिंह वर्ष

1804 ई. में गद्दीनशीन हुए और पालन–पोषण के लिए ईसरी प्रसाद सिंह को आरा परगना सौंप दिया। साहबजादा सिंह के बारे में कहा जाता है कि वो इतने बलिष्ठ थे कि बाँकीपुर के जंगल में आए एक शेर को यूरोपियन बंदूक से नहीं मार पाए, तब उस शेर को साहबजादा सिंह ने तलवार से मार गिराया था।

कुँवर सिंह का ससुराल औरंगाबाद

साहबजादा सिंह को चार पुत्र थे। प्रथम पुत्र कुँवर सिंह, दूसरे बाबू दयाल सिंह, तीसरे बाबू राजपति सिंह तथा चौथे पुत्र अमर सिंह थे। साहबजादा सिंह अफीम का नशा बहुत किया करते थे, जिसके कारण उन्हें जो समझ में आता था, कर गुजरते थे।

अब बात करते हैं, औरंगाबाद के देव–मुंगा रियासत की! राजा फतेह नारायण सिंह की दो पुत्री से बाबू कुँवर सिंह और दयाल सिंह की शादी हुई। उस देव–मुंगा रियासत के रिश्तों पर पुस्तक 'देव और सूर्य पूजा' के लेखक पत्रकार कमल किशोर ने लिखा है कि देव किला के निर्माता राजवंश ने ही देव और उमगा के विशाल मंदिरों का निर्माण कराया था। देव किला का इतिहास इसलिए भी महत्त्वपूर्ण है कि इसके निर्माता राजवंश ने हीं देव और उमगा के विशाल मंदिरों का निर्माण कराया था। देव और उमगा का इतिहास गहराई तक जुड़ा हुआ है। देव किले का अपना इतिहास है। देव के बारे में भारतीय सिविल सर्विस के एक अधिकारी एल.एस.एस.ओ. मैले ने 1906 में लिखी एक पुस्तक में विस्तार से वर्णन करते हुए लिखा है कि देव का राजवंश सिसोदिया राजपूतों का वंश है और इस वंश के लोग कुछ किलोमीटर पूर्व स्थित उमगा नामक स्थल से विस्थापित होकर देव आकर बसे थे। ओ. मैले ने एक बड़ी रोचक कहानी इस राजवंश के बारे में लिखी है। उन्होंने लिखा है कि यह राजवश बिहार के सबसे पुराने राजवंशों में से एक है और यहाँ के राजा खुद के वंश को उदयपुर के राणाओं से जोड़ते हैं।

महाराजा राय भान सिंह उदयपुर के राणा के छोटे भाई थे, जो जगन्नाथ धाम की यात्रा के दौरान उमगा के समीप रुके थे। वहाँ के राजा की मौत के बाद राज–काज की जिम्मेदारी वहाँ की विधवा रानी के जिम्मे थी। राजभान सिंह की वीरता और आखेट के दौरान पराक्रम की कहानियाँ महारानी तक पहुँचीं और उन्होंने राय भान सिंह को अपने किले में बुलवाया। महारानी को भी राज्य की रक्षा के लिए एक सशक्त व्यक्ति की दरकार थी, इसलिए उन्होंने राय भान सिंह की बहादुरी और उच्च कुलीनता देखकर उन्हें अपना दत्तक पुत्र मान लिया। राय भान सिंह के दो और

वंशजों ने उमगा से आसपास के इलाके पर राज किया, फिर वे देव चले गए। 1906 में ओ. मैले के अनुसार, उस समय जो राजा राज कर रहे थे, वह राय भान सिंह के ही वंशज थे। इनसे सात पीढ़ी पूर्व राजा छत्रपति हुए, जो अंग्रेजों के प्रबल समर्थक थे। वारेन हेस्टिंग्स और बनारस के राजा चेत सिंह के बीच युद्ध में अपने पुत्र फतेह नारायण सिंह को भेजा था, जिन्होंने मेजर क्राफर्ड के नेतृत्व में युद्ध में भाग लिया था। पिंडारियों से लड़ाई में भी फतेह नारायण सिंह ने अंग्रेजों को सहयोग दिया था। इनकी सेवा से प्रसन्न होकर अंग्रेजों ने इन्हें लगान मुक्त गाँव उपहारस्वरूप भेंट किए थे, साथ ही तीन हजार रुपए वार्षिक आय देने वाले पलामू और गया जिले के बड़े हिस्से को इनकी रियासत से जोड़ दिया था। एक अन्य संदर्भ के अनुसार, राजा फतेह नारायण सिंह की पुत्री हरवंश कुँवर का विवाह जगदीशपुर के राजा वीर कुँवर सिंह से तथा दूसरी पुत्री असमन कुँवर की शादी दयाल सिंह से हुई थी। अंग्रेजों से संबंधों को लेकर कुँवर सिंह की अपने ससुराल पक्ष से कभी नहीं पट सकी। राजा फतेह नारायण सिंह के बेटे घनश्याम सिंह ने सरगुजा की बगावत को दबाने में अंग्रेजों को काफी सहयोग दिया था। इनके पुत्र राजा मित्रभान सिंह ने कोल 'असंतोष दबाने' में अंग्रेजों की खासी मदद की थी और छोटानागपुर में ब्रिटिश शासन को मजबूत किया था।

1857 में प्रथम स्वतंत्रता संग्राम के दौरान यहाँ के राजा जयप्रकाश सिंह थे, जिन्होंने छोटा नागपुर के विद्रोह को दबाने में अंग्रेजों का सहयोग किया था, जिसकी वजह से इन्हें 'महाराजा बहादुर' यानी 'नाइट ऑफ द स्टार ऑफ इंडिया' की उपाधि दी गई थी। ओ. मैले ने आगे लिखा है कि 1906 में देव और उमगा का शासन एक नाबालिग राजा चला रहा था। उसकी देखभाल के लिए अंग्रेजों ने कोर्ट ऑफ वार्ड की स्थापना की थी, जो राज्य का मैनेजमेंट देखता था। गया डिस्ट्रिक्ट गैजेटियर में 1838 में हुए डिमार्केशन सर्वे में देव का जिक्र एक रियासत के रूप में है। 1901 से 1903 के बीच हुए सर्वे सेटेलमेंट में देव को एक महत्त्वपूर्ण रियासत के रूप में चिह्नित किया गया, जिसका क्षेत्रफल 92 वर्गमील अंकित किया गया है। वर्तमान औरंगाबाद जिला मुख्यालय सहित बड़ा इलाका इसके अधीन था। देव सूर्य मंदिर का वर्णन भी ओ. मैले ने किया है। उसने लिखा है कि यहाँ एक बेहद खूबसूरत मंदिर है, जिसका निर्माणकाल स्थानीय लोग काफी प्राचीन बताते हैं, लेकिन यह संभवत 1450 ईसवी का बना हुआ है। ओ. मैले ने इस मंदिर की काफी तारीफ की है और 100 फीट ऊँचे इसके शिखर की साज-सज्जा की प्रशंसा में काफी कुछ लिखा है। उन्होंने देव सूर्य मंदिर की संरचना की तुलना कोंच और उमगा के मंदिरों

से की है। ओ. मैले ने यहाँ कार्तिक और चैत्र के दौरान लगने वाले छठ महापर्व के मेलों का भी वर्णन किया है। उनका कहना है कि यह मेले व्यवसाय के दृष्टिकोण से भी काफी महत्त्वपूर्ण थे।

बाबू ईसरी प्रसाद सिंह ने अपनी जमींदारी के समय एक विदेशी घोड़ा खरीदा। उस जमाने में उसकी कीमत चार हजार रुपए थी। घोड़ा बहुत शोख हो गया था, किसी को दाँत काट लेता था, कभी पैर चलाता था। बड़े-बड़े लोग हार गए, वो किसी के कमांड में नहीं आ रहा था। बाबू कुँवर सिंह उस समय हट्टे-कट्टे जवान थे। उस घोड़े पर स्वयं सवार हो गए, घोड़े ने बहुत गिराने की कोशिश की, मगर माहिर घुड़सवार बाबू साहब ने उसकी एक न चलने दी। थोड़ी ही देर में घोड़े को ऐसा कमांड किया कि फिर वो घोड़ा उनका खास घोड़ा बन गया।

एक बार की बात है, बाबू बेनी प्रसाद की बेटी की शादी में जगदीशपुर महाराजा बहादुर महेश्वर बख्श सिंह आए थे। बाबू अमर सिंह उन्हें घुमाने के लिए अपनी रियासत में ले गए। घने जंगल के बीच रावत का तालाब मिला, महाराजा को बहुत पसंद आया, तालाब की स्थिति ठीक नहीं थी। महाराजा ने इसकी मरम्मत की इच्छा प्रकट की। इस बात की जानकारी स्वाभिमानी राजा बाबू कुंवर सिंह को लगी, उन्होंने संदेश भेजा कि हम लोगों ने निश्चित कर लिया है, इसे खुद ही करवा लेंगे।

बड़े बेटे बाबू कुँवर सिंह अपने बाबूजी के सदा विरोधी रहे। वे अपने युवा साथियों के साथ ज्यादातर जंगलों में रहा करते थे। जगदीशपुर के लिए खजाना जंगल से होकर ले जाया जाता था। इसका फायदा उठाकर बाबू साहब जंगल के रास्ते में ही अपने कर्मचारियों से खजाना को लुटवा लेते थे। एक-दो बार तो साहबजादा सिंह ने इस घटना को बाबू साहब का बचपना समझकर दरकिनार कर दिया। पर लाख चेतावनी के बावजूद भी जंगल में खजाना लूट लेने का काम जारी रहा। इसके बाद भी जब बाबू साहब नहीं माने तो इससे ऊबकर साहबजादा सिंह इतना नाराज हो गए कि एक दिन उन्होंने अपने विद्रोही पुत्र कुँवर सिंह के दल पर ही हमला बोल दिया। दोनों टुकड़ियाँ आमने-सामने हुईं, कोई किसी से हार मानने को तैयार नहीं था। बात बिगड़ते देख किसी तरह इस युद्ध को टाला जा सका।

युद्ध तो किसी तरह टाल दिया गया, मगर मामला कोर्ट तक जा पहुँचा। कोर्ट ने बाबू कुँवर सिंह पर फिजूल और बेवजह खर्च साबित कर दिया। इसके बाद अपनी रियासत को बर्बादी से बचाने के लिए साहबजादा सिंह ने कुँवर सिंह समेत अपने चारों पुत्रों के बीच इलाकों का बँटवारा कर दिया। जब बाबू साहबजादा सिंह का अंत समय आया, तब अपनी जिंदगी से मायूस होकर बाबू कुँवर सिंह को

शस्त्रागार पर उन्होंने अपने आदमी नियुक्त करने का आदेश दे दिया; क्योंकि उन्हें पता था कि उनके बाद अगर कोई इस रियासत को कायम रख सकता है तो वो हैं, कुँवर सिंह। इन्हीं में किसी से दो-दो हाथ कर अपनी रियासत बचाने की क्षमता है। बाबू साहब भी अब बचपना छोड़ चुके थे। उन्हें भी लगा कि नहीं, बाबूजी सही कह रहे हैं। जो बचेगा, सब तो उन्हीं का है। बाबू उदवंत सिंह से साहबजादा को इतना लगाव था कि जिंदगी के आखिरी सफर पर उन्होंने बाबू साहब से खुद को वहीं जलाने को कहा, जहाँ बाबू उदवंत सिंह को जलाया गया था।

साहबजादा सिंह ने अपने जीवनकाल में ही अपने चारों बेटों में बँटवारा तो कर दिया, लेकिन उसमें बारह आना (3/4 भाग) बाबू कुँवर सिंह, बाबू दयाल सिंह को दो आना (1/8 भाग), बाबू राजपति सिंह को एक आना (1/16 भाग) और बाबू अमर सिंह को एक आना (1/16 भाग) दिया गया। बाबू कुँवर सिंह के हिस्से में परगना पीरो, परगना नोनार और परगना आरा मिला। इसके अलावा कुँवर सिंह के पुत्र दलभंजन सिंह को चार गाँव, कुँवर सिंह की पत्नी को अलग से दो गाँव और उनकी उप पत्नी धरमन बीबी को एक गाँव मिला था, जबकि साहबजादा सिंह ने अपने लिए ताल्लुका बहोरनपुर और सहजौली वगैरह रखा था। साहबजादा सिंह मरणशैय्या पर थे, उन्होंने पुत्र कुँवर सिंह को बुलाकर अपने हिस्से की पूरी जायदाद एवं जगदीशपुर में स्थित तोशखाना (खजाना) और शास्त्रागार को भी कुँवर के ही हवाले कर दिया।

साहबजादा सिंह के मरणोपरांत मृदुभाषी, नामी घुड़सवार बाबू कुँवर सिंह जगदीशपुर रियासत के मालिक हुए। गद्दी पर बैठते ही इनके ऊपर अंग्रेजों को टैक्स देने की जिम्मेदारी भी आ गई, जिसे प्रतिवर्ष अंग्रेजी सल्तनत को देना पड़ता था। जगदीशपुर की गद्दी सँभालते ही बाबू साहब ने रियासत का नाम रोशन कर दिया। जगदीशपुर में बाबू उदवंत सिंह के बाद उनके समान रईस कुँवर सिंह ही हुए, इनके तेज का प्रभाव संपूर्ण भारतवर्ष से लेकर इंग्लैंड तक फैला हुआ था।

जवानी अठखेलियों में गुजर रही थी। रियासत में कोई भूखा, कोई परेशान न रहे, सबके घर का चुल्हा जलना चाहिए, हर घर की जवान बेटियों के हाथ पीले होने चाहिए, युवाओं के पास रोजगार हो, बच्चों की पढ़ाई, अस्पताल, वैद्य जैसी जरूरतों पर पैनी नजर रखने वाले, जाति-धर्म से परे रहने वाले, गरीब और मजलूमों की आवाज बनने वाले बाबू कुँवर सिंह बड़े ही रसिक मिजाज के थे। जगदीशपुर रियासत के राजा होने के बावजूद भी आम लोगों के साथ बैठना, हुक्का, सिगार, गांजा पीना, मदीरापान करना, नाच-गाने में मशगूल रहना इनकी आदतों में शुमार

था। इनके पिताश्री साहबजादा सिंह अपने बड़े बेटे कुँवर सिंह को पढ़ा-लिखाकर एक कामयाब इंसान बनाना चाहते थे, मगर ये उससे इतर थे। इनके पिताजी कभी इनसे खुश नहीं रहते थे।

खैर! पढ़ न सके, मगर संगीत की हर विधा से परिचित थे। संगीत और नृत्य देखने का जब मन कर जाए तो कहीं दूसरी जगह भी जाने से परहेज नहीं था।

चेतना का प्रतीक आरा हाऊस

आरा के महाराजा कॉलेज स्थित 'आरा हाऊस' और जगदीशपुर का बाबू वीर कुँवर सिंह का किला कई हकीकत कहानियों और अतीत का चशमदीद है। महाराजा कॉलेज स्थित आरा हाऊस के पास अंग्रेजों के खिलाफ आजादी की पहली लड़ाई लड़ी गई थी। आरा हाऊस में बाबू कुँवर सिंह ने अंग्रेज सैनिकों को कैद कर सर्वप्रथम स्वतंत्रता का ध्वज फहराया था। कालांतर में आरा हाऊस बाबू कुँवर सिंह की वीरता व जनपद की जनता की आजादी के प्रति जुझारु चेतना का प्रतीक आज भी बना हुआ है।

□

8

बाबू साहब की रियासत

"बाबू कुँवर सिंह तोहरे राज बिनु,
अब ना रंगइबो पगरिया" "

रियासत में कोई भूखा नहीं सोता है। किसी को बेटी ब्याहने में कोई अड़चन नहीं आती, भले ही बाबू साहब ने तालीम नहीं ली हो, मगर कोई बच्चा अनपढ़ न रहे इसका वे बहुत ख्याल रखते थे। एक राजा की तरह नहीं, बल्कि एक सहयोगी की तरह अपनी प्रजा के साथ रहना पसंद करते थे।

प्रथम स्वतंत्रता संग्राम और रणबाँकुरे वीर कुँवर सिंह का नाम लोकगीतों से लेकर लोगों की जुबाँ पर अक्सर इनकी चर्चाएँ छाई रहती हैं। जगदीशपुर में लोग बिहार के ऐतिहासिक गाँव और रियासत के रूप में लोग जानते हैं। साहबजादा सिंह और माता पंचरतन कुँवर के घर 1777 में कुँवर सिंह का जन्म हुआ था। उज्जैन के सम्राट् विक्रमादित्य व मालवा के राजा भोज के वंशजों में से हैं। वैसे जब बात चली है शाहाबाद की, तो आपको बता दूँ कि इस क्षेत्र में इन लोगों ने वर्ष 1180 तक राज किया था।

कुँवर सिंह बचपन से ही नटखट, घोड़े की सवारी में माहिर थे। बिगड़े घोड़े को भी अपनी एक आवाज पर रोककर उनकी सवारी करना इनकी आदतों में शुमार था। बात निशानेबाजी की चले तो भला कौन सा ऐसा केंद्र है, जहाँ इनका निशाना चूक जाए! निर्भिक प्रकृति के बाबू साहब हर पल उत्साह से लबरेज रहते थे। इनकी दृढ़ इच्छाशक्ति के आगे सभी नतमस्तक थे। जो ठान लिया, उसे पूरा करके ही मानेंगे, चाहे वो काम कितना भी जोखिम भरा क्यों न हो!

कैसी तालीम, पहला वार खाली गया

बचपन में कुँवर सिंह को फारसी की तालीम के लिए मौलवी साहब को रखा गया था। मौलवी साहब ने उस्ताद को सबक याद करने के लिए दिया। याद नहीं करने की वजह से उनके कान को मौलवी साहब ने खींच दिया। बस, इतना करना था कि कुँवर सिंह ने उस्ताद पर तलवार से वार कर दिया। किसी तरह मास्टर साहब बच गए। जब साहबजादा सिंह से इसकी शिकायत की गई तो उनको ही नसीहत दे डाली। कहा, 'क्या मौलवी साहब कैसी तालीम देते हैं कि पहला वार ही खाली चला गया। आप अपने घर जाइए!'

समय के साथ बाबू साहब बड़े तो हो गए थे, लेकिन उनका नटखटपन छूटा नहीं था। इस नटखटपन की वजह से अपने पिताजी से उनका छत्तीस का आँकड़ा बना रहता था, सो वो हमेशा जगदीशपुर से बाहर जितारा के जंगल में ही रहते थे। जंगल में रहने के लिए उन्होंने फूस का बंगला बनवाया था, जहाँ अपना सबसे ज्यादा समय बिताया करते थे।

बाबू साहब की जन्मतिथि के बारे में अनेक मतभेद हैं। इतना भर सुनिश्चित है कि वीर कुँवर सिंह अपने अनुज बाबू दयाल सिंह से दो साल बड़े थे। बाबू साहब के गद्दी पर बैठने का जिक्र जब आता है तो 1826 ई. में साहबजादा सिंह की मृत्यु

हो गई। इसके बाद राज परंपरा के मुताबिक वीर कुँवर सिंह को राजतिलक कर उन्हें गद्‌दी सौंप दी गई। एक पुराना कागज बाबू दयाल सिंह के प्रपौत्र के पास से मिला, उसमें कुछ इस तरह से इस वाकये को दरशाया गया है—

रामाष्टाष्टा निशाकरैविर्गणिते संवत्सरे वैक्रमे
मासे सौम्य शुचौ सितेतर-दले चान्द्रे शुभ वासरे।
रम्यायां देहमगात्पदं भगवतः श्री साहजादा-प्रभु-
स्त्यक्त्वा देहमगात्पदं भगवतः श्री रामनामाब्रुहवन।

अर्थात् संवत 1883 (1826 ई.), आषाढ़ कृष्ण 7, बुधवार को साहबजादा सिंह का निधन हो गया। अतः इसी दिन वीर कुँवर सिंह जगदीशपुर के स्वामी हुए।

देवनागरी में बाबू कुँवर सिंह के हस्ताक्षर (21 फरवरी, 1828)

साहबजादा सिंह की मुत्यु के बाद वीर कुँवर सिंह जगदीशपुर की गद्‌दी पर बैठे। कुँवर सिंह के नेतृत्व में बागी धारा के विद्रोह ने यहीं से अखिल भारतीय जनक्रांति का तीसरा और अंतिम मोड़ लिया। इस दृष्टि से देखने पर भारतीय इतिहास के भीतर से एक आत्मोत्कर्षक तेवर की झलक मिलने लगी थी, जिसे प्रयोजनीय बनाकर ही हम अपने राष्ट्रीय इतिहास का प्रथम वाचन पूरा कर सकते हैं। वीर कुँवर सिंह तक आती हुई यह कथा सामंतों की रूढ़ कथा भर नहीं है, जैसा पश्चिमाभिमुख इतिहासकार करने का षड्यंत्र करते रहे हैं, वरन् यह रूढ़ियों एवं अभाव से आकंठ लगे, पर फिर भी मुक्ति के लिए छटपटाते हुए भारत की गाथा है। वर्ष 1857 की क्रांति कोई आकस्मिक घटना नहीं थी। यदि उसके पीछे ईस्ट इंडिया कंपनी के पाप की एक शताब्दी (ब्रिटिश सांसद जॉन ब्राइट की उक्ति) थी, तो इन स्वतंत्रचेता विद्रोहियों के संघर्ष की अनेक शताब्दियाँ भी थीं।

कुँवर सिंह ने अपने शासनकाल में राज की आमदनी बढ़ाकर 9 लाख सालाना कर दी थी। उनके लिए कर्ज चुकाने की सूरत निकालना असंभव न था और भय तो

उन्हें यमराज भी नहीं दे सकते थे। फिर विद्रोही सिपाहियों को अगर आक्रमण का भय दिखाकर काम लेना होता तो आसपास ही पसरे और सिद्धकाम होते इस भूखे शेर से क्यों उलझते?

सच तो यह है कि यह विद्रोह कुँवर सिंह के लहू में था। तत्कालीन बिहार के एक अंग्रेज अधिकारी ने कम-से-कम इतना ठीक लिखा था कि कुँवर सिंह वही कर रहे हैं, जो उनके पूर्वज करते आ रहे हैं। 1857 ई. की क्रांति के दौरान इनके सगे-संबंधियों और विद्रोह से जुड़े समाज के जान-माल को इस सोच के साथ क्रूरतापूर्वक तहस-नहस किया गया कि विद्रोह का यह विष सदा के लिए नष्ट हो जाए!

श्रीमदिष्टदेव्यै नमः

(कुल गुरु पंडित भिखिया दत्त झा द्वारा रचित संस्कृत में बाबू कुँअर सिंह की प्रशस्ति)

जगदीशपुरे रम्ये विद्यासिन्धुपदाङ्किताः ।
वसन्ति सुधियो लोकाः कालज्ञाना इव प्रजाः ॥1॥
ब्राह्मणा वेदनिरताः क्षत्रियाश्च गुणान्विताः ।
वैश्याश्च वैश्यकर्माणो शूद्राश्च दासकर्मकृतः ॥2॥ इतिग्रामवर्णनम्॥
तस्मिन् पुरे महारम्ये क्षत्री वसति धर्मवित् ।
राजा सर्वगुणख्यातोयशस्वी साहसकृत्सदा ॥3॥
तस्मिन् पुरे मनोज्ञे बाबू श्रीयूत शास्त्रवित् ।
साहेवजादा सिंहोसौ जगद्दाता सुबुद्धिमान् ॥4॥
तस्य सुतो गंणयुक्तो विद्यायुक्तः सुशीलश्च ।
श्रीमम्कुमरसिंह साहसयुक्तः प्रता[illegible] ॥5॥
भ्राता तस्य दयालुः सम्पथयुक्तस्त्था [illegible]द्वान ।
स्वस्तियुतः श्रीमाश्च शिक्षायुक्तो यशस्वी च ॥6॥
तस्य भ्राताभवच्छद्धो ज्ञानयुक्तस्तथा बुधः ।
श्रीमद्राजपती सिंहः सुशीलो गुणसंयुतः ॥7॥
तस्य भ्राताभवद्वीरो तीर्थकार्यरतः सदा ।
अमरसिंहेति विख्यातो बुद्धियुक्तश्च सज्जनः ॥8॥
अथ बाबू श्रीकुमर सिंहस्य॥

दुसाधी-बिगहा

कभी किसी ने बुलाया और किसी के सुख-दुःख की घड़ी हो, कुँवर सिंह हमेशा तत्पर रहते थे। उनकी चाहत होती थी कि मेरी प्रजा को किसी भी तरह की कोई परेशानी न हो, इसकी खबर हमेशा लेते रहते थे। क्या खास, क्या आम के सभी आयोजनों में बराबर की हिस्सेदारी निभाते थे। इसी वजह से जन-जन में वो लोकप्रिय थे। कभी किसी से कोई शिकायत नहीं रही उनकी। सभी उनके अपने थे तो भला किसी से किस बात की रंजिश, बड़े प्यार से सबके साथ रहते थे। इनसे जुड़े अनेक सच्चे किस्से-कहानियाँ लोगों के बीच आज भी कही जाती हैं। उन्हीं में से यह घटना भोजपुर (मुख्यालय आरा) जिले के एक खास इलाके की है। बाबू साहब अपनी प्रजा से मिलने-जुलने के लिए अक्सर निकल जाया करते थे। किसी को यह नहीं मालूम हो पाता था कि आखिर वो किस क्षेत्र में जाएँगे? अचानक से उनका गमन, लोगों के कुशल-क्षेम जानना और जहाँ जो कमी लगे, तो उसे पूरा करने की पूरी कोशिश करते थे।

बरसात का मौसम था, खेतों में चारों तरफ पानी-ही-पानी, किसानों के चेहरे पर एक अलग चमक, खुशी का कोई ठिकाना नहीं था। खेतों में रोपनी गीत गातीं रोपनीहारिन (मजदूर औरतें) बड़े प्यार से खेतों में काम कर रही थीं। दूर-दूर तक केवल रोपनी का ही काम चल रहा था। मानो सभी घरों की औरतें खेतों में अपना पैर जमाए काम कर रही थीं! इसी बीच सबके चहेते, सबसे बोलने-बतियाने वाले, सबका ख्याल रखने वाले रहनुमा राजा बाबू यानी बाबू साहब अपने प्रिय घोड़े पर सवार रोपनीहारिनों की तरफ बढ़े जा रहे थे। रोपनीहारिनों के एक बहुत बड़े समूह ने बाबू साहब को घेर लिया और उन पर कादो-मिट्टी फेंकना शुरू कर दिया। एक जागीर के मालिक पर इस कदर कीचड़ फेंकने के बावजूद भी कोई कड़ी आवाज नहीं, बल्कि मजाकिया लहजे में बात चले तो इसे क्या कहेंगे? रोपनीहारिन जहाँ इसे शुभ संकेत मानती हैं, वहीं बिना कोई बख्शीश के उन्हें बख्शने को तैयार नहीं थीं।

इसी बीच उनकी नजर उस घेरे से कुछ दूर खड़ी एक औरत पर पड़ी, जो मुँह छुपाए खड़ी थी। समूह की औरतों ने उसे भी बाबू साहब के ऊपर कीचड़ फेंकने को कहा, तो उसने यह कहकर मना कर दिया कि वे मेरे भाई हैं और भला कोई बहन अपने भाई पर कीचड़ फेंककर होली खेलती है? इस वाक्या के बाद बाबू साहब ने उसे पास बुलाया, पूछा—तुम्हारा घर कहाँ है? किसकी बेटी हो?

दुल्हन—मैं जगदीशपुर की रहने वाली हूँ, मेरे बाबूजी (ससुर) का नाम मंगरू पासवान है।

बाबू साहब—ठीक है, कल मेरे पास उन्हें भेज देना।

उसके बाद बाबू साहब वहाँ से अपने हाली-मोहाली के साथ रवाना हो गए। इसके बाद सभी रोपनीहारिनों के बीच कई सवाल पनप गए। कोई कहता कि अब क्या होगा? उस दुल्हन को सभी कोसने लगीं, कहने लगीं—बहुत उनके गाँव वाली बनी है! इसने सब खेल बिगाड़ दिया!

दूसरे दिन अंदर से डरे सहमे मंगरू पासवान बाबू साहब के दरबार में पहुँचे। मन में कई सवाल उठ रहे थे, आखिर मेरी बहू ने क्या गलती की, जो मुझे आज ये दिन देखना पड़ रहा है?

बाबू साहब अपने दरबार में पहुँचे, उनके पहुँचते ही मंगरू पासवान ने जाकर बाबू साहब के पाँव को पकड़ लिया।

कहा—राजा साहब, इसमें मेरा कोई कसूर नहीं, उसे माफ कर दीजिए।

बाबू साहब—(मंगरू पासवान को उठाकर अपने सीने से लगा लिया) कहा, आप हमारे रिश्तेदार हैं, बैठिए।

बाबू साहब ने आदेश दिया कि इनके पूरे परिवार को वस्त्र और नकद उपहार दिया जाए। इतना कहना था कि मंगरू की सेवा में सबकुछ हाजिर हो गया। इस नजारे को देखकर भी उन्हें अपने आप पर भरोसा नहीं हो रहा था। वो संशय में पड़े हुए थे कि आखिर मेरे साथ ये हो क्या रहा है? कुछ देर बाद एक जमीन का कागजात मँगवाया गया और भेंट कर दिया। ये वो कागजात थे, जहाँ उनके गाँव की बहन रोपनी कर रही थी, जिसमें 200 बीघे जमीन उस बहन के नाम से कर दी गई और उसके ससुर मंगरू पासवान को भेंट कर दिया।

इस नजारे को देखकर बाबू साहब के सिपहसालारों ने उन्हें इस दान के ऊपर कुछ विचार करने को कहा, इस पर बाबू साहब ने कहा—मेरी जुबाँ से जो निकल गया, वो ब्रह्मा की लकीर है। 200 बीघा जमीन दान दिए जाने के बाद से ही इस क्षेत्र का नाम 'दुसाधी-बिगहा' जाना जाने लगा।

सैनिकों का बुर्ज और देवी

राज श्मशान से उत्तर-पूरब के कोने पर एक ऐतिहासिक स्थल है। इसके बारे में बताया जाता है कि आज इसे 'शाहमी देवी' के नाम से पूजा जाता है। जबकि यहाँ बाबू साहब के काल में यहाँ एक सुरंग हुआ करती थी। इस सुरंग के पास सैनिकों के रहने के लिए बुर्ज था। इसी बुर्ज से खड़ा होकर बाबू साहब के सैनिक अपनी सीमा की निगरानी किया करते थे और अपने दुश्मनों की हर आहट पर पैनी नजर रखते

थे। सुरंग की बात कौन करे, अब तो 'शाहमती देवी' का स्थान भी पुराने तालाब के पानी में विलीन हो गया है। देवी की पूजा तो आज भी पारंपरिक तौर पर की जाती है। जगदीशपुर की रियासत में सभी के उपयोग के लिए कुँए, तालाब बनवाए गए थे। पेड़ लगवाए गए थे। जगह-जगह धर्मशाला बनवाई गई थीं। सदर बाजार, महावीर मंदिर दुलौर गली मोड़ सब एक कहानी बस, रह गई हैं।

ऐतिहासिक श्मशान

बाबू कुँवर सिंह के जगदीशपुर को 'बाबू का जगदीशपुर' के नाम से भी जाना जाता है। ऐतिहासिक राजपरिवार के मृतकों के अंतिम संस्कार के लिए जगदीशपुर के पश्चिम में एक राज श्मशान था, जिसका अस्तित्व आज भी मौजूद है। राजपरिवार के लिए राज्य की ओर से मृतकों को मुखाग्नि देने के लिए एक ब्राह्मण को बहाल किया गया था। इस मुखाग्नि देने वाले पंडितजी को 'लुवठुआ' (आग देने वाला ब्राह्मण) कहा जाता है। एक समय था, श्मशान गाँव से बाहर हुआ करता था। मगर अब गाँव की आबादी इतनी बढ़ गई हैं कि गाँव के विस्तार होने के साथ ही श्मशान भी गाँव के अंदर ही हो गया।

श्मशान घाट के पास एक बहुत पुराना नीम का पेड़ है। जहाँ बहुत बड़ा चबूतरा भी बना हुआ हैं। समय के साथ स्मृतिचिह्न रख-रखाव के अभाव में टूटते और बिखरते चले गए। राज श्मशान की हालत भी बहुत बदतर हो गई है। कहा जाता है कि शवदाह के समय राजपरिवार के लोग इसी चबूतरे पर बैठते थे। आज यह नीम और चबूतरा हिंदू धर्म मानने वालों के लिए भक्ति और आस्था का केंद्र बन गया है, जिसे 'चौरी माई' के स्थान के रूप में जाना जाता है। इतना ही नहीं, गाँव के इस श्मशान से लगभग सौ गज की दूरी पर एक और ऐतिहासिक स्थल है, जिसे लोग 'चौरिया आम' स्थान के नाम से जानते हैं। कहा जाता है कि इसी श्मशान घाट पर बाबू साहब का शवदाह किया गया था। उसके बाद से ही इसे 'ऐतिहासिक श्मशान' के नाम से एक अलग पहचान मिली। 'चौरिया आम' स्थान के नाम के बारे में कहा जाता है कि यहाँ की जमीन काफी चौरस (चौड़ी) थी और यहाँ एक आम का पुराना वृक्ष है, इसलिए इसका नाम 'चौरिया आम' का स्थान पड़ गया।

जगदीशपुर का देवघर-तीन मूर्ति टोला

जगदीशपुर के उत्तर बिहिया पथ पर एक टोला में तीन मूर्तियाँ पूरब-उत्तर दिशा में स्थित हैं, जिसे लोग 'देवघर' के नाम से जानते हैं। इसी देवघर में बाबू

साहब शिकार करने के दौरान विश्राम किया करते थे। जगदीशपुर नगर के लगभग सभी हिस्सों में कुएँ स्थित थे, जो कुँवर सिंह द्वारा जनहित में खुदवाए गए थे। उस दौर में इस इलाके का अपना एक अलग महत्त्व हुआ करता था। समय गुजरने के साथ राजतंत्र समाप्त हो गया, रियासत की स्मिता समाप्त हो गई। जगह वही है, मगर बाबू साहब द्वारा स्थापित की गईं स्मृतियाँ आज भी बीते कल की कहानी को बयाँ करती हैं। अब ये सारी बातें एक कहानी बनकर रह गई हैं। चाहकर भी उनकी स्मृतियों को देखना संभव नहीं है। अब तो बस, किस्से-कहानियों के माध्यम से बाबू साहब को याद किया जाता है।

जगदीशपुर का ताजिया

इस्लामिक कैलेंडर के अनुसार साल का पहला महीना मोहर्रम होता है। इसे 'गम का महीना' भी माना जाता है। 12वीं शताब्दी में गुलाम वंश के पहले शासक कुतुबुद्दीन ऐबक के समय से ही दिल्ली में इस मौके पर ताजिया (मोहर्रम का जुलूस) निकाले जाने की परंपरा है। उनके बाद जिस भी सुल्तान ने भारत में राज किया, उन्होंने 'ताजिये की परंपरा' को चलने दिया। हालाँकि, वो मुख्य रूप से सुन्नी थे, शिया नहीं थे। पैगंबर-ए-इस्लाम हजरत मोहम्मद के नाती हजरत इमाम हुसैन को इसी मोहर्रम के महीने में कर्बला की जंग (680 ई.) में परिवार और दोस्तों के साथ शहीद कर दिया गया था। कर्बला की जंग हजरत इमाम हुसैन और बादशाह यजीद की सेना के बीच हुई थी। मोहर्रम में मुसलमान हजरत इमाम हुसैन की इसी शहादत को याद करते हैं। हजरत इमाम हुसैन का मकबरा इराक के शहर कर्बला में उसी जगह है, जहाँ ये जंग हुई थी। ये जगह इराक की राजधानी बगदाद से करीब 120 किलोमीटर दूर है और बेहद सम्मानित स्थल के रूप में मानी जाती है।

मुहर्रम की परंपरा जगदीशपुर रियासत में भी कायम रही, इस मौके पर जगदीशपुर में 52 ताजिये निकाले जाते थे। इसमें से एक बाबू साहब के दरबार से सबसे विशाल और खूबसूरत ताजिया निकाला जाता था, जिसे सर्वोत्तम ताजिया माना जाता था। बाद के दिनों में जब धरमन बीबी इस रियासत की हुईं तो इसका महत्त्व कुछ और ही बढ़ गया। बाबू साहब सभी धर्मों में आस्था रखने वाले राजाओं में से एक थे। कभी किसी धर्म और संप्रदाय के लिए आहत करने वाली भाषा का उपयोग नहीं किया। अपनी रियासत के सभी लोगों से काफी लगाव रखते थे। यही वजह रही कि इनके सेनापतियों में भी सभी जाति और धर्म के लोग शामिल थे—सेनापतियों में देवी ओझा, पीतांबर शाही, देवन चौधरी, मैगर सिंह, इब्राहिम खाँ, निशान सिंह,

हरे कृष्ण सिंह, जुल्फिकार अली और करीम शाह प्रमुख रूप से शामिल थे। करीम शाह की मजार आज भी जगदीशपुर किले के मुख्य द्वार के पास अवस्थित है। जिसे आपसी सौहार्द हिंदू-मुसलिम दोनों समुदाय के लोगों का मुख्य केंद्र माना जाता है। धर्मनिरपेक्षता और सद्‌भावना की मिसाल बाबू साहब मुहर्रम के समय कुँवर सिंह की ओर से ताजिया निकाला जाता था। इस ताजिया का पूरा खर्च राजपरिवार के द्वारा किया जाता था। इतना ही नहीं, उस समय से चलती आ रही ताजिया की इस परंपरा को आज भी निभाया जाता है। उसी तरह से इस अवसर पर राजपरिवार द्वारा शुरू की गई परंपरा को निभाते हुए इस जुलूस में भाग लेने के लिए दूर-दूर से लोग आते हैं।

अधूरा मंदिर

कुँवर सिंह रियासत सँभालने के बाद एक शिव मंदिर बनवाना चाहते थे। बड़े बुजुर्गों ने इन्हें इसके लिए मना किया। लोगों ने कहा कि यहाँ दूसरा शिवजी का मंदिर नहीं बनवाया जा सकता है। इसीलिए बाबू भूप नारायण सिंह ने अपना मंदिर बक्सर में बनवाया था। इन्हें भी दूसरी जगह बनवाने को कहा गया, मगर अपनी जिद्‌द पर अड़े बाबू साहब कहाँ मानने वाले थे! मूर्तिकारों ने पत्थर के टुकड़े काटकर रखे थे, मगर ठाकुरबाड़ी में मूर्ति स्थापित नहीं हो सकी। आज-कल पर टलते-टलते आखिरकार काम पूरा नहीं हो सका था।

समय के साथ-साथ जगदीशपुर रियासत अब एक कहानी बनकर रह गई है। इतिहास के पन्नों में यहाँ की हकीकत को किसी ने बेहतर तरीके से अंकित करना शायद मुनासिब नहीं समझा, तभी तो यहाँ का इतिहास बिखरा पड़ा है। इतना लंबा समय गुजर जाने के बाद भी इसे सहेजने की कोशिश आज भी अधूरी ही कही जा सकती है। इस इलाके के लोगों में आज भी बाबू साहब किस्से-कहानियों में गुनगुनाए जाते हैं। जगदीशपुर में बाबू साहब का किला उसके अतीत की कहानियों को बयाँ करता है। लगता है, आज भी कुँवर सिंह की स्मृतियाँ इस मिट्‌टी से सोंधी सुगंध लिये एक अलग ताजगी दे रही हैं।

खानदानी राजवैद्य

इस रियासत में कोई बीमार पड़ जाए तो बस, एक ही आवाज उठती थी, 'वैद्यजी को जल्दी बुलवा लाओ' और वैद्यजी को बुलवाने के लिए लोग दौड़ जाते थे। अगर वही बात राजपरिवार की हो तो राजवैद्य हुआ करते थे और वही इलाज करते थे। वैद्यजी आए तो मरीज का कफ, पित्त, बात जैसी बातों की जाँच कर दवा

की पुड़िया बाँध देते, मरीज तीन से चार दिन में स्वस्थ हो जाते थे। जमींदारी खत्म होने के साथ-साथ जैसे इस इलाज को भी ग्रहण लग गए, यह पद्धति थोड़ी धीमी पड़ गई। हाँ, ये बात भी है कि आज के जमाने में एक बार फिर से वैद्य और हकीम की माँग बढ़ने लगी है, क्योंकि इनकी औषधि से कोई साइड इफेक्ट जो नहीं हैं।

बाबू साहब के राजवैद्य की अगर हम बात करें तो वो बहुत ही बड़े वैद्य थे, जिनके वंशज आज भी जगदीशपुर में ही निवास करते हैं। इनके परिवार से मिलने का मौका मिला। इनकी कई पीढ़ियाँ गुजर गईं, लेकिन कुँवर सिंह और उनके वंशज का गुणगान करते ये नहीं थकते हैं। इन परिवार के लोगों की मानें तो जमींदारी जैसे-जैसे खत्म होती गई, वैद्यजी की पूछ भी कम होती चली गई और खानदानी वैद्यजी का नाम भी लुप्त हो गया। अब तो इनके वंशजों में कुछ लोग ही बचे हैं, जो जड़ी-बुटी की कमी और बढ़ती महँगाई की मार झेल रहे हैं, फिर भी अपने वैद्य के काम को करते हैं, मगर अब पहले वाली बात कहाँ रही।

हम बात कर रहे हैं बाबू साहब का इलाज करने वाले वैद्य कालू राउत की, उनकी चौथी पीढ़ी अपने वैद्यशाला को बचाए रखने का पूरा प्रयास तो करती है। मुफ्त इलाज की बातें समय के साथ खत्म हो चुकी हैं। उस जमाने में रियासत की तरफ से इन्हें रखा गया था। बढ़ती महँगाई और आयुर्वेद की तरफ उदासीनता से इनके परिवार का भरण पोषण कठिन होने की वजह से यह औषधालय महज एक कहानी बनकर रह गए हैं।

बाबू साहब पर पुस्तक लिखने के दरम्यान जहाँ-जहाँ लोगों ने बताया, मसलों को सुझाया, कहानियों को सुनाया, उस पर आधारित ही काम करने का मौका मिला। उस दरम्यान ही पत्थर के बने खरल (कूटने वाला खरल) में वैद्य बाबू लाल जी बड़े प्यार से दवा बनाने में लगे हुए थे। पूछने पर बताया कि मेरे परदादा कालू राउतजी, जो वीर कुँवर सिंहजी के वैद्य हुआ करते थे, वो बहुत बड़े वैद्य थे। उन्हें कुँवर साहब बहुत मानते थे। तभी तो अपने पोते की शादी में वैद्य कालू राउत के नेतृत्व में 25 चिकित्सकों का एक दल भी लेकर गए थे, ताकि किसी को कोई परेशानी होगी तो इलाज भी अच्छे तरीके से हो पाएगा।

वैद्य बाबू लाल ने आगे बताया कि अब वो भी थक चुके हैं। इनका शरीर भी काम कर पाने में असमर्थ है। मगर बात चली परदादा कालू राउत की, तो उनका गुणगान करते नहीं थकते, इतना ही नहीं, वो प्रमाण दिखाने की भी कोशिश करते थे। वह कुँवर सिंह के बीमार पड़ने पर उनके चाचा नर्देश्वर प्रसाद सिंह द्वारा लिखी गई चिट्ठी को दिखाते हुए कहते हैं कि आप पढ़ लीजिए, इसमें मेरे परदादाजी को

बुलावा आया है। इसके अलावा बड़े उदास स्वर में कहते हैं कि क्या बताऊँ, पिछली बारिश में बहुत सी चीजें भींगकर खराब हो गई। जनहित औषधालय, जिसे बाबू साहब के आशीर्वाद से चलाया जाता था, पर अब वो बात कहाँ, अब तो बीता हुआ कल सिर्फ एक कहानी बनकर रह गया है। हमने बची वस्तुओं को सहेजने की पूरी कोशिश की, पर सरकारी तौर पर कभी भी बाबू साहब और उनसे जुड़ी चीजों को सहेजा नहीं गया। अगर ऐसा हुआ होता तो आज एक बहुत बड़ी धरोहर सिर्फ पन्नों पर नहीं, बल्कि हकीकत में भी देखी जा सकती थी।

जिस किले को पूरी अंग्रेज पलटन नहीं ध्वस्त कर सकी, उसे आज असामाजिक तत्त्वों और सरकारी उदासीनता ने जरुर ध्वस्त कर दिया है। जिस किले में किसी के प्रवेश करने में पतलून ढीली हो जाती थी, उस रियासत के नाम पर एक संग्रहालय सरकार ने बनवाया है, जो उनके अस्तित्व को जिंदा रखे हुए है। संग्रहालय के ठीक बगल में बाबू साहब की कचहरी हुआ करती थी, जहाँ बैठकर वो सारी समस्याओं का निबटारा किया करते थे। वो भी आज वीरान पड़ी हुई है। महल के पीछे नजर आने वाली पुरानी इमारतें कभी बाबू साहब के बलशाली घोड़ों का अस्तबल हुआ करती थीं। देखभाल के अभाव में किले के पूरब और पश्चिम में बने तालाब कभी यहाँ की रौनक को बढ़ाया करते थे, आज उनकी हालत पहले जैसी नहीं है, लेकिन इसके किनारे खड़े होने पर मानों पूरी कहानी कुँवर सिंह की कहने को आतुर हैं!

किले से बाहर निकलते ही हजरत दाता करीम शाह की मजार है। जगदीशपुर और आसपास के लोग इन्हें 'शहीद बाबा' के नाम से जानते हैं। मजार के ठीक सामने पीपल के पेड़ के नीचे ब्रह्म बाबा का एक छोटा सा मंदिर है। जिसके बारे में स्थानीय लोग बताते हैं कि कभी यहाँ एक विशाल शिवालय हुआ करता था, लेकिन उसे बर्बर गोरों ने तोप से उड़ा दिया था।

डुमराँव राज (बक्सर जिला) के बाद इस इलाके की सबसे बड़ी जमींदारी थी जगदीशपुर और इसके राजा थे साहबजादा सिंह। इस राज के अंतर्गत पीरो, नोनौर, बिहिया और सासाराम सहित कुल 1787 मौजे थे। यह राज भी बड़ी शान-ओ-शौकत के साथ चल रहा था। मगर अंग्रेजी सल्तनत अपना पाँव धीरे-धीरे पसारते हुए पूरे हिंदूस्तान को अपने चँगूल में ले चुका था। इन गोरों के सामने किसी की एक नहीं चलती थी, जिसने भी विद्रोह किया, उसे इसका खामियाजा भुगतना पड़ता था। बावजूद इसके, अंग्रेज अपनी नीति में माहिर थे, सो छोटी-छोटी रियासतों को अपने साथ किसी-न-किसी माध्यम से जोड़े हुए थे, जो नहीं जुड़ा, उसे संघर्ष करना पड़ता।··

सही मायने में देखा जाए तो बाबू साहब के साथ इतिहास ने भी न्याय नहीं किया। जबकि उसका भरपूर बदला चुकाया लोकमानस ने, जिसके आचरण, बोल और गीतों में वे छाए रहे और जिसके चिंतन और जिह्वा से वे कभी उतरे नहीं। बाबू साहब के बारे में जानना और समझना हो तो शाहाबाद जिला (अब चार जिलों में विभक्त–भोजपुर, रोहतास, कैमूर और बक्सर) से गुजरते ही बाबू साहब को जोड़कर अनेक मुहावरे और गीतों को गाते लोग जरूर मिल जाएँगे।

"लड़ाई आइल बाकी बुढ़ारी में"
चल कबड्डी आरा
जहाँ कुँवर सिंह मरदाना।

चिक्का खेलते हुए चरवाहों से सुनेंगे—

बांस के फराठी, वीर कुँवर सिंह के लाठी,
झनाझन तरुआर, झनाझन तरुआर।

होली का मौसम हो तो नौजवान दल गा रहा होता है—

बाबू कुँवर सिंह तेगवा बहादुर
बंगला में उड़ेला अबीर।

तो कहीं वयस्कों की टोली गाते मिलेंगी—

बाबू कुँवर सिंह तोहरे राजबिनु अब न रंगाईब केसरिया,
इतते अइले घेर फिरंगी, उतते कुँवर दुहुं भाई,
गोला बारुद के चले पिचकारी, बिचवा में होत लड़ाई,
वीर कुँवर सिंह तोहरे राज बिनु अब न रंगाइब केसरिया¨

होली की ही तरह चैती, कजरी, विरहा, पँवारा सबने बाबू साहब और अमर सिंह को अपना लाड़ला नायक बनाया—

उन्हीं में से एक भोजपुरी विरहा—

बबुआ वोहिदिन दादा लेलीं तरुअरिया हो ना,
बबुआ धनवा धरम अवरु गइया पर ना
बबुआ विधवा वो रांड़ के विरितिया पर ना,
बबुआ भाई अउर बहिनियों के इजतिया पर ना,
बबुआ बाप अवरु दादा के कीरितिया पर ना.
बबुआ ओही दिन दादा ले लीं तरुअरिआ हो ना¨
बबुआ मरले मराठा जुझल सिखवा हो ना
बबुआ पेसवा के पूतबा गुलमवा हो ना,
बबुआ दिल्लीपति भईलें कंगलवा हो ना,
बबुआ मंगलो पर मे नाहीं भिखिया हो ना¨
बबुआ वोहिदिन दादा लेलीं तरुअरिया हो ना¨
बबुआ बीछिया विचइली जाई दिन तोपवा हो ना,
बबुआ जंग खाई गइले बन्दुकवा हो ना,
बबुआ हंसुआ गढ़ईले तरुअरिआ हो ना,
बबुआ तेजी देले लाठी भोजपुरिया हो ना,
बबुआ ओही दादा ले लीं तरुअरिआ हो ना,
बबुआ असी हो बरिस के उमिरीया हो ना,
बबुआ थर-थर कांपे जेकर मुड़िया हो ना,
बबुआ बगुला के पांख अइसन केसिया हो ना,
बबुआ गिरी गइली जाई दिन बतिसिया हो ना,
बबुआ वोहिदिन दादा लेलीं तरुअरिया हो ना,

पंवारा गाने वालों ने तो बाबू साहब को एक विषय ही बना लिया। एक पंवारा प्रस्तुत है, जो जगदीशपुर के ही पँवरिया टोली के खुदादीन मियाँ का है—

भोजपुर माँ एक बाबू है, कुँवर सिंह वाके नाम
बड़े सूरमा बाबू हैं, कड़े कड़ुआ बाबू हैं।
अंग्रेज का अदब माने ना, साहब का हुकम मानेना,
लाली आँख हैं, कड़ी-कड़ी मोछ है।
लिख परवाना भेजे हैं, सुन हवलदार मेरी बात,
मैं अंग्रेज से बिगड़ा हूँ, सुन हवलदार मेरी बात
मैं अंग्रेज से बिगड़ा हूँ, मेरी मदद पर आओ काम।

वीर कुँवर सिंह के राजकवि रामकवि ('कुँवर विलास' के रचयिता) और बाबू दयाल सिंह के राजकवि शिव कवि ने कुँवर सिंह-अमर सिंह की वीरता, 1857 की लड़ाई तथा अभियान और आधिपत्य के अनेकों चित्रण किए हैं—

जैसे मृगराज गजराजन के झुंडन में,
प्रबल प्रचंड सुंड खंडन उदंड हैं।
जैसे बाज लपकि लपेटि के लवान दल,
दलमलि डारति प्रचारित विहण्ड हैं।
कहैं शिव कवि जैसे गरुड़ गरब गहि,
अहिकुल दंडि-दंडि मेटत घमंड हैं।
वैसे ही अमर सिंह कीरति अमर मंडि,
फौज फिरंगानी की करि सुखंडखंड हैं...
कसि के तुरंग-तुंग, चढ़े जब जंग पर,
अंग-अंग आनंद उमंग रंग भरिगो।

सन्मुख समर विलोकि रणधीर वीर,
फौज फिरंगानी की सुभेरिसो कतरिगो।
कहें 'शिव' कवि डांटि कप्तान को,
काटि-काटि ककरी औ कुम्हरे स निकरिगो।
हाथ मीच हाकिम कहत शाह लंदन सो,
हाय-हाय आफत अमर सिंह करिगो···

(आचार्य केसरी कुमार, शाहाबाद के महान् सपूत, भारत के गौरव)

शाहाबाद का इलाका सदियों से राज रियासतों का केंद्र रहा है। इस क्षेत्र की रियासतों ने कई इतिहास रचकर अपनी पहचान कायम की। उन्हीं में से हम जिक्र कर रहे हैं डुमराँव, बक्सर और जगदीशपुर रियासत की। उसमें भी जगदीशपुर रियासत के इतिहास के बारे में बस, इतना ही कहा जा सकता है—अजीब दास्ताँ है ये, कहाँ शुरू कहाँ खत्म···इसकी जड़ें कहाँ-से-कहाँ तक फैली हुई थीं, कब किसने यहाँ शासन किया, इसकी चर्चा करना लाजिमी है। हिंदुस्तान की आजादी के लिए जगदीशपुर रियासत ने खुद की हस्ती मिटाकर अपना इतिहास रच दिया।

बाबू उदवंत सिंह (1708-1765)

जगदीशपुर खानदान के संस्थापक बाबू उदवंत सिंह का जन्म वर्ष 1696 में हुआ था। 1708 ई. में अपने पिता सुजान शाही की मृत्यु पर जगदीशपुर रियासत के मालिक हुए, राजा मंधाता सिंह ने स्वयं जगदीशपुर जाकर बबुआई की पगड़ी उनके सर बाँधी थी।

वर्ष 1712 में 17 साल की उम्र में कुँवर धीरशाही के विरुद्ध बरांव पर उदवंत सिंह ने चढ़ाई की, जिसमें विजय उदवंत सिंह को मिली। उदवंत सिंह काफी सुलझे हुए थे, सो उन्होंने अपने दोनों छोटे भाइयों को अच्छी शिक्षा दिलाई। उदवंत सिंहजी के जमाने में जगदीशपुर का अच्छा विकास हुआ।

बिहार के सूबेदार नवाब फखरुद्दौला ने वर्ष 1723 ई. में जगदीशपुर पर चढ़ाई कर दी। उदवंत सिंह ने दिलेरी के साथ सूबेदार का मुकाबला किया और उन्हें विजय प्राप्त हुई। नवाब दाउद खाँ दाउदनगरी ने भी बाबू साहब पर हमला किया। उदवंत सिंह भी मुकाबले के लिए तैयार हुए, लेकिन कामगार खाँ की मध्यस्थता से सुलह हो गई।

राजा होरिल शाह की पुत्री के विवाह के अवसर पर उदवंत सिंह डुमराँव आए हुए थे। बेअदबी के कारण कुछ आदमियों का उन्होंने कत्ल करा दिया। कहा जाता है कि आजीमाबाद के नाजिम नवाब बाकर खाँ के जमाने में ये आजीमाबाद गए थे। शहर में एक उज्जड ने कहा कि वाह! एकपट्टी साफ! बाबू साहब एक आँख के थे। फिर क्या था? उन्होंने अपने सैनिकों को आदेश दिया कि जिधर से आवाज आई है, उधर वीरान कर दो, फिर तो उपद्रव मच गया। भारी तबाही मची। नवाब ने पटनावासियों को जमकर फटकार लगाई। कंकड़बाग से शाह अरजानी की दरगाह तक लूटमार हुई।

एक समय की बात है कि लखनऊ के आक्रमण से भयभीत होकर नवाब अकबर शाह, राजा आजमगढ़ छह महीने तक बाबू उदवंत सिंह की शरण में आकर रहे, फिर वापस गए।

जगदीशपुर रियासत को एक रखने के दृष्टिकोण से बराँव पर विजय प्राप्त करने के पश्चात् परगना पीरु और ननौर को उदवंत सिंह ने किसी को हिस्सा नहीं दिया। उदवंत सिंह की कार्यशैली से जगदीशपुर की जनता काफी प्रभावित रहती थी। इस रियासत में सभी लोग सुखी-संपन्न रहा करते थे। इतना ही नहीं, बाबू साहब अपने परिवार के लोगों के लिए भी काफी संवेदनशील थे, तभी तो बाबू साहब ने अपने बड़े बेटे को शिकार और छोटे बेटे को दरबार की शिक्षा दी थी। इनकी फौज तीनों छावनी आरा, उदवंत नगर, खुंदह का बाँध कलाँ तक मुस्तैद रहा करती थी। सियासी दाँव-पेंच के साथ रियासत को लगातार प्रगति पथ पर लेकर चलने वाले सन् 1765 में बाबू उदवंत सिंह की 70 वर्ष की अवस्था में मृत्यु हुई थी।

बाबू गजराज सिंह (1765-1773)

बाबू उदवंत सिंह की मृत्यु के पश्चात् 1765 ई. में जगदीशपुर रियासत के उनके बड़े पुत्र बाबू गजराज सिंह मालिक हुए। गद्दीनशीन होने के साथ उन्होंने अपने छोटे भाइयों को राज्य में हिस्सा देने से इनकार कर दिया। इससे नाराज होकर उनके छोटे भाई उमराव सिंह गाजीपुर के नवाब फैजाउल्लाह खाँ के पास फौजी मदद के लिए चले गए। वहाँ से सहायता मिलने के बाद नवाब ने अपनी फौज के साथ चढ़ाई कर दी, इसके बाद उमराव सिंह को बलीगाँव दिया गया।

एक बार अजीमाबाद के नाजिम नवाब बाकर अली खाँ ने शिकार खेलने की इच्छा प्रकट की। गजराज सिंह ने शिकार की अनुमति देने के साथ ही स्वयं

भी शिकार में भाग लिया और 70 से अधिक जानवर मार गिराए। नवाब ने खुश होकर परगना आरा में चाँदी मौजा को जागीर के रूप में बाबू साहब को सौंप दिया।

राजा छत्रधारी सिंह, डुमराँव (1746–1770) के शासनकाल में नाजिम अहमद खाँ ने 900 मुगलों के साथ राजधानी डुमराँव पर चढ़ाई कर दी। ऐसी स्थिति में गजराज सिंह ने अपनी फौज के साथ डुमराँव पहुँचकर हमलावरों को घेर लिया। इस हमले में कितने ही मुगल हताहत हुए और घेरा उठाकर भाग निकले। आगे चलकर आरा के पास अपने नाम पर गजराज सिंह ने गजराजगंज को बसाया, गजराज सिंह के बारे में कहा जाता है कि उन्होंने बचपन में महाकवि शेख सादी की गुलिस्ताँ पढ़ी थी, जिसे वो अक्सर याद किया करते थे और 1773 में गजराज सिंह ने इस जहाँ को हमेशा-हमेशा के लिए अलविदा कर दिया।

बाबू शिवराज सिंह (1773–1779)

राज रियासत की परंपरा के मुताबिक गजराज सिंह की मत्यु के पश्चात् 1773 ई. में उनके पुत्र शिवराज सिंह जगदीशपुर की गद्दी पर बैठे। गद्दी पर बैठने के साथ ही इन्होंने बहुत सारे लोगों की जागीरें जब्त कर लीं, जिससे लोग नाराज हो गए। इनके यहाँ नौकरी करने वाले बहुत से लोग नौकरी छोड़कर इधर-उधर चले गए। इस रियासत में जिन लोगों ने रियासत की बागडोर सँभाली, उन लोगों ने नया गाँव बसाकर अपने कृति को आगे बढ़ाया था। इसमें भला बाबू शिवराज सिंह कहाँ से पीछे रह जाते! और उन्होंने भी बलीगाँव के निकट एक गाँव बसाया था। हालाँकि, वह लंबे समय तक सत्ता का सुख नहीं प्राप्त कर सके और 1779 ई. में इनकी मृत्यु हो गई।

बाबू भूप नारायण सिंह (1779–1794)

शिवराज सिंह की मृत्यु के उपरांत उनके पुत्र बाबू भूप नारायण सिंह 1779 ई. में गद्दी पर बैठे। गद्दी पर बैठते ही सबसे पहले उन्होंने पिरौटा निवासी मुंशी मनीराम को अपना दीवान नियुक्त किया।

जगदीशपुर रियासत की तहसील वसूली के चार मुख्य स्थान निर्धारित किए गए—जगदीशपुर, अनाईठ, सुहियाँ और सिकरहटा। इसके अलावा बाद में परगना पीरु और ननौर तथा दूसरे खानदानी इलाकों को बनाया गया, जिसमें असफल हो गए।

बाबू ईश्वरी प्रसाद सिंह (1794-1804)

बाबू भूप नारायण सिंह की मृत्यु के पश्चात् महज 13 वर्ष की अवस्था में ईश्वरी प्रसाद सिंह 1794 ई. में जगदीशपुर की रियासत पर काबिज हुए। ये उदवंत सिंह के परपोता थे। नाबालिग होने के कारण पाँच वर्षों तक रियासत कोर्ट ऑफ वार्डस रही।

कोर्ट ऑफ वार्डस के समाप्त होने पर रियासत में एक पठान परिवार की बहुत चलती हो गई। इसी बीच बाबू भूप नारायण सिंह की मृत्यु का समाचार पाकर बाबू साहबजादा सिंह जगदीशपुर आ गए। भूप नारायण सिंह की विधवा तालमंद कुँवरी को ईश्वरी प्रसाद सिंह की ओर से नियत राशि मुश्किल से दी जाती थी। साहबजादा सिंह को मौका मिला और उन्होंने तालमंद कुँवरी को अपनी ओर मिलाया। उनको इस बात पर राजी किया कि इस रियासत पर डिग्री हासिल करने के बाद वे इस पर काबिज होंगे, एक 'अहदनामा' (प्रतिज्ञा-पत्र) भी राजा डुमराँव, विक्रमाजीत सिंह की गवाही के साथ लिखा गया।

जगदीशपुर रियासत का इतिहास यहाँ से करवट लेने लगा, स्थितियाँ बदलने लगी, रियासत को बचाने की जद्दोजहद जारी हो गई। इस दौर में साहबजादा सिंह का उदय हुआ। रियासत की आर्थिक स्थिति बहुत सुदृढ़ नहीं थी, क्योंकि रियासत के लिए कदम-कदम पर चुनौती थीं। किसी स्तर पर साहबजादा सिंह कमजोर पड़ना नहीं चाहते थे, इसके लिए उन्होंने पूरी तैयारी शुरू कर दी थी। साहबजादा सिंह आगे तो आए, मगर उन्होंने शर्तों के साथ कदमताल करना स्वीकार कर लिया। समझौता तो हो गया, लेकिन दो-दो हाथ करने के लिए आर्थिक सहयोग की आवश्यकता प्रबल हो गई।

साहबजादा सिंह बहुत ही तेज-तर्रार थे। इनकी मेहनत लगन रंग लाई। इसी दौर में संयोगवश देवमुंगा (औरंगाबाद) के राजा फतेह नारायण सिंह की सहायता से साहबजादा सिंह ने एक मुकदमा दायर कर दिया। इस प्रकार गद्दी पर ईश्वरी प्रसाद सिंह के कब्जे को चुनौती दी गई। अजीमाबाद और कोलकात्ता से फैसला साहबजादा सिंह के पक्ष में हुआ। मामला प्रिवी कौंसिल में जाने के पहले ही दोनों पक्षों की सहमति से सुलह हो गया। साहबजादा सिंह ने जगदीशपुर पहुँचकर रियासत पर कब्जा जमा लिया। ईश्वरी प्रसाद सिंह को भरण-पोषण के लिए परगना आरा दिया गया।

पठानों ने नाराज होकर तालुका आरा को नीलाम करा दिया, जिसे साहबजादा सिंह ने खरीद लिया। अब संपूर्ण रियासत उनके अधिकार में आ गई। परंतु तोशखाना और असलहखाना (शस्त्रगार) उनके अधिकार से बाहर ही रह गए। गलती से उनमें आग लग गई और अंदर के सभी सामान और कागजात जलकर राख हो गए।

साहबजादा सिंह का वंश-वृक्ष

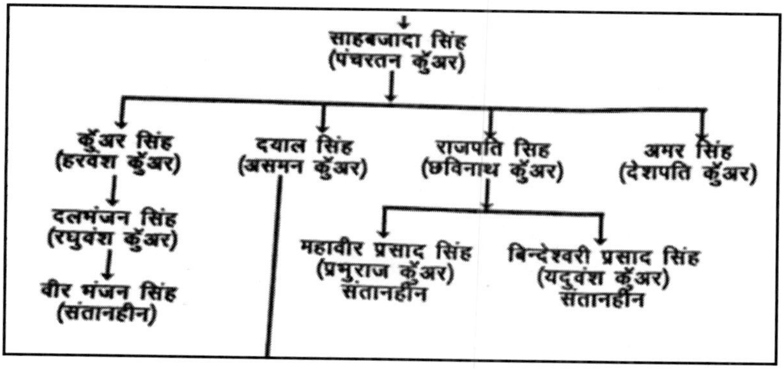

बाबू साहबजादा सिंह (1804–1826)

1804 ई. में साहबजादा सिंह का जगदीशपुर रियासत पर अधिकार हो गया। बाबू भूप नारायण सिंह की विधवा तालमंद कुँवरी को पाँच मौजे, नकद के रूप में 6,000 रुपए की राशि, दो सौ बीघा की कृषि भूमि, बीस घर रिआया (प्रजा), जगदीशपुर में आम का बाग आदि जीवनयापन के लिए दिए गए। ईश्वरी प्रसाद सिंह को तालुका अनाईठ और तेग बहादुर सिंह को बरजा मौजा दिया गया।

साहबजादा सिंह को चार पुत्र थे—कुँवर सिंह, दयाल सिंह, राजपति सिंह और सबसे छोटे अमर सिंह।

कुँवर सिंह और अमर सिंह की तुलना में साहबजादा सिंह दयाल सिंह को अधिक मानते थे, इसलिए उन्होंने अपनी रियासत का दयाल सिंह को ही प्रमुख बनाया था। साहबजादा सिंह की अपनी कुछ विशेष और विचित्र आदतें थीं। शारीरिक शक्ति बहुत थी और जुबान के बहुत पक्के थे। साहबजादा सिंह अफीम का सेवन करते थे, जिसके कारण जो मन में आता था, कर डालते थे।

अक्सर सरकारी मालगुजारी जमा नहीं हो पाती थी। आरा से उनको विशेष लगाव था और वहाँ की जमीन की बहुत कद्र करते थे।

बाबू रिपुभंजन सिंह

बाबू दयाल सिंह के पुत्र बाबू रिपुभंजन सिंह थे। इनका विवाह भोजपुर परगना के रहथुआ ग्राम के बाबू निरंजन सिंह चंदेल की पुत्री से हुआ था। इस विवाह में महाराजा डुमराँव जय प्रकाश सिंह, कुँवर सिंह के यहाँ जगदीशपुर आए थे।

1857 की क्रांति के पश्चात् बाबू कुँवर सिंह की अपनी कोई संतान जीवित नहीं थी। इसलिए रिपुभंजन सिंह जगदीशपुर के हकदार करार दिए गए। गद्दी आरोहण की रस्म महाराजा महेश्वर बख्श सिंह, डुमराँव ने पूरी कराई।

रिपुभंजन सिंह रहस्यवाद और सूफीवाद का ज्ञान रखते थे। संगीत कला और कुश्ती में दक्ष थे, तलवार से जंगल में शिकार करते थे। शेरों के शिकार के लिए दक्षिणी क्षेत्र के पहाड़ों में जाया करते थे।

रिपुभंजन सिंह, गुमान सिंह और अरिभंजन सिंह, दलीपपुर में जाकर बस, गए। सैर-सपाटे और शिकार में इतने मशगूल हो गए कि महाजनों ने इनका सबकुछ नीलाम करवा लिया।

1885 में रिपुभंजन सिंह की मृत्यु हो गई। रिपुभंजन सिंह संतानहीन थे। गुमान सिंह के तीन पुत्र थे—छत्रपति सिंह, देशपति सिंह उर्फ जगपति सिंह और दलपति सिंह।

तेग बहादुर सिंह के छोटे पुत्र तुलसी प्रसाद सिंह डुमराँव में ही रहा करते थे। ये खुशमिजाज और बुद्धिमान थे। डुमराँव रियासत में इनकी बहुत प्रतिष्ठा थी। इनके छोटे पुत्र नर्मदेश्वर प्रसाद सिंह भी पिता की तरह ही डुमराँव दरबार की हाजिरी में लगे रहते थे। एक समय ऐसा भी आया कि महाराजा राधा प्रसाद सिंह की मृत्यु पर दाह संस्कार इन्होंने ही किया था।

वर्ष 1745 ई. में राजा होरिल साह ने डुमराँव अनुमंडल मुख्यालय से लगभग 10 किमी दक्षिण में मठिला को अपनी राजधानी बनाया था। इसके पूर्व राजपरिवार मठिला में ही रहा करता था। हालाँकि मठिला से डुमराँव आने के बाद राजपरिवार का अपने पुराने गढ़ से बहुत कम ताल्लुका रहा। डुमराँव आने के बाद राजगढ़ परिसर में स्थित मठिलदेई माँ की पूजा के लिए ही राजपरिवार मठिला आया करता था, लेकिन अब वह भी सिर्फ किस्से-कहानियों तक सिमटकर रह गई है। हालाँकि, यहाँ की एक एकड़ भूमि में एक पुराना कुआँ है, जो अतीत की कहानी को बयाँ करता है। बाकी परिसर खँडहर में तब्दील हो चुका है। राजगढ़ की काफी जमीन पर अतिक्रमणकारियों ने कब्जा कर लिया है। जबकि अपनी रियासत की इस भूमि को डुमराँव महाराजा कमल सिंह के निधन के उपरांत उनके दोनों पुत्रों महाराजा चंद्रविजय सिंह और युवराज मानविजय सिंह अपनी रियासत की अस्मिता को संरक्षित रखे हुए हैं।

जगदीशपुर रियासत के राजा साहबजादा सिंह की मृत्यु के उपरांत वर्ष 1826 में रणबाँकुरे बाबू वीर कुँवर सिंह ने इस रियासत की बागडोर सँभाली।

यह रियासत आज भले ही इतिहास के पन्नों में सिमटकर रह गई हो, मगर इसके किस्से-कहानियाँ लोगों की जुबाँ पर आज भी रची-बसी है। भले ही उस वक्त के चश्मदीद गवाह नहीं बचे हों, लेकिन रियासत का खँडहर अपने बीते कल को जरूर बयाँ करता है।

घनी आबादी, चारों तरफ खुशहाल परिवार, एक-दूसरे में मिल्लत, जाति-पाँति का कोई भेद नहीं, जिस रियासत की पहचान हो; भला उसे कोई अंग्रेजी हुकूमत कैसे हिला सकती है? हर घर का बच्चा, रियासत की धरोहर हो, हर घर की लाठी में कुँवर का तेज हो, उस रियासत की चर्चा आम कैसे नहीं हो सकती है? आरा से महज 30 किमी की दूरी पर बसे जगदीशपुर के किस्से अजीबोगरीब हैं। उस दौर में बच्चे जब खेलते थे तो बाबू कुँवर सिंह को केंद्र में रखकर किसी खेल में गाते थे, जो आज अपने वजूद को किसी-न-किसी रूप में कायम रखे हुए है।

बचपन में बच्चे जब कबड्डी खेलते थे, उस समय राग में गाते थे—

“चल कबड्डी आरा
संतावन गोली मारा
मारा मारा मारा…”
कुँवर के लड़इया हो रामा
कुँवर के लड़इया हो।
कुँवर के लड़इया लड़े जाइब
हो रामा, आरा नगरिया॥”

चिक्का खेलते वक्त बोला जाता था—(चिक्का एक लोक परंपरा का खेल)

“बांस के फराठी, बाबू कुँवर सिंह के लाठी
झनाझन तरुआर, झनाझन तरुआर…”

बिरहा में लोग कुँवर सिंह को गाते थे—

“बबुआ ओहि दिन दादा लेलें, तरुअरिया हो ना।
बबुआ धनवा धरम अवरु गइया हो ना।
बबुआ बिधवा वो राँड़ि के बिपतिया हो ना।
बबुआ भाई आ बहिन के इजतिया हो ना।
बबुआ बाप अवरु दादा के किरितिया हो ना।
बबुआ ओहि दिन दादा लेलें तरुअरिया हो ना।
बबुआ मरलें मराठा जुझे सिखवा हो ना।
बबुआ पेसवा के पूतवा गुलमवा हो ना।

बबुआ दिल्लीपति भइलें कंगलवा हो ना।
बबुआ ओहि दिन`` तरुअरिया हो ना॥

अंग्रेजों का जुल्म चरम पर था। देश गुलामी की जंजीरों से मुक्त होना चाहता था। मगर इससे मुक्ति पाने के लिए कोई भी कारगर कदम उठाने को तैयार नहीं था। सभी जगह लोग अपने-अपने तरीके से विरोध को स्वर दे रहे थे। कोई आगे आने की जहमत नहीं उठाना चाहता था। सिर्फ बातों से किसी चीज का हल नहीं निकलता, उसके लिए कदम उठाना पड़ता है। कदम उठाने भर से नहीं काम चलेगा, बल्कि अंग्रेजी सल्तनत से दो-दो हाथ करने के लिए एक बड़े संसाधन और सच्चे देशभक्तों की जरूरत थी। देश में कई विभीषण रूपी राज सल्तनत के राजा हों, अंग्रेजों के पिट्ठू बने हों, उस देश में अंग्रेजों के खिलाफ जंग का ऐलान करना बहुत मुश्किल काम था।

जुल्म और आतंक से देश जुझ रहा था, चारों ओर गुलामी की जंजीरों में जकड़ा इंसान कराह रहा था। घर की बहू-बेटियाँ भी अंग्रेजों की दंभी ताकत के आगे मजबूर थीं। जो थोड़े रसूख वाले थे, वो तो किसी तरह अपनी सुरक्षा या फिर अंग्रेजों के आगे दुम हिलाकर, जी हुजूर बनकर अपना काम चला लेते थे, पर गरीबों की हालत को किसी ने देखने की कोशिश नहीं की। उनके घर की इज्जत सरेआम नीलाम हो जाए, उससे किसी को क्या ? सब अपनी सोचते थे। उस राज की हालत तो और बदतर थी, जहाँ का राजा अंग्रेजों के खिलाफ आवाज उठा रहे थे। उनकी आवाज हमेशा-हमेशा के लिए दबा दी जाती थी। रात के अँधेरे में हर तरफ से आती आवाज दिल को दहला जाती थी। चारों तरफ अंग्रेजी हुकूमत का तांडव चरम पर था। कहीं से चिखने-चिल्लाने की आवाज, तो कहीं से किसी औरत के सिसकने की आवाज सुनाई देती थी। आसपास के लोग चाहकर भी किसी की सहायता नहीं कर पाते थे। दिन के उजाले में पता चलता कि किसी पड़ोसी देशभक्त को रात के अँधेरे में जबरदस्ती अंग्रेज उठा ले गए। कभी-कभी तो ऐसी त्रासदी कि घर वालों के सामने ही गोलियों से छलनी कर देते थे। इस तरह की घटनाओं के बाद कुछ दिन तक इलाका शांत पड़ जाता जाता था। कोई फन काढ़ने की हिमाकत नहीं कर पाता था। जो आँख उठाने की कोशिश करता, उसका हश्र सामने था।

रणबाँकुरे बाबू कुँवर सिंह एक बड़े जमींदार घराने से थे। पिताजी ने जब इन्हें जागीर सौंपने का मन बनाया था, उस वक्त देश अंग्रेजी हुकूमत की आग में जल रहा था। अंग्रेजों को इनके पास जो जमीन थी, उसके लिए टैक्स की मोटी रकम अदायगी

करनी पड़ती थी। कुछ दिनों तक उसका भुगतान तो किया, लेकिन जब उन्हें लगा कि हमारी जमीन, हमारी रैय्यत के लोग, अपनी प्रजा, फिर ये टैक्स अंग्रेजों को क्यूँ? गुलामी से लोग त्रस्त थे, बस, जरूरत थी नेतृत्व की कोई करे अगुवाई और ये आग की ज्वाला भभक उठे! मगर आगे आए कौन, ये बड़ी समस्या बनी हुई थी। बाबू कुँवर सिंह के पास जमीन अधिक थी, तो कर भी अधिक देना लाजिमी है।

कुँवर सिंह गद्दीनशीन हुए, कुँवर सिंह का ज्यादा समय तो अपनों से दूर ही बीता। दूसरे का दुःख-दर्द सुनने और उसके निदान में सबकुछ न्योछावर करने से कोई परहेज नहीं था। इसलिए अन्य भाइयों को बाबू साहब की कार्यशैली रास नहीं आती थी। कुँवर सिंह का अपने तीनो भाइयों से अच्छा संबंध नहीं था। कहा जाता है कि कुँवर सिंह चाहते थे कि छोटे भाइयों को जितनी मालगुजारी सरकारी खजाने में देनी पड़ती है, वह उनके मार्फत जमा हो, इसका तीनों भाइयों ने विरोध किया। मामला कोर्ट तक जा पहुँचा। बाबू साहब ने तो यहाँ तक कहा कि हमारे वंश की पुरानी परंपरा रही है कि रियासत का ज्येष्ठ पुत्र ही संपत्ति का एकमात्र उत्तराधिकारी होता है।

मामला कोर्ट में तो चल ही रहा था, दोनों तरफ से पैसे खर्च हो रहे थे। आपसी लड़ाई में बाबू साहब के आठ लाख रुपए खर्च हो गए। एक तो पहले से ही कर्ज में डूबे थे, ऊपर से इतनी बड़ी रकम का अतिरिक्त बोझ जमींदारी के लिए आर्थिक उलझन का कारण भी बन गया। (दत्त, पृ. 39) तत्कालीन कुछ सरकारी रिपोर्टों में भी कुँवर सिंह के बारे में इन बातों का उल्लेख मिलता है कि वे लोकप्रिय तो थे, लेकिन आमदनी और खर्च के हिसाब का ध्यान वे नहीं रख पाते थे। इनकी प्रजा को किसी प्रकार की कोई परेशानी न हो, इसका विशेष ख्याल रखते थे।

इतना ही नहीं, अंग्रेज ऑफिसर भी इनकी तारीफ करने से बाज नहीं आते थे। तभी तो एक रिपोर्ट में पटना कमिश्नर टेलर ने कुँवर सिंह की चर्चा तो की है, मगर साथ में लिखते हैं कि—'अधिकांश राजपूत सरदारों की तरह वे एकदम अनपढ़ ही रह गए, जिसका असर था कि छोटी-मोटी षडयंत्रों का वो शिकार हो जाया करते थे। इसका फायदा स्वार्थी किस्म के दलाल उनसे उठाते रहे और महज एक कठपुतली की तरह उन्हें पूरी जिंदगी नचाते रहे। इसके साथ अपनी उदार वृत्ति और फिजूलखर्ची की वंश परंपरागत प्रकृति के कारण वे बेहिसाब खर्च करते रहे।

हाथ खुला हुआ था, आमदनी अठन्नी और खर्च रुपया के आधार पर चलने वाले बाबू साहब अपनी पूर्ति के लिए अक्सर कर्ज ले लिया करते थे, जिससे समय गुजरने के साथ ये भारी कर्ज में डूबते चले गए। इस बात का अनुमोदन कालीकिंकर दत्त ने भी अपनी पुस्तक में कुछ इस प्रकार चर्चा कर किया है—'यह बात निस्संदेह

सच है कि अपने साधन के बाहर बाबू कुँवर सिंह ने अतिशय उदारता, अनेक सामाजिक रीतियों का पालन करने के लिए फिजूलखर्ची, शिकार, मनोरंजन आर कतिपय स्वार्थी दरबारियों तथा मित्रों की चालों से अपनी जमींदारी को भयं कर कर्ज में डाल दिया।' (पृ.44) इस प्रकार के कई अन्य दस्तावेज भी हैं, जो प्रमाणित करते हैं कि लोभी और विवेकहीन महाजनों ने कुँवर सिंह के साथ बेईमानी और धोखेबाजी का व्यवहार किया था। दत्त ने ऐसे कई दस्तावेजों का हवाला दिया है। (दत्त, पृ. 48–66)।

बाबू साहब (कुँवर सिंह) के इकलौते पुत्र दलभंजन सिंह का अपने पिता से कभी अच्छा संबंध नहीं रहा, जिस तरह बाबू साहब अपने बाबूजी से अक्सर नाराज रहते थे। ठीक उसी प्रकार इनके पुत्र दलभंजन भी इनसे दूरी बनाकर रहने लगे थे। और तो और, उनके पुत्र ने तो यहाँ तक कह दिया कि हम एक–दूसरे का मुँह मरणोपरांत ही देखेंगे।

खैर! इस आपसी मतभेद का मुख्य कारण थी नन्हें बाई, क्योंकि दलभंजन सिंह ने नन्हें बाई को ही अपनी उपपत्नी के रूप में मान लिया था। इसलिए दलभंजन सिंह से बाबू साहब खफा रहने लगे थे। इसके अलावा बाबू साहब को अपने पुत्र से किसी प्रकार की कोई शिकायत नहीं थी। उन्हें भय सताता था कि उनका बेटा किसी गलत संगत को अख्तियार न कर ले और रियासत का वजूद मिट जाए! क्योंकि बाबू साहब को यही एकमात्र पुत्र थे।

दलभंजन सिंह के बेटे वीरभंजन सिंह से बाबू साहब बहुत प्यार करते थे। वो उनके लिए कुछ भी करने को तैयार रहते थे। ठीक उसी तरह उनके पोते वीरभंजन भी अपने दादाजी (कुँवर सिंह) के लिए एक पैर पर खड़े रहते थे। बेटे से नाराज कुँवर सिंह ने अपने लाड़ले पोते की शादी कम उम्र में ही तय कर दी। रियासत में शादी को लेकर जश्न का माहौल था। सभी इस खुशी के मौके को खोना नहीं चाहते थे। इस बारात में जाने वालों की एक लंबी फेहरिस्त हो गई। हो भी क्यों नहीं, एक तो जगदीशपुर रियासत का इकलौता चिराग, ऊपर से रियासत के राजा दादा कुँवर सिंह को अपने पुत्र से भी ज्यादा प्रिय था। वैसे भी पुत्र से प्यारा दादाजी को उनका पोता ही होता है। छोटे सरकार वीरभंजन सिंह की शादी में कितने लोग गए, इसका इस बात से अंदाजा लगाया जा सकता है कि उस बारात में दस हकीम और 25 वैद्य भी बारातियों की सेवा के लिए साथ चल रहे थे, ताकि रास्ते में कोई बीमार पड़ जाए तो बारातियों का ढंग से इलाज हो सके। यह संयोग ही कहा जाएगा कि कुँवर सिंह को एक पुत्र दलभंजन सिंह और उनको भी एक पुत्र वीरभंजन सिंह ही थे। वीरभंजन सिंह बहुत कम उम्र में ही अपने दादा की तरह

योद्धा बन गए थे। अपने बूढ़े पितामह कुँवर सिंह के साथ रीवाँ तक गए और बाद में बांदा में वीरगति को प्राप्त हुए थे।

(स्रोत : तवारीख-ए-उज्जैनिया)

असनी गाँव का पुल

आरा शहर से जैसे ही आप निकलते हैं जगदीशपुर के लिए तो उसी रास्ते में पड़ता है, एक गाँव असनी। जहाँ लोगों के आवागमन के लिए एक मजबूत पुल बना हुआ था, जिससे लोगों को जगदीशपुर तथा उधर के अन्य गाँवों में जाने में किसी प्रकार की कोई कठिनाई नहीं होती थी। एक दिन बाबू साहब अपने मतवाले हाथी पर सवार होकर उसी पुल के करीब पहुँचे। हाथी जब पुल के करीब पहुँचा तो वो पुल पर चढ़ने से भड़क रहा था, लेकिन खतरों से खेलने वाले बाबू साहब को तो खतरों से खेलने की आदत सी पड़ी हुई थी। इतना ही नहीं, उनका महावत भी उन्हीं की तरह था। महावत ने हाथी को उस पुल पर चढ़ने के लिए दबाव बनाया, इस पर हाथी बिदक गया। बाबू साहब देख रहे थे कि महावत के वश में भी नहीं था उसे पार करवा पाना। इसी बीच बहुत देर से इस नजारे को देख खेत में घास काट रहे गाँव के ही एक ग्रामीण राजपति से रहा नहीं गया और उसने आकर उस बिगड़ैल हाथी को काबू में कर लिया। राजपति की बहादुरी को देखकर बाबू साहब इतने खुश हुए कि उसे अपने साथ लेकर आरा चले गए। राजपति को उपहारों से लाद दिया। इतने के बाद भी गाँव से अपना असीम लगाव रखने वाले राजपति ने बाबू साहब से अनुरोध किया—राजा साहब, यदि आप मेरे कार्यों से खुश हैं तो आरा से जगदीशपुर तक की सड़क का निर्माण करवा दीजिए।

बाबू साहब—जरूर बनेगा राजपति, हम तुम्हें वचन देते हैं कि उस सड़क का निर्माण कराया जाएगा। तुमने पूरे गाँव के लिए माँगा है और दूसरे दिन से ही सड़क निर्माण का काम शुरू हो गया। कुछ दिनों बाद कच्ची सड़क बनकर तैयार हो गई। वर्षों तक इस सड़क को लोग 'कुँवर सिंह पथ' के नाम से जानते थे। अब इसी रास्ते की राष्ट्रीय राजमार्ग के रूप में लोगों के बीच पहचान बन गई है।

आरा का महादेवा रोड

उस जमाने में आरा शहर की अलग पहचान और रौनक हुआ करती थी। बाबू कुँवर सिंह को भी इस शहर से काफी अनुराग था। बाद में धरमन और करमन से जुड़ने के बाद आरा तो उनके लिए जैसे काबा और काशी बन गया। आरा शहर में

आज का महादेवा रोड कभी महादेवा के नाम से मशहूर था। उस समय इसे बाबू कुँवर सिंह ने आबाद किया था, जिसे 'बाबू बाजार' के नाम से भी जाना जाता है। इसी शहर में है धरमन चौक; इस चौक के बारे में आज भी कहा जाता है कि धरमन और करमन बाई यहाँ रहा करती थीं। उनके नृत्य और संगीत सुनने के लिए दूर-दराज से लोग आया करते थे। देश गुलामी की दंश को झेल रहा था, लेकिन अंग्रेज ऑफिसरों को रिझाने के लिए छोटे अंग्रेज ऑफिसर भी इन कोठों (नर्तकी का नृत्य स्थल) पर उनके दिल को बहलाने के लिए लाया करते थे। धरमन चौक नाम पड़ने की वजह ये है कि इस शहर में धरमन चौक के पास ही बाबू साहब ने खुदा की इबादत के लिए एक मसजिद का निर्माण करवाया, जिसे बाद में लोगों ने इस मसजिद का नामकरण तो धरमन बीबी के नाम पर किया हीं, इस चौक को भी 'धरमन चौक' के नाम से ही ख्याति मिली।

गंगा-जमुनी तहजीब की मिसाल बाबू साहब

बाबू साहब ने जितना ध्यान मंदिरों पर दिया, उतना ही मसजिदों पर भी, तभी तो आरा शहर के बीचोबीच मसजिद बनवाने के साथ ही धरमन-करमन के लिए जगदीशपुर में भी मसजिद निर्माण करवाया, जो आज तक बरकरार है। मसजिदों के रखरखाव और नमाज के लिए बाबू साहब ने पाँच बीघा लगान मुक्त जमीन पीरो निवासी नूँरशाह फकीर को मुहैया कराई थी। वहीं बकरशाह फकीर को नोनउर गाँव में दस बीघा लगान मुक्त जमीन दी थी, जबकि अपने ख्वाश जवाहर राउत को मकान बनाने के लिए आठ कट्ठा जमीन दान में बाबू साहब ने दे दी थी।

अपनी प्रजा को ही सबकुछ मानने वाले बाबू साहब सच में एक सहज दिल इंसान थे। किसी का दु:ख इनसे देखा नहीं जाता था। भले ही रियासत के राजा के रूप में ये खास थे, मगर आम जनजीवन में ये एक आम इंसान जैसे थे। इनके बारे में कौन क्या कहता है, क्या सोचता है, इस पर कभी ध्यान नहीं दिया। इन्हें फिक्र थी तो ये कि हमारी रियासत में लोग किस तरह से रह रहे हैं, किसी को कोई तकलीफ तो नहीं है, उन्हें क्या समस्या है, जैसी बातों को ध्यान में रखकर उसका समाधान करने में विश्वास करते थे।

कुँवर को व्यापारी ने दी शरण

युद्ध का दमन चक्र चल रहा था। अंग्रेजी हुकूमत जहाँ एक बड़े नेटवर्क की तरह जुड़ा हुआ था। ठीक उसके उलट, देश के सभी रियासत अलग-अलग खेमे

में बँटे हुए थे। उन्हें एक साथ जोड़कर ले चलना बहुत कठिन था। बावजूद इसके, वक्त ने करवट ली और कुछ रियासतों ने जहाँ अंग्रेजी हुकूमत की दास्ताँ स्वीकार कर ली, अपनी सत्ता बचाने के लिए, वहीं देशभक्त रियासत के राजाओं ने समय के साथ एक-दूसरे से मिलकर एकजुटता का आगाज किया। इस तरह युद्ध का दौर शुरू हुआ तो कोई अपने को रोक न पाया। क्या आम, क्या खास, लगभग सभी तबके के लोग एक प्लेटफार्म पर आ गए। कुँवर सिंह युद्ध करते हुए जब उत्तर प्रदेश के आजमगढ़ पहुँचे, उनका साथ व्यापारियों ने जमकर दिया। आजादी की जंग में कहीं प्रत्यक्ष तो कहीं परोक्ष रूप से व्यापारियों ने भी महत्त्वपूर्ण भूमिका निभाई। अंग्रेज जब वीर कुँवर सिह का पीछा कर रहे थे तो उन्हें अजमतगढ़ के गोगा व भीखी साव ने अपने यहाँ शरण दी और कुँवर सिंह के लश्कर को रसद दिया। इसकी जानकारी मिलने पर अंग्रेजों ने उनके घर व व्यापार को तबाह करने के साथ उन्हें काला पानी की सजा दी। सजा के दौरान ही दोनों शहीद हो गए। यह बात अजमतगढ़ में स्थापित उनकी प्रतिमा के पास शिलालेख पर भी लिखी हुई है।

शिलालेख के अनुसार गोगा साव व उनके अनुज भीखी साव को वर्ष 1857 के गदर में वीर कुँवर सिंह एवं उनके लश्कर को अपने यहाँ ठिकाना देने व यथासंभव मदद करने के आरोप में अंग्रेजी हुकूमत ने उन पर व उनके पूरे परिवार पर कहर ढा दिया। उनका कारोबार तहस-नहस कर नीलाम कर दिया गया। अंग्रेजी हुकूमत से भयाक्रांत उनके परिवार को गोगा साव के मित्र मुंशी भैरो प्रसाद ने किसी प्रकार से बरहज पहुँचा दिया। इधर अंग्रेजी हुकूमत ने बगावत के आरोप में दोनों भाइयों को गिरफ्तार कर मुकदमा चलाया और काला पानी की सजा की सुनाते हुए अंडमान निकोबार यातना गृह भेज दिया। कालांतर में सजा के दौरान दोनों भाई शहीद हो गए।

दूसरी ओर साव परिवार द्वारा उस समय बनवाए गए मंदिर व तहखाने की ओर जाने वाले सुरंग आज भी मौजूद हैं। सुरंग धीरे-धीरे पट चुकी है, लेकिन समय-समय पर जीर्णोद्धार के कारण मंदिर पूरी तरह से सुरक्षित है। कहा जाता है कि उसी तहखाने में कुँवर सिंह व उनकी सेना को कई दिनों तक शरण दी गई थी।

गोगा व भीखी साव का परिवार आज भी देवरिया जिले के बरहज गाँव में एक कमरे के मकान में रहता है। उसी में एक छोटी सी दुकान है, जिससे परिवार का खर्च चलता है।

□

9

परमार वंश और भोजपुरी

मालवा के राज्य में उज्जैन बहुत पुराना नगर है। शास्त्र में इसका नाम उज्जैन और अवंती लिखा गया है। यह क्षिप्रा नदी के दाहिने किनारे पर ग्वालियर से 260 मील की दूरी पर बसा हुआ है। नदी में दोनों ओर पक्के घाट बने हैं। जमीन खोदने से दूर तक पुरानी आबादी के लक्षण मिलते हैं। यह शहर महाराजा विक्रमादित्य या विक्रमाजीत के समय में बहुत संपन्न हुआ करता था। मुसलमानों के समय से मालवा राज्य, जिसे संस्कृत में मालवा देश कहते हैं, की राजधानी हुआ करता था। पंडितगण ज्योतिषशास्त्र की रीति में देशांतर का हिसाब इसी शहर से करते हैं। शहर के बाहर राजा जय सिंह की बनवाई हुई ज्योतिष संबंधी वेधशाला व यंत्र के अवशेष अब तक टूटे-फूटे देखने को मिल जाते हैं। जिस मकान को भर्तृहरि की गुफा बतलाते हैं, इसी पुरानी हवेली का हिस्सा है, जो मिट्टी के नीचे दब गया है। महाकाल, महादेव का मंदिर इस जगह बहुत मशहूर है। मगर जो मंदिर विक्रमादित्य के समय का था, वह शमशुद्दीन अल्तमश के वक्त में लुप्त हो गया। मालवा की जमीन मशहूर है और यह उस तरह के जैसे भूगोल के लिखने वाले हस्तामलक ने सही लिखा है—'धरती मालवा धार समीर, मग-मग रोटी, पग-पग नीर', उस वक्त मालवा की राजधानी ग्वालियर थी।

परमार वंश की राजधानी शुरू से धार नगर और उसके बाद उज्जैन मालवा मुल्क में स्थापित हुई थी। राजा धार इसी परिवार के थे, जिन्होंने धार नगर अपने नाम से आबाद किया था और उज्जैन नगरी को राजा भर्तृहरि ने अपने शासनकाल में अपने राज्य की राजधानी बनाया और उसको उतनी तरक्की दी कि तेरह सौ कोस लंबी और नौ कोस की चौड़ाई की आबादी मुकर्रर हुई। इस परिवार का हाल हालाँकि इतिहासकारों ने ठीक नहीं लिखा है, लेकिन इतना पता चलता है

कि इस वंश के राजा हिंदुस्तान में बहुत से राज्यों पर हुकुमत रखते थे। 'सियार उल मुताखेरिन' के पृष्ठ 24 पर परमार वंश के राजाओं की जो सूची लिखी है, वो 'आईन-ए-अकबरी' के द्वितीय भाग, जो कलेर एच.एस. जेरेट के अनुवाद से मिलता है, उससे यह पता चलता है कि उदवंत परमार से राजा भोज तक सोलह राजाओं ने एक हजार तैंतालीस वर्ष हिंदुस्तान पर राज किया।

राजा संतन शाही (1320-1360)

सन् ईस्वी से 57 वर्ष पूर्व महाराजा विक्रमादित्य, जो परमार परिवार के सबसे पुराने पूर्वज हैं, उनके राज्य के आरंभ से सन् 1319 तक, जो राजा गणेश शाही का काल था, कुल 68 परमार राजाओं ने मालवा में 1376 वर्षों तक राज किया, जिनकी राजधानी उज्जैन नगरी थी।

राजा गणेश शाही के पुत्र संतन शाही का 1295 ई. में जन्म हुआ था। संतन शाही विक्रमादित्य की 69वीं पीढ़ी में थे। महाराजा भोज के समय से लगभग 270 वर्ष बाद और मगध देश पर कब्जे के लिए सन् 1320 में 25 वर्ष की आयु में वह अपने सैनिकों के साथ इस ओर आए। मगध देश उनके पुरखों का दखली इलाका था। सन् 496 से सन् 722 तक मिथिला और मगध देश में परमार जाति मालवा से आकर शासन करती थी। उसके उपरांत जब राजा भोज का परिवार यहाँ के शासन को त्यागकर मालवा की ओर वापस चला गया तो उसके बाद से इस क्षेत्र की आबादी धीरे-धीरे वीरान होकर जंगल-झाड़ी हो गई थी, जहाँ जंगली जातियाँ, कोल और भील जैसी जातियाँ इन जगहों में आबाद होती गई। जब संतन शाही ने गया श्राद्ध के बाद विजय अभियान प्रारंभ किया तो पहले सीमाओं पर आक्रमण किया। कुछ ने संघर्ष किया, लेकिन पराजित होकर भाग गए। राजा ने इन आबादियों पर अधिकार करके पहरेदारों का प्रबंध इतने अच्छे ढंग से किया कि उस क्षेत्र के चेरो या तो हताहत हुए या भाग गए। टप्पा-जितनी आबादी और जंगल एक मालिक के कब्जे में था, वह 'टप्पा' कहलाता था। टप्पा करहगर जिसमें तालुका कोरवर है, उस समय बहुत आबाद और हरा-भरा हुआ करता था। इसको राजा ने अपनी राजधानी बनाया था। इसलिए अब तक वहाँ गढ़ी, तालाब के रूप में उज्जैनियों के चिह्न हैं। मुहम्मद तुगलक ने अपने काल में जमा तहसील लगान इतना बढ़ा दिया कि उसका उसूल करना कठिन हो गया था। इस कारण बहुत से उच्च वर्गीय परिवार किसान और जमींदार उसके जुल्म से तंग आकर अपनी-अपनी बस्तियों को छोड़कर अपने परिवार के साथ परेशानी की हालत में इस नई बस्ती में चले गए थे और परमारों की

प्रजा से मिल गए थे। उन्होंने पालन-पोषण के लिए जमीन के बंदोबस्त उज्जैन राज से प्राप्त किए और जंगल काटते गए और अपनी खेती में लाते गए और निर्धारित लगान अदा करते गए। सन् 1580 में भी इस बस्ती की यही हालत रही।

पिछले सवर्णों के दखल में अधिकतर ऐसी जमीन है, जो इसी परंपरा के अनुसार उनके कब्जे में चली आ रही है। कहा जाता है कि अपने प्रयासों से परमारों ने अपनी बिरादरी को प्रगति प्रदान की और आदिवासियों पर उनका डर छाया रहा। नई बसी हुई आबादी में परमार बस, जाते थे। जहाँ तक आक्रमण जारी हो सका, वहाँ तक अपना शासन फैलाते गए, क्योंकि उस समय तक एक आबादी से दूसरी आबादी में जाना जंगल के कारण बहुत कठिन था। उधर मुसलमानों ने हिंदुओं पर जिहाद शुरू कर दिया और उज्जैनों ने जंगल की कटाई को इन पीड़ित लोगों की सुरक्षा का आधार बनाया। यह केवल उज्जैनियों की शक्ति व प्रगति और उनकी अच्छी नीयत का परिणाम था। शाहाबाद, रोहतास, सारण व चंपारण की सरकार जो पहले जंगली जातियों के कब्जे में थी, इन सबको इन राजाओं ने अपने कब्जे में कर लिया।

परमारों की उस समय प्रबल हुकुमत थी और वे निरंकुश रूप से शासन करते थे। कठोर दंड, जैसे हाथ-पैर व नाक कटवा देने का आदेश जब दरबार की ओर से होता था, तब इसका अमल मुख्य द्वार पर किया जाता था। इसलिए मुख्य द्वार को 'नाककटा (नकटा) दरवाजा' कहा जाता था। इस शब्द के अधिक प्रयोग से अब तक मुख्य द्वार 'नकटा दरवाजा' के नाम से जाना जाता है। चालीस साल सत्ता सँभालने के पश्चात् सन् 1360 में 65 वर्ष की आयु में राजा संतन शाही का देहांत हो गया।

राजा हुँकार शाही (1360-1410)

राजा संतन शाही के बड़े पुत्र का नाम हुँकार शाही था। इनका जन्म सन् 1331 ई. में हुआ था। अपने पिता के निधनोपरांत 28 वर्ष की आयु में सन् 1360 ई. में आप राजसिंहासन पर बैठे। इन्होंने अपनी राजधानी करूर में स्थापित की। राजा हुँकार शाही तीन सगे भाई थे। एक भाई, जिनका नाम वनहासी था।

संतन शाही के जीवनकाल में ही जंगली जातियों से युद्ध करते हुए मारे गए। संतन शाही की मृत्यु का समाचार सुन जंगली जातियों के हमले शुरू हो गए। हुँकार शाही ने शत्रुओं को समाप्त करने के लिए जबरदस्त प्रयास प्रारंभ किए। तीन दिशाओं से उन्होंने शत्रुओं पर आक्रमण किया—दक्षिणी दिशा की कमान अपने

चाचा रतन शाही को दी, पूरब दिशा की कमान अपने सगे भाई ईश्वर शाही को सुपुर्द की और स्वयं पश्चिमी मोरचे की कमान सँभाली। भयंकर युद्ध प्रारंभ हुआ, लगभग दस हजार चेरो मारे गए। राजा की ओर के भी बहुत से लोग मारे गए। लेकिन जीत अंततः राजा की ही हुई। जंगली जातियों (चेरो) के अपने रीति-रिवाज थे। खान-पान जंगली जड़ी-बूटियाँ एवं फल-फूल थे। महुए की शराब पीते थे और जंगली जानवरों को भूनकर खाते थे। पहनने के लिए मोटी धोती, मोटे कपड़ों का 'अलखालत' अर्थात् मिर्जई, सिर पर पगड़ी, कमर में तंबाकू खाने की थैली, हाथ में लाठी और तीर, पलामू नाल की बंदूक और कुल्हाड़ी, उनकी स्त्रियाँ कौड़ियों का आभूषण पहनती थीं।

ये लोग भगवती की पूजा विधिपूर्वक करते थे। भागेरी देवी का स्थान जगदीशपुर के जंगल में, जगती भवानी का स्थान भलुनी ग्राम में और तारा देवी का स्थान सासाराम के पहाड़ में अब भी पाए जाते हैं। ये अपने मेहमानों का स्वागत प्रसन्नता के साथ करते थे। ये कौम नशा करने वाली और शिकार करने वाली थी। ये लोग अपने काल के किसी राजा के साथ संपर्क नहीं रखते थे। उस समय चार स्थानों पर चेरों की राजधानियाँ थीं—

1. बिहिया में राजा घघली, जिसके हालात मशहूर हैं।
2. तारान-टप्पा भोजपुर में राजा सीताराम पुत्र रामचंद्र राय शासन करता था।
3. चैनपुर-यहाँ राजा सालिवाहन राज करता था। किले के अंदर महल के एक हिस्से में हरसुराम ब्रह्म का स्थान था। यह सिद्ध नहीं हो सका है कि राजा क्षत्रिय या सोंही जाति के थे।

ग्राम चकयी तुलसीपुर, गंखा, पिपरी, बेरी, जोगीवीर, वीरया, घोसिया आदि चेरो राजा के अधीन थे। यह सब उनके राज की बड़ी जमींदारियाँ थीं। टप्पा करहगर, परगना सासाराम में गुप्तेश्वर महादेव का चर्चित स्थान पहाड़ की खोह में है। पहले बादशाह अकबर के शासनकाल में राजा मान सिंह जब बिहार के सूबेदार थे तो उन्होंने इस अद्भुत स्थान तक जाने का रास्ता बनवाया था। उसके बाद महाराजा रणजीत सिंह लाहौरी के सेनापति निहाल सिंह पंजाबी ने उस रास्ते पर एक द्वार का निर्माण कराया, जिसकी चौड़ाई 18 फीट और ऊँचाई 12 फीट है। गुप्ताधाम एक विख्यात स्थान है। ऐसा मालूम होता है कि शिवलिंग किसी के द्वारा स्थापित नहीं है, क्योंकि पीछे का पत्थर और पिंडी एक ही है। उसी के निकट पाताल गंगा है, जिसके अंदर मशालों की रोशनी में मछलियाँ तैरती हुई दिखाई देती हैं। शिव स्थान से 15-20 रस्सी की दूरी पर एक टीला है, जिसे 'तुलसी चौरा' कहते हैं।

राजा हुँकार शाही ने अपने पिता संतन शाही के समय में बिहिया पर कई बार चढ़ाई की, मगर सफल नहीं हुए, हरिहोवंशी (हयहयवंशी) राजा रणपाल देव का पुत्र राजा महिपाल देव बिहिया का शासक था। उसके अत्याचार से अधिकतर जनता पीड़ित थी। परगना बिहिया गाँव मझौली के एक ब्राह्मण ने राजा बिहिया के अत्याचार से आत्महत्या कर ली। इसी समय बिहिया के जंगल में मकदुममुल्क हजरत शाह शरफुद्दीन शकुलहक अहमद मनेरी नामक एक फकीर रहते थे। ये ज्ञान-ध्यान में लीन रहते थे। आत्महत्या करने वाले ब्राह्मण की पत्नी महथीन (रागमति) ने हजरत मखदूम साहब से फरियाद की और स्वयं अपने पति के साथ सती हो गई। यह घटना क्षेत्र में मशहूर हो गई। बिहिया में जो कोट टूटी-फूटी हालत में मौजूद है, वह उसी राजा महिपाल देव और पनाल देव के नाम से मशहूर है। वे लोग राजा हल्दी के पूर्वज थे। ब्राह्मण और ब्राह्मणी की चिता से आग की लपटों के ऊँची होते ही मखदूम साहब की आँखें लाल हो गईं। उन्होंने किले की ओर देखा और अचानक उसमें आग लग गई, राजा किले से निकलकर भागा। मखदूम साहब ने 'मारो-मारो' की आवाज लगाई, राजा हुंकारशाही, जो वहीं बैठे थे, राजा बिहिया का पीछा किए, राजा बिहिया को मालूम हो रहा था कि एक अपार जन-समूह तलवार लेकर उसे मारने आ रहा है। वह जहाँ विश्राम करना चाहता था, उसे जलती हुई आग दिखाई देती थी। तीन दिन वह इसी मुसीबत में परेशान रहा। अंततः मखदूम साहब के पास आया और रो-रोकर क्षमा माँगी। राजा हुँकार शाही भी मखदूम बाबा के पास वापस आ गए। उनको देखते ही मखदूम बाबा ने फरमाया कि 'अब यहाँ की सत्ता भगवान् ने तुझे प्रदान की।'

परमार वंश और कुँवर सिंह

परमार वंशीय राजपूतों की एक शाखा 14वीं शताब्दी में बिहार आई थी। 1662 ई. में मुगल (बीकानेर) के बोधराज परमार ने परमार राजपूतों के विभिन्न राजघरानों का विवरण तैयार किया। उसके अनुसार शाहजहाँ के शासनकाल में बोधराज जगदीशपुर आए। उन्होंने शाहाबाद जिला के भोजपुर डुमराँव तथा जगदीशपुर के परमार राजपूतों के विभिन्न राजधरानों का स्थानीय विवरण प्रस्तुत किया। परंतु उनका विवरण जगपति सिंह तथा दलपति सिंह (16वीं शताब्दी) के बाद अंत हो जाता है, 'उदवंत प्रकाश' पुस्तक में जगदीशपुर के परमार वंश के इतिहास का विवरण मिलता है। इससे स्पष्ट होता है कि जगदीशपुर के परमार वंश के संस्थापक उदवंत सिंह थे। इस वंश की अगली पीढ़ी में जगपति सिंह, दलपत सिंह, प्रतापरूद्र

सिंह तथा कुँवर धीर सिंह प्रमुख हस्ती हुए। अकबर के शासनकाल से लेकर मुहम्मद शाह के शासन काल तक बिहार में इतिहास के इनकी महत्त्वपूर्ण भूमिका रही।

उज्जैन से आकर बसने के कारण ये 'उज्जैनी राजपूत' कहलाए। बिहार प्रांत के पूर्व के शाहाबाद जिलांतर्गत भोजपुर, डुमराँव तथा जगदीशपुर क्षेत्र में फैले परमार राजपूतों की अनेक शाखओं के शीर्ष पुरुष संतान सिंह थे। उदवंत सिंह जहाँगीर के समय के नामी राजा नारायणमल्ल के परपौत्र थे। नारायणमल्ल की मृत्यु के पश्चात् उत्तराधिकार के लिए उनके पुत्रों में आपसी जंग छिड़ गई। उनके पुत्र प्रबलशाही राजगद्दी के लिए दिल्ली जाकर इसलाम धर्म कबूल कर लिया और शाही फरमान द्वारा उन्हें जगदीशपुर का राजा मान लिया गया। उनके दिल्ली से वापसी पर उनके भतीजे रूद्रप्रताप ने उनका कड़ा विरोध किया। दोनों में तलवार खींच गई।

'भोजपुर नामक स्थान में युद्ध हुआ, जिसमें परबलशाही मारे गए और रूद्रप्रताप राजा बने। रूद्र प्रताप की मृत्यु के बाद परबल के दोनों पुत्र मांधाता एवं सुजान बक्सर आ गए। मांधाता ने बक्सर पर अधिकार कर शासन आरंभ किया। सुजान जो थे, वे मांधाता से छोटे थे। अतः उसके पिता ने उनकी परवरिश के लिए आरा, बिहिया तथा वनवार परगनों में 800 गाँव सौंप दिए थे। 1702 ई. में सुजान सिंह ने जगदीशपुर आकर एक स्वतंत्र राज स्थापित किया। शाहाबाद के फौजदार (पुलिस विभाग का स्थानीय अधिकारी) के सिपाहियों के द्वारा सुजान सिंह को 1708 ई. में मार डाला गया। उनके तीन पुत्र उदवंत सिंह, शुभ सिंह तथा बुध सिंह थे। उदवंत सिंह सबसे बड़े थे, इसलिए उन्हें राजगद्दी मिली। उदवंत सिंह ने अपने दोनों अनुजों के खर्च के लिए कुछ गाँव दे दिए तथा पिता की मृत्यु के पश्चात् उनकी शिक्षा-दीक्षा एवं पालन-पोषण की समुचित व्यवस्था की। उदवंत सिंह के चार पुत्र हुए—गजराज सिंह, उमराव सिंह, रण सिंह तथा दीगा सिंह। तीन पीढ़ी तक उत्तराधिकार सबसे बड़े पुत्र को मिलता रहा तथा उसकी संतान को राजगद्दी। गजराज सिंह के पुत्र लाल साह और पुरी लाल साह के पुत्र भूपनारायण सिंह राजा बने। भूपनारायण सिंह नावल्द थे, उनकी मृत्यु के बाद उत्तराधिकारी के लिए जंग छिड़ी, मुकदमेंबाजी हुई, तब राजगद्दी उमराव सिंह के वंशज को मिली। उमराव सिंह बाबू कुँवर सिंह के पितामह (दादा) थे। उदवंत सिंह के तृतीय पुत्र को उनके जीवनकाल में ही उनकी बहन जय कुँवर की संपत्ति हासिल हो गई थी, इसलिए उन्होंने पैतृक संपत्ति को त्याग दिया। चतुर्थ पुत्र दीगा सिंह नावल्द हो गए। उदवंत सिंह की मृत्यु के बाद 1765 ई. में गजराज सिंह राजा बने, किंतु उत्तराधिकार एवं पैतृक संपत्ति को लेकर भाइयों में लड़ाई शुरू हो गई। जगराज सिंह ने कुमराव सिंह

को हिस्सा देने से इनकार कर दिया। उमराव सिंह जगदीशपुर छोड़कर गाजीपुर चले गए। इस परिवार के शुभचिंतक गाजीपुर के नवाब अब्दुल्ला थे, जहाँ वे रहने लगे, वहीं उन्हें पुत्र की प्राप्ति हुए, जिसका नाम साहबजादा सिंह रखा गया। साहबजादा सिंह के चार पुत्र हुए—कुँवर सिंह, दयाल सिंह, राजपति सिंह एवं अमर सिंह। कुँवर सिंह एवं दयाल सिंह का जन्म पहले हुआ तथा राजपति सिंह एवं अमर सिंह का जन्म साहबजादा सिंह के राजा बनने के पश्चात् हुआ।

बाबू कुँवर सिंह इतिहास के आईने में वीर बाकुड़ा बाबू कुँवर सिंह का राजनैतिक, सामाजिक एवं आर्थिक पहलुओं से संबंधित उनके व्यक्तित्व एवं कृतित्व पर अनेकों सामग्रियाँ हैं। स्वतंत्रता की लड़ाई का जब भी जिक्र होगा, बाबू वीर कुँवर सिंह का नाम भी फक्र से लिया जाएगा। बाबू कुँवर सिंह में साहस, शूरता, वैभव और आर्य-गुणों का अपूर्व समन्वय था। यही वजह रही कि वे स्वतंत्रता के लिए अंतिम साँस तक लड़ते हुए प्रसिद्धि के चरम शिखर पर पहुँचकर वास्तविक जीवन के अधिकारी बने।

भोजपुरी बोली का नामकरण बिहार के शाहाबाद जिले के भोजपुर परगने के नाम पर हुआ है। शाहाबाद जिले में भ्रमण करते हुए डॉ. बुकानन सन् 1812 में भोजपुर आए थे। उन्होंने मालवा के भोजवंशी उज्जैन राजपूतों के द्वारा चेरो जाति को पराजित करने का उल्लेख किया है।

बंगाल की एशियाटिक सोसायटी के 1871 के जर्नल में छोटानागपुर, पचेत तथा पलामू के संबंध में मुसलमान इतिहास लेखकों के विवरणों की चर्चा करते हुए ब्लांचमैन ने भोजपुर का उल्लेख किया है। वे लिखते हैं—'बंगाल के पश्चिमी प्रांत दक्षिणी बिहार के राजा, दिल्ली के सम्राट् के लिए अत्यंत दु:खदायी थे। अकबर के राजत्वकाल में बक्सर के समीप भोजपुर के राजा दलपत, सम्राट् से पराजित होकर बंदी बनाए गए और अंत में बहुत आर्थिक दंड के बाद बंधनमुक्त हुए तो उन्होंने पुन: सम्राट् के खिलाफ सशस्त्र क्रांति की। जहाँगीर के राजत्वकाल में भी उनकी क्रांति चलती रही, जिसके परिणामस्वरूप भोजपुर लूटा गया तथा उनके उत्तराधिकारी प्रताप को शाहजहाँ ने फाँसी का दंड दिया।

रोहतास-सरकार के अंतर्गत सहसराम (सासाराम) परगने के उतर तथा आरा के पश्चिम, भोजपुर में, इन उज्जैनी राजाओं का निवासस्थान था। शाहजहाँ के राजत्वकाल के दसवें वर्ष में प्रताप ने सम्राट् के खिलाफ क्रांति की। इसी समय अब्दुल खाँ फिरोजजंग ने भोजपुर पर घेरा डाला तथा उसे विजय किया (जिलहज्ज 8, 1046) इसके पश्चात् प्रताप ने अपने को सम्राट् के हाथ में सौंप दिया और

शाहजहाँ की आज्ञा से उसे फाँसी दे दी गई।

भोजपुर राज अत्यंत प्रसिद्ध रियासत हुआ करता था। इसके शासक उज्जैन राजपूत प्राचीन काल में अपने मूल स्थान मालवा से बिहार चले आए थे। मध्ययुग के भारतीय इतिहास में, विशेषत: पश्चिमी बिहार के इतिहास में इन राजपूतों का स्थान बहुत ही महत्त्वपूर्ण है। सन् 1857 की क्रांति तक उनका प्रभुत्व अक्षुण्ण रहा। इसी समय महाराजा कुमार बाबू कुँवर सिंह ने अंग्रेजों के विरुद्ध विपल्व किया, जिसके परिणामस्वरूप भोजपुर को ध्वस्त कर दिया गया। इस प्रकार भोजपुर राज्य का अंत हुआ। उस वक्त जगदीशपुर और डुमराँव राज उज्जैनवंशी क्षत्रिय के अधिकार में है, जबकि रणबाँकुरे की स्मृतियाँ बस, शेष रह गई हैं।

वीर कुँवर सिंह : जीवनवृत्त और प्रमुख घटनाक्रम

1777 ई. : कुँवर सिंह का जन्म, पिता का नाम साहबजादा सिंह (1745-1826) जो बोधराज की हिंदी पांडुलिपि 'तारीख-ए-उज्जैनिया' के अनुसार उज्जैन राजपूतों की ग्यारहवीं पीढ़ी के थे। दादा उदवंत सिंह की 1765 ई. में मृत्यु हो गई। उदवंत सिंह के नाम पर आरा के सात किलोमीटर दक्षिण में एक उदवंत नगर है, जहाँ पर 1857 में सेना का जमावड़ा हुआ था। माता और पत्नी का नाम कहीं दर्ज नहीं। कुँवर सिंह चार भाई थे, जिनमें दूसरे का नाम दयाल सिंह, तीसरे का राजपति सिंह और चौथे का नाम अमर सिंह है।

1830 ई. : पिता साहबजादा सिंह की मुत्यु के बाद कुँवर सिंह जगदीशपुर की गद्दी पर बैठे। उनके गद्दी पर बैठते ही दूसरे भाई दयाल सिंह दलीपपुर जाकर बस, गए और तीसरे राजपति सिंह कोकिला बस, गए। अमर सिंह की कोई संतान नहीं थी, वे कुँवर सिंह के साथ ही रहे। कुँवर सिंह ने दो शादियाँ की थीं—पहली पत्नी राजपूत परिवार की थी तथा उनसे दलमंजन सिंह का जन्म हुआ था। दूसरी पत्नी मुसलमान थी, जिन्हें लोग 'नन्ही' या 'धरमन' के नाम से जानते थे। 1857 के संघर्ष में धरमन ने कुँवर सिंह की आर्थिक मदद भी की थी। नन्ही या धरमन से कुँवर सिंह की दो संतानें थीं—बिंदेश्वरी प्रसाद सिंह और महावीर प्रसाद सिंह। दलभंज्जन सिंह की एक संतान थी, जिसका नाम वीरभंजन सिंह था। वह संतानहींन थे।

1845-46 ई. : पटना में एक गुप्त योजना द्वारा अंग्रेजों की सत्ता को उलट देने के षड्यंत्र का विलियम टेलर द्वारा उल्लेख मिलता है। शाहाबाद के मजिस्ट्रेट एलिफिस्टन जैक्सन द्वारा बाबू कुँवर सिंह पर 'पटना षड्यंत्र' (1845-46) से संबंध रखने का संदेह।

1855 ई. : संथालों का विद्रोह शुरू हुआ। विद्रोह की चिनगारी अविभाजित बिहार में फैल गई। अंग्रेजी पलटन द्वारा 24 जुलाई, 1855 को विद्रोह का दमन हुआ। दानापुर सहित पूरा शाहाबाद प्रभावित हुआ। जगदीशपुर में भी हलचल हुई।

29 मार्च, 1857 : 34वीं इंफैंट्री के सिपाही मंगल पांडे ने विद्रोह किया और 8 अप्रैल, 1857 को बैरकपुर में मंगल पांडे को फाँसी दे दी गई। पूरे देश सहित दानापुर-आरा में भी मंगल पांडे की फाँसी की जबरदस्त चर्चा हुई।

10 मई, 1857 : मेरठ में तीन रेजिमेंटों ने बगावत कर दी। कैदी सिपाहियों को आजाद कराने के बाद सिपाहियों ने दिल्ली कूच कर दिया। 11 मई को सिपाहियों द्वारा दिल्ली पर कब्जा कर लिया गया। बहादुरशाह जफर हिंदुस्तान के बादशाह घोषित कर दिए गए।

1-5 जून, 1857 : मुरादाबाद, बदायूँ, आजमगढ़, सीतापुर, नीमच, बनारस, कानपुर और झाँसी में विद्रोह हो गया।

7-8 जून, 1857 : झाँसी के किले पर फतह, रानी लक्ष्मीबाई गद्दीनशीन हुईं, दिल्ली में अंग्रेजी फौज द्वारा दिल्ली रिज पर कब्जा कर लिया गया।

26-27 जून, 1857 : कानपुर को नाना साहब ने कब्जे में ले लिया।

1 जुलाई, 1857 : हाथरस और इंदौर में बगावत हो गई। लखनऊ रेजिडेंसी के बागी सैनिकों द्वारा घेराव किया गया। दानापुर के सिपाहियों में जबरदस्त इसकी चर्चा हुई।

3 जुलाई, 1857 : पटना में भीषण विद्रोह हो गया। 3 जुलाई, 1857 को पटना में पीर अली को सरेआम फाँसी दे दी गई। फाँसी पर चढ़ते वक्त उन्होंने कहा, 'तुम मुझे फाँसी पर लटका सकते हो, पर तुम मेरे आदर्शों की हत्या नहीं कर सकते, अगर मैं मरता हूँ तो मेरी जगह हजारों वीर पैदा होंगे, जो तुम्हारे राष्ट्र को नष्ट कर देगें,' कुँवर सिंह पर इसका गहरा प्रभाव पड़ा।

12 जुलाई, 1857 : नाना साहेब की फौज की फतेहगढ़ में ज्वाला प्रसाद और टिक्का सिंह के नेतृत्व में पराजय हो गई।

16 जुलाई, 1857 : कानपुर में भीषण संघर्ष के बाद नाना साहेब की सेना बिदूर तक धकेल दी गई।

23 जुलाई, 1857 : पटना कमिशनरी के कमिशनर विलियम टेलर द्वारा बंगाल सरकार के सेक्रेटरी को लिखे पत्र में कुँवर सिंह के बारे में यह उल्लेख मिलता है कि 'मुझे बाबू कुँवर सिंह की राजभक्ति और ईमानदारी पर पूरा भरोसा है।'

26 जुलाई, 1857 : देशी सिपाही 26 जुलाई की शाम को आरा के लिए पैदल चल पड़े; बाबू कुँवर सिंह तुरंत उनके साथ हो गए।

29-30 जुलाई, 1857 : कुँवर सिंह और विद्रोही सैनिकों द्वारा कैप्टन डनबर के नेतृत्व में आए 500 यूरोपीय और सिख सैनिकों की पराजय हुई। इतिहास में इसे कुँवर सिंह द्वारा 'आरा फतेह' के नाम से जाना जाता है।

12 अगस्त, 1857 : जगदीशपुर में कुँवर सिंह की सेना पराजित हो गई।

8 अक्तूबर, 1857 : कुँवर सिंह के पौत्र और दलभंजन सिंह के पुत्र वीरभंजन सिंह बांदा में अंग्रेज सिपाहियों के साथ संघर्ष में वीरगति को प्राप्त हुए।

7 नवंबर, 1857 : कुँवर सिंह के पुत्र दलभंजन सिंह कानपुर में अंग्रेजों के साथ लड़ते हुए शहीद हो गए।

6 दिसंबर, 1857 : कैंपबेल द्वारा तात्या टोपे कानपुर से बेदखल किए गए, वे लक्ष्मीबाई की सेना में शामिल हो गए।

9 दिसंबर, 1857 : कालपी की लड़ाई हुई, इसमें तात्या टोपे पीछे हट गए।

26 मार्च, 1858 : कुँवर सिंह द्वारा आजमगढ़ पर कब्जा कर लिया गया।

3-5 अप्रैल, 1858 : अंग्रेजों द्वारा झाँसी के किले पर धावा बोल दिया और कब्जा कर लिया, इसमें रानी लक्ष्मीबाई बच निकलीं, कुँवर सिंह द्वारा आजमगढ़ में अंग्रेज दोबारा पराजित हो गए।

12 अप्रैल, 1858 : अंग्रेजों की सरकार द्वारा कुँवर सिंह को जीवित सैनिक चौकी में सुपुर्द करने वाले व्यक्ति को पच्चीस हजार रुपए इनाम दिए जाने का फरमान जारी किया गया।

23 अप्रैल, 1858 : कुँवर सिंह द्वारा जगदीशपुर में अंग्रेजी सेना और उसके सेनापति ली ग्रांड की करारी हार हुई, इतिहास में यह दिन 'विजय दिवस' (विजयोत्सव) के रूप में दर्ज है। इसके उपरांत जनता द्वारा बाबू कुँवर सिंह को 'तेगवा बहादुर' की उपाधि से सम्मानित किया गया।

26 अप्रैल, 1858 : बाबू कुँवर सिंह का जगदीशपुर में निधन हो गया।

29 अप्रैल, 1858 : अंग्रेजी अखबार 'Friends of India' में इस बात का उल्लेख है कि कुँवर सिंह के न रहने से अब शाहाबाद का इलाका शांत रहेगा।

बाबू कुँवर सिंह के प्रमुख सहयोगी

अमर सिंह : कुँवर सिंह के प्रमुख सहयोगी और सबसे छोटे भाई 1857 के संघर्ष में शुरू से आखिर तक कुँवर सिंह के साथ रहे। वे छापामार युद्ध पद्धति के विशेषज्ञ थे। इनकी युद्धकला की तारीफ फ्रेडरिक एंगेल्स ने भी 1 अक्तूबर, 1858 को 'न्यूयार्क डेली' में प्रकाशित लेख 'म्यूटिनी इन इंडिया' में की है। 5 फरवरी, 1880 को उनका निधन हो गया।

हरकिशन सिंह : 1827 में जनमे दानापुर की 40वीं देशी पलटन के विद्रोही सिपाही और कुँवर सिंह एवं अमर सिंह के प्रमुख सहयोगी थे। कुँवर सिंह इनकी युद्धकला के प्रशंसक थे तथा उसी से प्रभावित होकर उन्होंने हरकिशन सिंह को 'सालार जंग' की उपाधि दी थी। छापामार युद्ध में माहिर थे। उन्हें 1859 में जगदीशपुर में सरेआम फाँसी दे दी गई।

निशान सिंह : कुँवर सिंह के मित्र और प्रमुख सहयोगी निशान सिंह ने आरा, जगदीशपुर, बांदा आदि के संघर्ष में मुख्य भूमिका निभाई थी। बीमार हालात में पकड़े गए। कहा जाता है कि 7 जून, 1858 को तोप के मुँह से बाँधकर इन्हें उड़ा दिया गया था। (संदर्भ : 'दैनिक हिंदुस्तान' में 17 अक्तूबर, 2006 को प्रकाशित नरेंद्र कुमार राय का लेख)

रणदलन सिंह : प्रमुख सेनानी आरा, जगदीशपुर और बांदा आदि के युद्धों में इन्होंने महत्त्वपूर्ण भूमिका निभाई थी।

शेख गुलाम याहिया : 1857 में आरा पर विजय प्राप्त करने के बाद बाबू कुँवर सिंह ने इन्हें शहर का मजिस्ट्रेट नियुक्त किया था।

शेख मोहम्मद अजीमुद्दीन : बाबू कुँवर सिंह द्वारा नियुक्त स्वतंत्र आरा के पूर्वी थाना के जमादार थे, जो आरा की शासन व्यवस्था में महत्त्वपूर्ण भूमिका निभाते थे।

तुराब अली और खालिम अली : 1857 में स्वतंत्र आरा के कोतवाल थे।

सरनाम सिंह : बाबू कुँवर सिंह की सेना के एक प्रमुख योद्धा थे।

दिलावर खाँ : बाबू कुँवर सिंह की सेना के एक प्रमुख योद्धा थे। इन्होंने 'आरा फतह' में एक महत्त्वपूर्ण भूमिका निभाई थी।

रिपुभंजन सिंह : प्रमुख सहयोगी और उनके भतीजे थे, जिन्होंने आरा के संघर्ष में महत्त्वपूर्ण भूमिका निभाई थी।

भिखिया दत्त झा : जगदीशपुर में कुँवर सिंह के राजगुरू थे। कहा जाता है कि वे कुँवर सिंह और उनके सहयोगियों को अंग्रेजों के अत्याचार के विरूद्ध लड़ने

के लिए प्रेरित किया करते थे। (पटना विश्वविद्यालय के समाजशास्त्र के प्रोफेसर हेतुकर झा द्वारा प्रदत्त सूचना पर आधारित)।

असमद अली : योद्धा और रीवाँ के एक प्रमुख सरदार थे। रीवाँ के राजा रघुराज सिंह द्वारा कुँवर सिंह को रीवाँ की सीमा में प्रवेश करने से मना करने के बाद भी असमद अली ने कुँवर सिंह की मदद की थी।

हरचंद राय : रीवा के एक प्रमुख सरदार थे। बांदा युद्ध के दौरान बाबू कुँवर सिंह के सहयोगी थे।

वीर भंजन सिंह : कुँवर सिंह की एक सेना के प्रमुख नायक तथा दलभंजन सिंह के पुत्र 8 अक्तूबर, 1857 को बांदा में हुए युद्ध में वीरगति को प्राप्त किए थे।

रहीम खाँ : कुँवर सिंह के प्रमुख सिपहसालार थे।

धरमन : कुँवर सिंह की दूसरी पत्नी, यह मुसलमान थीं, जिन्हें लोग 'नन्हीं' के नाम से भी जानते थे। इन्होंने अपनी सारी संपत्ति 1857 के संघर्ष में कुँवर सिंह को दे दी थी।

(स्रोत: 1857 पर प्रकाशित पुस्तकों के आधार पर)

रेजीत राम : ये दानापुर की देशी पलटन के एक सिपाही थे तथा कुँवर सिंह के 'चौगाइन दस्ता' के इंचार्ज थे।

इब्राहिम खाँ : इब्राहिम खाँ एक बहुत बड़े योद्धा थे तथा युद्ध की रणनीति बनाने में माहिर थे। साथ ही ये 'बिहिया दस्ता' के इंचार्ज थे।

बेगम हजरत महल और नवाब बिराजीस कदर : इन्होंने आजमगढ़ का मालिकाना हक प्रदान कर कुँवर सिंह को कंपनी की फौज के खिलाफ एक बड़ा युद्ध लड़ने का मौका प्रदान किया।

बाबू वीर कुँवर सिंह से संबंधित ऐतिहासिक महत्त्व के स्थान

1. किला मैदान, किला जगदीशपुर, राजनिवास
2. काली स्थान, वार्ड नंबर-9, जगदीशपुर
3. भैरव स्थान, राजा का पोखर, वार्ड नंबर-03, जगदीशपुर
4. शाही श्मशान स्थल, जगदीशपुर
5. मिर्जा कब्र-कर्बला, राजा का पोखर, जगदीशपुर, मिर्जा शमशेर बहादुर, मिर्जा शेर बहादुर और मिर्जा जंग बहादुर
6. बरदा परवा बाल—अमर सिंह का गुरिल्ला युद्ध स्थल 1858
7. मोरचा और दुलौर गाँव

8. दूधनाथ बाबा—सैनिक पोस्ट
9. खपठान—सोल्जर पोस्ट
10. ताल पर हेतमपुर बाँध रंगरुआ ग्राम से गरगज, हेतमपुर
11. चकवथ सैनिक पोस्ट
12. बराँव, पीरो—गुरिल्ला युद्ध केंद्र
13. जितौरा सर्किट हाऊस—राम दिहाल सिंह हाई स्कूल
14. बौराहा बाबा, एसएच—102 दावां के पास, जगदीशपुर
15. बंसुरिया बाबा की समाधि—जोगीवीर, बिहिया
16. कचहरी, अरइला गाँव
17. बीबीगंज—गुरिल्ला युद्ध
18. कारीसाथ—गुरिल्ला युद्ध
19. शिवपुर घाट—गंगा घाट
20. पहाड़ मुंडेश्वरी, भभुआँ धरमन की 2 बेटियों का जन्म
21. तवायफ मुजरा के लिए बड़ा बंगला, पठान टोली, जगदीशपुर
22. धरमन मसजिद, पठान टोली, जगदीशपुर
23. सरकारी चौक सह धरमन चौक जगदीशपुर
24. बाबू बाजार, आरा
25. हंसाडीह, जितौरा—कुँवर सिंह के काकन क्षत्रिय समर्थक
26. आयर (बलीगाँव)—गुरिल्ला पोस्ट और मौसी ससुराल—दुल्हिनगंज
27. दावाँ गाँव, बंसुरिया बाबा के समर्थक और विरासत
28. मिठाँ—अमर सिंह का किला
29. काकिला—रिपुभंजन सिंह का किला
30. दलीपपुर किला—दयाल सिंह कुँवर सिंह के खिलाफ ब्रिटिश सेना की मदद भारत के संविधान के अनुच्छेद 49 के संरक्षण में आईपीसी की धारा 124(ए) को आकर्षित करती है।

सेठ रामदासजी गुड़वाले—1857 के महान् क्रांतिकारी, दानवीर, जिन्हें फाँसी पर चढ़ाने से पहले अंग्रेजों ने उनपर शिकारी कुत्ते छोड़े, जिन्होंने जीवित ही उनके शरीर को नोच खाया था। सेठ रामदासजी गुड़वाला दिल्ली के अरबपति सेठ और बेंकर थे। अंतिम मुगल बादशाह बहादुर शाह जफर के गहरे दोस्त थे। इनका जन्म दिल्ली में एक अग्रवाल परिवार में हुआ था। इनके परिवार ने दिल्ली में पहली कपड़े की मिल की स्थापना की थी। उनकी अमीरी की एक कहावत थी 'रामदासजी

गुड़वाले के पास इतना सोना, चाँदी, जवाहरात हैं कि उनकी दीवारों से वो गंगा जी का पानी भी रोक सकते हैं।'

1857 में मेरठ से आरंभ होकर क्रांति की चिनगारी जब दिल्ली पहुँची तो मुगल सम्राट् बहादुरशाह जफर को 1857 की सैनिक क्रांति का नायक घोषित कर दिया गया। दिल्ली से अंग्रेजों की हार के बाद अनेक रियासतों की भारतीय सेनाओं ने दिल्ली में डेरा डाल दिया। उनके भोजन और वेतन की समस्या पैदा हो गई। बादशाह का खजाना खाली था। एक दिन उन्होंने अपनी रानियों के गहने मंत्रियों के सामने रख दिए। रामजीदास गुड़वाले बादशाह के गहरे मित्र थे। रामदासजी को बादशाह की यह अवस्था देखी नहीं गई। उन्होंने अपनी करोड़ों की संपत्ति बादशाह के हवाले कर दी और कह दिया—'मातृभूमि की रक्षा होगी तो धन फिर कमा लिया जाएगा।' रामजीदास ने केवल धन ही नहीं दिया, सैनिकों को सत्तू, आटा, अनाज, बैलों, ऊँटों व घोड़ों के लिए चारे की व्यवस्था तक की। सेठजी जिन्होंने अभी तक केवल व्यापार ही किया था, ने सेना व खुफिया विभाग के संगठन का कार्य भी प्रारंभ कर दिया। उनकी संगठन की शक्ति को देखकर अंग्रेज सेनापति भी हैरान हो गए।

सारे उत्तर भारत में उन्होंने जासूसों का जाल बिछा दिया। अनेक सैनिक छावनियों से गुप्त संपर्क किया। उन्होंने भीतर ही भीतर एक शक्तिशाली सेना व गुप्तचर संगठन का निर्माण किया। देश के कोने-कोने में गुप्तचर भेजे व छोटे-से-छोटे मनसबदार और राजाओं से प्रार्थना की इस संकटकाल में बहादुर शाह जफर की मदद कर देश को स्वतंत्र करवाएँ।

रामदासजी की इस प्रकार की क्रांतिकारी गतिविधियों से अंग्रेज शासन व अधिकारी बहुत परेशान होने लगे। कुछ कारणों से दिल्ली पर अंग्रेजों का पुनः कब्जा होने लगा। एक दिन उन्होंने चाँदनी चौक की दुकानों के आगे जगह-जगह जहर मिश्रित शराब की बोतलों की पेटियाँ रखवा दीं। अंग्रेज सेना उनसे प्यास बुझाती और वही लेट जाती। अंग्रेजों को समझ आ गया कि भारत में शासन करना है तो रामदासजी का अंत बहुत जरूरी है। सेठ रामदासजी गुड़वाले को धोखे से पकड़ा गया और जिस तरह से मारा गया, वो क्रूरता की मिसाल है। पहले उन्हें रस्सियों से खंभे में बाँधा गया, फिर उन पर शिकारी कुत्ते छुड़वाए गए। उसके बाद उन्हें उसी अधमरी अवस्था में दिल्ली के चाँदनी चौक की कोतवाली के सामने फाँसी पर लटका दिया गया।

सुप्रसिद्ध इतिहासकार ताराचंद ने अपनी पुस्तक 'हिस्ट्री ऑफ फ्रीडम मूवमेंट' में लिखा है—'सेठ रामदास गुड़वाला उत्तर भारत के सबसे धनी सेठ थे। अंग्रेजों के

विचार से उनके पास असंख्य मोती, हीरे व जवाहरात व अकूत संपत्ति थी।'

18वीं सदी में बोधराज की हिंदी पांडुलिपि 'तारीख-ए-उज्जैनिया', चंद्रमौलि मिश्र के 'उदवंत प्रकाश', 19वीं सदी में लिखी गई रामकवि की 'कुँवर विलास', बाबू साहब के साथ लड़ने वाले उनके दरबारी कवि तोफा राय की 'कुँवर गाथा' के अलावा अंग्रेज काल के अभिलेखों में इसके प्रमाण पाए जाते हैं। कुँवर सिंह 1857 के भारतीय स्वाधीनता संग्राम से जुड़े, इसको लेकर तत्कालीन अंग्रेज अधिकारी, इतिहासकार सहित कार्ल मार्क्स जैसे विश्वविख्यात विचारकों के विचार देखे जाते हैं।

अक्सर कबड्डी में इसे हर खिलाड़ी दुहराता है—

"मस्ती की थी छिड़ी रागिनी, आजादी का गाना था।
भारत के कोने-कोने में, होगा यह बताया था
उधर खड़ी थी लक्ष्मीबाई, और पेशवा नाना था
इधर बिहारी वीर बाँकुरा, खड़ा हुआ मस्ताना था
अस्सी वर्षों की हड्डी में जागा जोश पुराना था
सब कहते हैं कुँवर सिंह भी बड़ा वीर मर्दाना था।"
शेरशाह का खून लगा करने तेजी से रफ्तारी
पीर अली फाँसी पर लटका, वीर बहादुर दाना था।

2 गाँवों का कंट्रास्ट : 'जगदीशपुर' कुँवर सिंह की और पास के 'आयर' का उनसे लड़ने वाले अंग्रेज के नाम पर 165 साल बाद आयर गाँव का नाम बदलने की कवायद, चूँकि धारणा थी कि यहाँ कत्लेआम करने वाले अंग्रेज आयर के नाम पर है इस गाँव का नाम, जबकि पहले इस गाँव का नाम सुदामाचक हुआ करता था। इसे अंग्रेज अफसर ने बदलकर अपने नाम पर 'आयर' कर दिया था। वरिष्ठ पत्रकार मधुरेश की रिपोर्ट के अनुसार, 'जगदीशपुर' और 'आयर' भोजपुर के इन दो बड़े और नामी गाँवों के बीच सिर्फ 13 किलोमीटर का फासला है। अभी के हालात के हिसाब से दोनों, दो विरोधी छोर पर हैं। दोनों में गजब का कंट्रास्ट है; दोनों आजादी और गुलामी के भारी फर्क या फासले की खुली गवाही बनाए गए हैं। 'जगदीशपुर', यानी आजादी की पहली लड़ाई (1857) के सबसे बुजुर्ग व धाकड़ नायक बाबू वीर कुँवर सिंह की जन्मस्थली और 'आयर' के बारे में आजकल खूब प्रचारित है कि यह अंग्रेजी सेना के मेजर जनरल विंसेट आयर के नाम पर है, जो बाबू बीर कुँवर सिंह से लड़ा था, जिसने इलाके में भारी कत्लेआम मचाया था। जब देश ने आजादी का अमृत महोत्सव मनाया, बाबू वीर कुँवर सिंह के विजयोत्सव के

मौके पर यहाँ, तिरंगा फहराने, लहराने का वर्ल्ड रिकॉर्ड बन चुका है, में, 'आयर' गाँव की नाम बदलने पर आम सहमति बनाने के लिए इस इलाके में अभियान शुरू है। जनमत, नाम बदलने के पक्ष में है, सो 'आयर' नाम को गुलामी व क्रूरता का प्रतीक बताकर लोगों को समझाने की कोशिशें जारी हैं। ऐसे में 165 साल पहले यानी 1857 के दौर का कमोबेश सबकुछ, नए सिरे से लोगों की जुबान पर है।

'आयर' गाँव के बुजुर्गों में से एक सुरेंद्र प्रसाद सिंह कहते हैं—'इस गाँव का नाम सुदामा चक्र (चक) था। इसे बदलकर अंग्रेज सैनिक अफसर आयर के नाम पर कर दिया गया। हम पुराना नाम चाहते हैं। 'आयर' पंचायत के मुखिया प्रियरंजन सिंह उर्फ डब्ल्यू. सिंह बोले—'नाम बदल ही जाना चाहिए। आयर को लेकर प्रचारित बातें व लोगों के कमेंट्स को देखते हुए नाम बदल देना ही मुनासिब है।' फिर चाहे रविंद्र सिंह उर्फ सुग्गा सिंह हों, अशोक सिंह, रणधीर सिंह, नन्हकू सिंह, उदय प्रताप सिंह या ब्रह्मर्षि विश्वामित्र शोध संस्थान के प्रधान ओमप्रकाश सिंह भुवन या फिर 'नाम बदली अभियान' के खास किरदार 'कुँवर वाहिनी' के बिहार प्रदेश अध्यक्ष धीरज कुमार सिंह उर्फ लव जी हों, सब नाम बदलने की बात कहते हैं। 'आयर' का 'सुदामा चक' या 'सुदामा पुरी' होने का दस्तावेज नहीं है। वजह, 165 साल पहले की खूनी तबाही! किंतु यह बुजुर्गों की जुबान पर जरूर है।

बलीगाँव : अंग्रेजों के समय का खँडहर सर्किट हाऊस

मोहन सिंह अपने पुरखे व उनके यहाँ तक के रुट बताते हैं—'चक नारायण शाह···राजस्थान, धारा नगरी, उज्जैन···। कहते हैं 'वीर कुँवर सिंह के पिता साहबजादा सिंह के साढ़ू सुदामा सिंह थे। वे यहीं (अभी आयर) के थे। इस खानदान के लोग गाँव में हैं।' बगल के बलीगाँव में अंग्रेजों के समय के सर्किट हाऊस, नील का गोदाम/फैक्ट्री आदि के खँडहर हैं।

10 अगस्त, 1857 को पहुँचा था आयर; उसके कारनामों से गवर्नर जनरल भी नाराज

बाबू कुँवर सिंह के नेतृत्व में विद्रोहियों को कुचलने के लिए मेजर विंसेट आयर 10 अगस्त, 1857 को इस इलाके में आया। 13 से 17 अगस्त तक भारी कत्लेआम मचाया। 12 अगस्त को जगदीशपुर पहुँचा, गढ़ में आग लगा दी। नगर बर्बाद किया। धर्मस्थल तोड़े। गवर्नर जनरल तक ने उसकी कड़ी आलोचना की। भारत सरकार के सैनिक विभाग के सचिव आरजेएच वर्च काल के 4 सितंबर, 1857

के एक पत्र में धर्मस्थलों को तोड़ने की खासी निंदा है। गवर्नर जनरल के हवाले से इसे दर्दनाक व अनुचित कहा गया है।

जब अंग्रेजों ने की प्रशंसा

15 अगस्त, 1857 से 10 फरवरी, 1858 के बीच बाबू कुँवर सिंह ने अपनी अविराम स्वतंत्र चेतना से युक्त स्वाधीनता की यज्ञाग्नि प्रज्वलित रखी। कुँवर सिंह के वंशज उज्जैन के परमार वंश के क्षत्रिय थे। इसी वंश के राजा भोज ने भोजपुरी बोली का विकास और विस्तार किया था। भोजपुरी भाषी कुँवर सिंह के लिए सर्वस्व न्योछावर करने के लिए प्रतिबद्ध थे। लेखक सुंदरलाल ने अपनी पुस्तक में यह भी लिखा है कि 17 अक्तूबर, 1858 को जब अंग्रेजों ने जगदीशपुर पर सभी दिशाओं से आक्रमण किया तो महल की 150 स्त्रियों ने शत्रु के हाथ पड़ना गंवारा न समझा और तोपों के मुँह के सामने खड़ी होकर अपने जीवन का अंत कर लिया था।"

'टू मंथस इन आरा' के लेखक डॉ. जान जेम्स हाल ने 'आरा हाऊस' का आँखों देखी दृश्य लिखने के क्रम में यह स्वीकार किया है कि बाबू वीर कुँवर सिंह ने बेवजह की हत्या किसी की नहीं करवाई हैं। कोठी के बाहर जो ईसाई थे, वे सब सुरक्षित थे। 'अमर ग्रंथ 1857 का स्वातंत्र्य समर' के लेखक विनायक दामोदर सावरकर ने लिखा है कि जिन सात योद्धाओं के नाम से अलग खंड की रचना की गई है, उसमें से एक खंड बाबू कुँवर सिंह और उनके अनुज अमर सिंह को समर्पित है। इतिहासकार के.के.दत्त ने अपनी पुस्तक में बाबू कुँवर सिंह के बारे में यहाँ तक लिखा है कि इतिहास के इस नायक पर जितना लिखा जाना चाहिए, उतना नहीं लिखा गया है।

विदेश में मिले दस्तावेजों से कई खुलासा

लंदन में लीड्स के 'हेयरवुड हाऊस' में भारत के प्रथम स्वतंत्रता संग्राम-1857 से जुड़े एक दस्तावेज मिला, जिसे एक पुख्ता सबूत के तौर पर माना जा रहा है, ग्रीक और अंग्रेजी में लिखे गए महज 5 सेंटीमीटर के इस दस्तावेज को लखनऊ से चोरी करके लाया गया था।

ब्रिगेडियर जॉन इंग्लिश ने 1857 में लिखा था, जिसमें उसने 30 जून से विद्रोहियों के कब्जे में लिये गए शहर का ब्योरा दिया है। इस लिखे गए दस्तावेज को अंग्रेज शासको ने सूक्ष्म संवाद के जरिए सूचना भेजी थी, जिसे काफी छुपाकर रखा गया था। अगर उस समय किसी तरह मिल जाता तो इसका परिणाम बहुत बूरा हो

जाता। सबसे चौंकाने वाली बात ये है कि इस दस्तावेज में लिखा गया है कि—'मैंने राशन घटा दिया है और मैं इस इंत्जामात की वजह से 20 की बजाए 25 तक रुक सकता हूँ', अंग्रेजों की राहत सेना 25 सितंबर को लखनऊ पहुँची थी।

किसी भी शोध के दौरान ये अक्सर पाया जाता है कि इंसान किसी और चीज की खोज करता है, उसे कुछ और सामग्री मिल जाती है। सो ऐसा ही हुआ, वेस्ट यार्कशर पुरातत्त्व सेवा के एक साल से नेशनल कैटलॉगिंग प्रोजेक्ट के तहत अर्ल्स ऑफ हेयरवुड के परिवार और संपत्ति का ब्योरा जुटा रही थी, इसी दौरान इसका पता चला, इतना हीं नहीं, हेयरवुड स्टेट अर्काइव में भारत से जुड़े कई अहम रिकॉर्ड उपलब्ध हैं।

भारत गुलामी की जंजीरों में जकड़ा था। वर्ष 1857 में विद्रोह का बिगुल बज चुका था, चारों ओर आजादी के लिए कोहराम मचा था। उस वक्त चार्ल्स केनिंग भारत के गवर्नर जनरल थे, जबकि उनके भतीजे लॉर्ड डंकलिन उन्हीं के मिलिट्री सेक्रेटरी बनकर आए थे। इस तरह के जो भी दस्तवेज मिले हैं, वह डंकलिन को भारत से जुड़े मसलों पर भेजे गए एक हजार खतों का एक हिस्सा था।

(साभार : गदर के 150 साल, लेखक-अजय कुमार गुप्ता)

□□□